# 일본 무사武士 이야기

# 일본 무사武士 이야기

유정래 지음

어문학사

들어가며

　구한말(舊韓末) 우리나라는 서양열강과 일본 제국주의(帝國主義)의 침략에 대처하지 못해 나라를 빼앗기고 말았다. 단군 이래 근 5,000년 역사 동안 나라를 완전히 잃은 것은 처음이었다. 그 후 약 36년간의 암울한 일제 강점기를 거쳐 자의보다는 타의에 의한 광복을 맞이했다. 그러나 불과 몇 년도 안 되어 이데올로기에 의한 동서냉전(東西冷戰)의 전장으로 6·25전쟁을 겪게 된다. 약 3년이 넘는 동족상잔(同族相殘)의 처참한 전쟁의 피해는 우리 민족을 분단과 함께 거의 파멸의 구렁텅이로 처박았다. 그 결과 우리나라는 당시 세계 최하등의 빈곤국가(貧困國家)로 전락하고 말았다.

　그러던 것이 불과 반세기가 조금 넘은 2015년에 GDP세계 제11위의 경제 강국으로 부상했다. 그리고 정치도 군사독재(軍事獨裁)에서 민주화를 이룩했다. 그러나 아직 정치, 경제, 사회, 문화 등 모든 면에서 일본의 속박에서 완전하게 탈피하지는 못하고 있다. 그 이유를 나는 구한말에 서양과 일본 제국주의 침략에 능동적으로 대처하지 못한 데 있다고 보고 있다. 그리고 광복 후에는 친일파를 완전히 청산하지 못한 데 있다고 생각한다.우리와는 반대로 일본은 서양 제국주의의 침략을 물리침은 물론 스스로 아시아에서 유일한 제국주의 국가로 부상했다. 그 저력은 어디에서 나온 것일까?

한국과 일본은 가까운 나라이면서도 진심으로 가까워지기는 어려운 난제가 많다. 왜냐하면 그 근본 원인은 일본이 자행한 침략의 역사가 있기 때문이다. 그리고 일본이 우리를 비롯한 침략의 피해국들이 납득할 수 있는 사과를 하지 않고 있기 때문이다.

'세상은 불공평하다'라는 말이 있다. 즉 남의 물건을 약탈한 사람은 잘 살고 선량한 사람은 맨날 빼앗기기만 하여 못사는 사람이 많으니 말이다. 일본과 한국의 관계가 바로 그렇다. 일본은 과거에 한반도와 중국대륙, 동남아시아, 태평양의 여러 나라를 침략해서 기술과 자본을 축적했다. 그리고 태평양전쟁에 패했으면서도 동서 냉전의 이데올로기 대립에서 국토가 분단되지도 않았다. 죄도 없는 한민족이 사는 한반도가 분단되고 그 수난은 지금까지 이어지고 있다. 그러나 일본은 오히려 한국전쟁으로 인한 호황으로 지금은 중국 다음의 세계 제3위이나 한동안 세계 제2위의 경제대국의 지위를 누렸다. 일본은 복 받은 나라인가? 나는 솔직히 부러웠다. 그래서 오래전부터 일본이 현재의 부를 축적한 근본은 무엇인지 알고 싶었다.

그 원인을 나는 무사(武士)에서 찾아보고자 했다. 일본은 무사들이 이룩한 국가이다. 무사들이 구한말에 판단을 잘못한 우리보다 앞서 현명한 선택을 한 것이다. 무사들은 메이지유신(明治維新)을 이룩한 후 신정부를 세워 개화를 급속도로 진행했다. 그 주역은 도노사마(殿様 : 영주)처럼 높은 지위의 무사도 아닌 거의 하급무사(下級武士)들이었다.

그리고 일본의 이미지를 서방세계에 더욱 각인시킨 것은 니토베 이나

조(新渡戶稲造)가 쓴 무사도정신(武士道精神)이라는 책 때문이다. 물질적으로 당시의 서방은 문명국이었고 동방은 미개국이었다. 그러나 정신문명은 결코 동방이 서방에 뒤지지 않았다. 오히려 역사와 전통이 더욱 깊었다. 그중에서 동방이 서방에 자랑할 수 있고 서양인들의 꼬리를 내리게 할 수 있었던 것이 바로 무사도정신(武士道精神)이다.

현대에도 무사들의 활약은 대단하다. 유도나 검도, 아이키도(合気道), 가라테(空手道) 등 무도를 배우기 위해 일본을 방문하는 서양인의 발길은 지금도 끊이지 않고 있다. 그와 함께 일본 무도가 미치는 경제적인 파급효과는 정말 상상을 초월한다.

이처럼 현대의 일본은 무사들에 의해 지금의 경제 부국이 되었다고 해도 과언이 아니다. 그런데 그 무사들이 하루아침에 만들어진 것은 아니다. 거슬러 올라가 보면 일본의 무사는 그 역사와 전통이 깊다. 이제부터 지금의 일본이 있게 한 그 무사들에 대해서 자세히 살펴보고자 한다.

"왜 지금 갑자기 일본 무사 이야기야?"라고 말하는 사람도 있을 것이다. 그 대답은 한마디로 일본을 깊이 알아야 하기 때문이라고 말하고 싶다. 앞에서도 말했듯이 일본 무사를 모르면 일본을 안다고 말하기 어렵다. 일본의 지식인들은 한국 사람은 일본을 잘 모른다고 말한다. 즉 지일인(知日人)도 없고 아예 관심도 없다고 흉본다. 사실이 그런 것 같다.

일본을 모르면 또 당한다. 또한 우리와 일본은 아직 미제의 문제가 많다. 위안부 문제만 해도 작년에 한·일 정상 간 합의가 이루어진 듯했다. 그러나 국민들의 납득을 얻어내지 못해 완전 해결을 보지는 못하고 있다. 오히려 위안부 영화가 끊임없이 나와 히트하며 일본에 대한 우리 국민들의 심정을 대변해 주고 있다. 특히 「귀향」은 국민들의 모금으로 만들어졌다고 한다. 이를 보고 일본 사람들은 사과는커녕 우리를 더 혐오한다.

이러한 상황에서 우리는 과연 일본에 대해 어떤 선택을 하는 것이 올바른 판단일까? 무역을 끊고 일본 물건은 사지도 말고 외교를 단절해야 하나? 아니면 과거를 덮어두고 친선을 도모해서 형제처럼 지내야 하나? 나는 그런 판단을 하기 전에 우선 일본을 제내로 알아야 한다고 생각한나. 왜냐하면 일본의 침략의 야욕은 아직 끝나지 않았기 때문이다.

본문의 구성을 간단하게 소개하면 다음과 같다. 1장에서는 일본 무사의 기원과 흐름에 대해서 조사해 보았다. 일본의 무사의 기초가 성립된 과정과 변천에 대해서 알게 될 것이다. 2장에서는 근대 일본 개화의 주역 무사들, 즉 메이지유신을 일으킨 장본인들의 활약에 대해서 알아보았다. 메이지유신이 있었기에 지금의 일본이 있다고 해도 과언이 아니다. 그 성립 과정에서의 일본 무사들의 활약상을 보면서 우리의 과거와 미래를 생각해보고자 했다. 3장에서는 현대의 일본 9개 무도(武道)의 달인들의 비화를 모아 보았다. 남녀노소를 불문하고 무도에 대해서 흥미를 갖게 될 것이라고 생각한다. 4장에서는 일본인이 좋아하는 외국 무사들을 정리해 보았다. 무에는 국적이 무관함을 느끼게 해 줄 것이다. 5장에서는 사무라이(侍), 무도(武道)에 대한 이야기를 모아 보았다. 무사나 무도에 대한 이해를 더욱 넓혀 주리라 생각한다.

끝으로 출판시장의 어려운 여건 속에서도 출간을 허락해주신 어문학사 윤석전 대표님께 감사드린다. 그리고 글을 쓸 수 있도록 물심양면으로 지원해 준 오제키 유카(小関由香) 상과 친구 최윤길, 그리고 후배 윤현명 군에게 지면이나마 고마운 마음을 전하고 싶다.

# 1장 | 일본 무사(武士)의 기원과 무(武)의 흐름

일본도 고대에 중국이나 우리나라와 마찬가지로 철기문화의 도입과 함께 창이나 활, 칼 등 무기가 발달했다. 처음에 이들 무기는 수렵활동에 사용되었으나 점차 권력 다툼, 즉 전쟁의 도구로 변했다. 권력을 가진 귀족들은 사병을 두게 되는데 이들은 무예를 익혀 군사(軍事)에만 종사했다. 자기를 고용한 주군을 받들어 전장에서 싸우는 전투원이 주업무였다. 이들을 일컫는 말이 무사인데 주로 헤이안시대(平安時代: 794~1192)에 발생되었다고 보고 있다. 이들은 곧 그 군사력으로 귀족지배 사회를 전복하고 고대사회를 종식시켜 에도막부(江戸幕府: 1603~1867) 시대까지 일본의 정권을 잡았다. 근대에 와서 무사제도가 폐지되기는 하였으나 무사들이 메이지(明治) 정부를 이끄는 견인차 역할을 했다. 그리고 무도로 발전하여 지금에 이르고 있다.

# 일본 무사의 기원

일본 무사의 기원에 대해서는 세 가지 설이 있다. 먼저 재지영주론(在地領主論)인데 아시아에서 유일하게 '일본에도 중세가 존재했다.'라는 설을 찾아내어 일본이 근대화되었다고 주장하는 설이다. 여기서 무사는 사영전(私營田)의 개발 영주로 그 기원은 저항하는 밑의 농노(農奴)와 개입하는 수령에 저항하기 위해서 무장하게 된 대농원주(大農園主)라고 한다. 이 학설은 태평양전쟁 후까지 널리 수용되었다.

다음은 직능론(職能論)이다. 재지영주론은 중세 무사단의 중요 멤버인 겐지(源氏), 헤이시(平氏), 후지와라우지(藤原氏) 같은 상급무사나 조정의 무사에 대한 기원은 설명할 수 없다. 그래서 나온 설로 상급무사를 칭하는 말이다. 헤이안시대 이전의 율령제도하에서는 상급관리로 무관(武官)이 있었고 무인(武人)이라는 말도 있었다. 이 말은 무사와는 의미가 다른 말이다. 그러나 칼을 쓰는 사람이라는 의미에서는 통하는 점이 있다.

마지막으로 국아군제론(國衙軍制論)이다. 이는 직능기원론으로는 지방무사를 설명할 수 없기 때문에 대두되었다. 국아군제는 고대말기에서 중세초기에 걸쳐 성립된 국가군사제도이다. 고대에는 율령국가에서 왕조국가로 변질하는데, 조정에서 지방에 행정권을 위임하는 과정에서 성립되었다. 이때 지방에 무사가 발생했다는 설이다.

이처럼 무사의 기원은 딱 한 가지로 말할 수 없다. 각 설마다 약점이 있기 때문이다. 그러나 이러한 과정을 통해서 일본의 무사가 발생되었다고 통상적으로 인정되고 있다.

무사갑옷(武士の鎧)

## 사무라이(侍: 무사) 계층의 변천과 활약

일본 사무라이 계층의 변천 과정을 보기 위해서는 먼저 간단하게나마 일본 중세의 역사를 알아둘 필요가 있다. 일본은 1185년부터 시작된 가마쿠라시대(鎌倉時代)부터 에도시대(江戸時代)가 끝나고 메이지유신(明治維新)이 일어난 1868년까지 무려 683년간이나 무사가 집권한 나라이다. 특히 아즈치 모모야마(安土桃山) 시대라고 불리는 1573년부터 1603년까지는 전란의 시대였다. 그래서 약 70개의 나라가 서로 영토분쟁을 하며 싸웠다. 그러한 과정 속에서 각 지역별로 독자적인 무술이 발달하지 않을 수 없었다.

일본 전국통일의 기반을 다진 무장(武将)은 오다 노부나가(織田信長)이다. 그리고 실질적인 통일을 이룩한 무장은 부하였던 도요토미 히데요시(豊臣秀吉)이다. 참고 기다리다 영화를 걸머쥐고 에도시대를 연 무장은 도쿠가와 이에야스(德川家康)이다.

이 세 무장의 성격을 비교한 유명한 말이 있다. 울지 않는 두견새가 있을 때 어찌할지 세 사람에게 물었다. 노부나가는 '죽여 버린다!'라고 대답했고, 히데요시는 '안 울면 울려준다!'라고 대답했다. 이에 반해 이에야스는 '울 때까지 기다린다!'라고 대답했다. 이는 노부나가는 결단력이, 히데요시는 행동력이, 이에야스는 인내력이 빼어난 인물임을 상징하는 말이다.

이 세 사람 중 제일 성공한, 이상적인 무장으로 일본에서는 이에야스를 꼽는다. 노부나가는 부하에게 배신당해 화재 속에서 할복하고 불에 타 죽었다. 임진왜란까지 일으키며 악행을 일삼았던 히데요시는 병으로 죽었다. 그러자 얼마 지나지 않아 측실 요도도노(淀殿)와 자식 히데요리(秀頼)가 이에야스에게 포위되어 자살했다. 딸 덴슈니(天秀尼)는 불문에 입적하는 조건으로 목숨은 건지나 가문은 멸망하고 말았다. 그러나 이에야스는 자손이 15대, 265년이나 영화를 누리고 나라가 평화를 유지하는 기반을 다졌다. 이에야스의 인내력은 어려서부터 볼모로 인질생활을 반복한 것에 의해 단련되었다고 한다. 일본 사무라이들에게 인(忍)이 훈련 덕목의 하나가 된 것은 이에야스의 인의 세월과 무관하지 않다. 그래도 일본 전국시대 영주들은 볼모도 자식과 동등한 자격으로 대했다고 한다. 다만 자유가 없었을 뿐이다. 로드리게스(João Tçuzu Rodrigues) 신부는 도쿠가와는 항상 부채를 들고 다녔다고 증언했다. 이를 보면 당시의 볼모가 혹독한 포로생활은 아니고 여유는 좀 있었던 것 같다.

에도시대의 계층은 사농공상(士農工商) 순이었다. 귀족인 사, 즉 무사(武士)는 인구의 10퍼센트도 안되었다. 이들은 항상 두 자루의 칼을 차고 다녔다. 칼을 차고 다니지 않으면 처벌을 받았다. 그 위엄으로 사회의 질서와 안녕을 감시하는 역할도 했다. 긴 칼은 전투용이고 짧은 칼은 할복자살용이었다. 무사는 죽을 때도 명예롭게 예의와 품위를 지키는 연출을 하지 않으면 안 되었다.

평화로운 시대가 계속되자 무사들은 할 일이 없었다. 더구나 수입도 줄거나 일자리마저 없어졌다. 왜냐하면 2대 쇼군 도쿠가와 이에미츠(德川家光)에 의해 실행된 산킨코타이(參勤交代 : 삼근교대) 제도 때문이다. 이에미츠는 260여 명의 다이묘(大名 : 영주)들의 반란을 우려해서 우선 그들의 정실부인과 장남을 볼모로 에도에 잡아두었다. 그리고 다이묘들도 일정 기간 에도에 체제할 것을 의무화했다. 그래서 에도로 향하는 행렬 때문에 전국의 도로가 정비되고 발달되었다. 일본에서는 그때 도로의 이름을 지금도 그대로 철도나 고속도로 이름으로 쓰고 있는 곳이 많다. 예를 들면 도쿄(東京)에서 교토(京都)까지 태평양 연안을 따라 난 길이 도카이도(東海道)이다. 이를 따라 간 철도 이름이 도카이도선(東海道線)이다. 도카이도신칸선(東海道新幹線)은 일본 최고의 승객 수송률을 자랑하는 가장 붐비는 노선이다.

산킨코타이(參勤交代: 삼근교대)의 행렬은 화려하고 장관을 이루었다고 한다. 왜냐하면 다이묘들은 저마다 자기들의 권위를 뽐내기 위해 무리를 해서라도 과장 행렬을 했기 때문이다. 이에 대한 막대한 비용은 모두 다이묘들의 부담이었다. 그래서 그 지방의 재정은 바닥이 났다. 농민들은 세금으로 다 빼앗겨 자기가 농사지은 쌀을 한 톨도 먹지 못하는 사태까지 발생했다. 그래서 1637년, 규슈(九州)에서는 백성과 기독교인이 봉기해서 '시마바라(島原)의 난(亂)'이 일어나기도 했다.

무사들의 월급을 지불하지 못하는 영주도 속출했다. 그와 함께 직업을 잃은 무사들이 새로운 주인을 찾아 전국을 방황하게 되었다. 이들은 거의 에도(江戸)로 모였다. 이들을 로닌(浪人: 낭인)[1]이라고 불렀다.

지금의 도쿄인 당시 에도는 세계 제일의 도시로 불릴 정도로 인구가 100만 명이 넘었다. 그러다 보니 상업이 발달해서 제일 하층 계급인 상인이 부유하게 되었다. 반대로 제일 상류 계급인 무사들은 로닌이 되어 비렁뱅이나 다름없는 신세로 전락했다. 사회계급의 파괴가 일어나고 있었다.

이와 같은 환경 속에 사무라이들의 불만은 결국 막부의 몰락을 부른다. 그리고 곧 메이지(明治)유신으로 이어지게 된다. 메이지유신의 주역

---

1 소속된 직장이 없는 떠돌이 무사.

은 하급무사, 즉 사무라이들이었다. 장군이나 영주 같은 최상류 지도층이 아닌 것이다.

1853년, 미국의 페리(Matthew Calbraith Perry) 제독이 이끄는 구로부네(黑船 : 흑선)의 개방 압력에 의해 일본은 문호를 열지 않으면 안 되었다. 이때 23일 밤낮으로 협상에 임한 것은 사무라이들이었다. 그들의 인(忍)이 일본을 서양 제국주의의 식민지에서 빗어나는 길로 이끈 것이다. 이는 또한 일본을 서양열강과 어깨를 나란히 하는 제국주의 침략국가로 만드는 기반이 되기도 했다.

## 검호(劍豪)시대를 개막한 **츠카하라 보쿠덴**(塚原卜伝)

일본의 중세 후기에서 근세 초기에 걸쳐서 보면 검술이 보통 사람과 다르게 뛰어난 사람이 나타난다. 중세는 검술이 실용성을 가진 시대이다. 그러나 도쿠가와 막부(德川幕府)의 수립에 의해 평화시대가 도래한다. 이에 따라 실전 경험이 풍부한 사람들이 그 뛰어난 기예를 이론화하여 후세에 전하게 된다. 난세(亂世)와 치세(治世)를 연결하는 사람들이다. 그 검호시대를 개막한 사람이 츠카하라 보쿠덴이다.

전설에 의하면 츠카하라는 17세 때 교토(京都)의 기요미즈데라(淸水寺)에서 결투를 처음 했다. 이래 19회의 진검승부(眞劍勝負)와 37회의 전장(戰場) 참가, 그리고 헤아릴 수 없는 목검시합 등에서 한 번도 패한 적이 없다고 한다. 또한 전장에서 얻은 화살에 의한 상처 6곳 외에 몸에 검흔 (劍痕)이 전혀 없다고 한다. 그러니 상대의 검은 츠카하라의 털끝도 스치지 못했다는 이야기이다. 그에 비해 상대를 무려 212명이나 베어 죽였다고 하니 가히 검호이다. 한편 살인마라고 불릴 만도 한데 전설적인 인물로 존경받는 것은 정당한 결투였고 실력이 너무 강했기 때문이다. 그의 검술을 계승한 것이 신토류(新当流)라는 유파다.

츠카하라 보쿠덴은 1489년, 가시마 신궁(鹿島神宮)의 복점사(卜占師: 점쟁이) 요시다 아키다카(吉田覚賢)의 차남으로 태어났다. 이바라기현(茨城県) 가시마 신궁은 다케미카즈치(タケミカヅチ)라는 검신(劍神)을 모시는 곳이다. 이 검신은 후츠노미타마노츠루기(餰霊劍)라는 검을 가지고 있었는데 그의 분신이라고 한다.

이런 환경이었으므로 아주 어려서부터 아버지에게 가시마쥬코류(鹿島中古流) 검술을 배운다. 그 후 츠카하라 도사노가미야스모토(塚原土佐守安幹)의 양자가 되어 가토리신토류(香取神道流)를 배운다. 검의 영재교육을 받은 그는 무사수업을 위해 생애 3회나 전국을 순회한다. 1회 때 검의 수업 여행이 14년이나 걸렸다고 한다. 또 귀국해서는 인간으로서 견디기 힘들 정도로 고통스럽다는 산로수행(参籠修行: 삼롱수행)을 천 일간 두문분출하고 한다. 여기서 검신에게 자신을 고하고 비법을 얻었다고 한다.

그가 깨달은 비법은 하나의 태도(一の太刀)였다. 그러나 유감스럽게도 이 기술은 전해지고 있지 않다. 신토류는 다른 유파와 마찬가지로 철저하게 비밀을 지켰다. 그래서 검의 비법은 오로지 한 사람에게만 전해졌다.

이를 유수일인(唯授一人)이라고 한다. 그러나 이는 위험하다. 맥이 끊어질 확률이 크기 때문이다.

무예자(武藝者)의 전기를 전하는 본조무예소전(本朝武藝小傳)에 의하면 츠카모토는 무로마치 막부(室町幕府)의 제13대 장군 아시카가 요시테루(足利義輝)와 제15대 장군 요시아키(義昭)에게 검술을 지도했다고 한다.

츠카모토가 남긴 신토류의 특징 중, 자신의 검에 피를 묻히지 않고 적을 쓰러트리는 기술이 있다. 소위 주술(呪術) 같은 것이다. 그가 태어난 환경이나 검술 교육이 샤먼(shaman)적인 것을 생각하면 당연한 이야기일지도 모른다. 또 검이 적뿐만 아니라 자신의 마음속 사심을 베어 없앤다는 매지컬(magical)한 면도 있다. 이 신토류는 아직도 건재하다. 츠카모토는 1571년, 82세의 일기로 이 세상을 떠났다. 매일 생과 사를 넘나드는 검호로서 또 당시로서는 상당히 장수한 것이다.

츠카모토의 생애를 보면 마치 우리나라 무협지 이야기 같은 면이 많다. 태어나서 무술을 배우고 전국을 여행하며 무사수업을 한 과정이나 면벽수련 등은 무협지에 18번 같이 등장하는 스토리다. 좀 식상한 점이 없지 않다. 그러나 그는 실존한 역사적 인물이고 미야모토 무사시(宮本武藏)와 더불어 일본인이 존경하는 무패의 양대 검호이다. 그래서 그의 이야기를 소재로 한 소설이나 드라마도 많다.

일본 무도(武道)의 유수일인(唯授一人) 시스템 이야기를 나는 직접 들은 적이 있다. 나의 아이키도(合気道) 선생님은 아이키도 창시자 우에시바 모리헤이(植芝盛平)의 내제자였다. 이에 대해서는 나의 졸저『무도의 세계에서 바라본 일본』에서 사진과 함께 밝힌바 있다. 선생님에 의하면 우에시바는 수제자를 가르칠 때 밤 12시에 따로 불러냈다고 한다. 그리고 도장에 촛불 하나만 켜 놓고 어둠속에서 일대일로 기예를 전수했다고 한다. 다른 제자들은 다 잘 때 비밀스럽게 죽기 전에 단 한 사람에게만 전수한 것이다. 우에시바가 죽은 후에 이와마(岩間) 도장을 이은 수제자 사이토 모리히로(齋藤守弘)는 선생님의 친구였다. 밤에 모두 잘 때 사이토는 이불 속에서 슬그머니 빠져나와 혼자 도장으로 향했다고 한다. 이 규칙이 이미 일본 중세부터 있어 왔다는 것을 나는 츠카모토의 전기를 통해서 알게 되었다.

츠카모토 보쿠덴은 미야모토 무사시에 비해 우리나라에 그리 알려져 있지 않다. 둘을 비교해 보면 츠카모토는 신 내린 기예이고 미야모토는 인간의 최고 경지의 기예이다. 이는 뒤에 나오는 아이키도의 창시자 우에시바와 그의 제자 시오다(塩田)의 이야기와도 흡사하다. 여하튼 무도의 달인이 후세에 존경받는 이유는 무패, 즉 최강이어야 한다는 점은 예나 지금이나 다름없는 것 같다.


## 진검 승부 무패의 검호 **미야모토 무사시**(宮本武蔵)


나는 어려서 무협지 이야기와 함께 미야모토 무사시의 이야기를 많이 들었다. 그리고 그를 무작정 동경하고 좋아하게 되었다. 어린 나이에는 싸움에 강한 자가 무작정 좋은 것 같다. 또한 남자이다 보니 결투에서 승승 장구할수록 괜히 신이 나고 다음 이야기가 궁금해서 잠이 안 왔다. 역시 남자는 강하고 싶은 본능이 있는 것 같다. 원시시대의 남자는 강해야 살아 남을 수 있고 또한 처자식도 보호할 수 있었다. 지금도 그 점은 변하지 않 았다. 칼이 붓으로 바뀌었을 뿐이다.

미야모토는 1584년에 태어났다고 하나 정확하지는 않다. 출생지도 하 리마노구니(播磨国: 효코현 히메지시)와 미마사카노구니(美作国: 오카야 마현 츠야마시)라는 두 가지 설이 있다. 니토류(二刀流)로 유명한 그는 항 상 긴 칼과 짧은 칼 두 개를 가지고 결투에 임했다. 그래서 니텐이치류(二 天一流)라는 병법의 유파를 창시하기도 했다.

니토류라는 말을 일본 사람들은 좋아한다. 가령 만화나 게임에 등장 해서 같은 무기를 두 개 들고 싸우는 경우를 그렇게 부른다. 총을 두 자루 로 쏠 때 그 효과가 2배일 것이라는 기대감 때문이다. 이런 장면은 서부 영 화나 극에도 많이 나온다. 또 야구에서 투수와 포수를 겸하는 선수를 니토 류라고 부른다. 일본에서는 닛퐁 햄(Hipponham)의 오타니 쇼헤이(大谷翔 平)선수가 양쪽 다 성적이 좋고 인기가 있다. 속어나 은어로 주로 남성동 성애자를 니토류라고 부른다. 즉 양쪽 다 사용할 수 있다는 뜻이다. 복싱 선수로서 왼손과 오른손을 같이 쓰는 사람을 니토류라고 한다. 한 쪽만 쓰 는 선수보다는 유리할 것이다. 그러나 정작 챔피언은 미야모토 같이 니토 류가 드물다. 술과 감미(甘味)를 좋아하는 사람도 그렇게 부른다. 보통 술 을 좋아하는 사람은 케이크나 사탕류, 과자 같은 단 음식을 별로 좋아하지 않는다. 그런데 양쪽 다 좋아한다고 해서 니토류라고 부른다.

나도 한때 니토류 이름을 빌려 쓴 적이 있다. 나는 약 10년 전에 좌골신경통을 앓아 무척 고생한 적이 있다. 약 3년간 병원에 다녀도 낫지 않았다. 그런데 정체(整体)를 배워서 낫게 되었다. 그 노하우를 여러 사람들에게 가르치려고 정체학원을 운영한 적이 있다. 나는 발과 손 양쪽을 사용해서 시술하는 방법을 택했다. 그래서 니토류 시술이라고 이름 지었더니 일본 사람들에게 꽤나 호평을 얻은 적이 있다. 이처럼 일본 사람들은 니토류를 좋아한다.

미야모토는 예술성도 풍부했다. 그가 남긴 말안장, 목검, 수묵화는 일본의 중요문화재로 지정되어 있다. 저서로는 독행도(独行道)와 오륜서(五輪書)가 있다.

오륜서(五輪書)에 의하면 13세 때 첫 결투에서 신토류(新当流)의 아리마(有馬)에게 승리한다. 16세 때는 다지마노구니(但馬国 : 효고현 도요오카시)의 아키야마(秋山)라는 강한 병법자에게 승리한다. 21세 때는 교토(京都)에서 천하의 병법자와 수차례 싸워서 승리한다. 이후 60여 회의 진검 승부에서 모두 이겼다고 한다.

미야모토는 여러 가지 작품에도 등장한다. 가부키(歌舞伎), 영화, 연극, 소설 등의 소재로 쓰였기 때문이다. 또 그가 결투한 장소는 관광지가 된 곳이 많다. 가령 미야모토와 사사키 고지로(佐々木次郎)가 결투한 야마구치현(山口県) 시모노세키시(下関市)에 있는 무인도 간류지마(巌流島)는 유명한 관광명소가 되었다. 그곳에는 둘이 결투하는 동상도 세워져 있다. 이외에도 미야모토의 동상은 그가 결투한 장소에 마치 경쟁하듯 세워져 있다. 이는 일본인들에게 미야모토의 인기가 어느 정도 높은지를 대변해 주는 일면이기도 하다.

야마구치현 시모노세키시에 있는 미야모토 무사시와 사사키 코지로의 결투 동상

## 무술 유파(流派)의 성립

무술이나 무기에 뛰어난 인물이 나타나면 그 기예를 배우려고 수많은 사람이 모여들게 마련이다. 그러나 중세 전국시대의 무술의 연습을 위한 겨루기는 지금처럼 안전성이 보장된 것이 아니었다. 그래도 그들이 기를 쓰고 배우려는 이유는 자신의 목숨을 지키기 위한 기술이 실로 절실했기 때문이다. 그러나 가르치는 입장에서는 언제 적으로 바뀔지 모르는 사람에게 비장의 무술을 쉽게 공개하려 하지 않았다. 그래서 사제지간이 성립되기 위해서는 신뢰관계가 확립되고 여러 가지 조건이 부합되어야 했다.

유파가 성립되는 초창기에는 일대일의 전수법이 기본이었다. 그러나 배우려는 사람이 많아지자 한 사람의 스승을 중심으로 집단이 형성된다.

이것이 유파의 시초이다. 유파에서는 스승이 죽어도 그 시조의 기예가 충실하게 전해지도록 규정하고 있다.

가장 먼저 성립된 유파는 궁마술(弓馬術)로, 오가사와라류(小笠原流)가 유명하다. 검술로는 츄죠 나가히데(中条長秀, ?~1384)가 일으킨 츄죠류(中条流)가 시초이다. 그 후 이이자사 쵸이사이이에나오(飯篠長威斎家直, 1387~1488)의 덴신쇼덴카토리신토류(天真正伝香取神道流)와 아이스 이코사이히사타다(愛洲移香斎久忠, 1541~1538)의 가게류(陰流)가 등장한다.

유파의 기예 전수 방법은 형(形)을 연습하는 것이었다. 무술은 원래 적을 쓰러트리는 기술이므로 연습 중에도 상대에게 상처를 입히기 쉽다. 혹은 죽일 수도 있다. 연습 중 그런 일이 발생한다면 너무 황당하다. 그래서 부상을 방지하는 궁리로서 나온 것이 형의 연습이다. 스승의 기예를 무조건 흉내 내는 것이다. 여기에 개인의 궁리나 개량은 절대 인정되지 않았다. 오직 정해진대로 반복하는 것뿐이었다. 그러니 처음에는 재미는커녕 의미도 모르고 답답하기 그지없다. 그러나 이것을 참고 계속해야 다음 단계에 들어간다. 이렇게 익숙하게 몸에 배어야 실전에서 흐트러짐이 없다. 야규 무네노리(柳生宗矩)의 『병법가전서(兵法家傳書)』에 "배움에 연습만한 것이 없다(習を離れて習を違わず)"라는 말이 있는 것은 이 때문이다.

형의 연습에는 수, 파, 난(守,破,難)이라는 세 단계가 있다. 수는 철저하게 스승이 정한 형을 흉내 내서 몸에 배게 한다. 파는 수가 능숙해진 상태에서 수를 잊고 자신이 궁리해서 발전시켜 활용한다. 난은 형을 떠나 자유자재로 움직인다. 이는 다도(茶道)에서 영향을 받았다고 한다.

각 유파의 무술은 철저하게 비밀주의를 지켰다. 기예가 흘러나가면 나중에 그 기예로 죽임을 당할 수 있다고 염려했기 때문이다. 이에 대한 한 예가 신몬세이시(神文誓紙: 신문서지)이다. 이는 입문할 때 스승에게 제출하는 서약서이다. 전수된 내용은 자식에게도 가르쳐주지 않고, 만일 이를 어길 시에는 천벌이라도 달게 받겠다는 내용이다. 이에 대한 좋은 일화가 있다.

1594년, 에도막부(江戸幕府)를 열기 전에 도쿠가와 이에야스(德川家康)는 야규 무네요시(柳生宗厳)와 교토(京都) 교외에서 목검 연습을 했다. 그때 무네요시는 무토토리(無刀取り: 검든 상대를 맨손으로 대적하기)의 비술을 보여준다. 이 기예에 반한 이에야스는 그 자리에서 제자가 되기를 희망했다. 이때부터 이름도 없던 신가게류(新陰流)라는 검술 유파가 대대로 장군가(將軍家)를 가르치는 것으로 일약 유명해진다. 장군가 전용 검술이 된 것이다.

신가게류가 장군가의 전용 검술이 된 후,
역대 장군들을 지도하러 신가게류 사범들은 이 문을 드나들었을 것이다.

이에야스는 입문할 때 신몬세이시(神文誓紙)라는 서약서를 써서 무네요시에게 건넸다고 한다. 그때 이에야스는 장군이 아니었지만 전국(戰國)다이묘(大名: 영주) 중 하나로 무사를 부리는 입장이었다. 그런 그가 일개 검술가에게 입문하면서 서약서를 제출한 것이다. 당시의 검술유파가 얼마나 비밀주의를 지켰는지 보여주는 한 예이다. 또한 이에야스의 그릇의 크기와 야심을 엿볼 수 있는 일화이기도 하다. 즉 자신의 후손을 강하게 번창시키기 위해서 강한 검술을 수용해야겠다고 결심했던 것이다.

검술유파의 경우 수행할 때는 철저한 비밀주의를 지켰다. 그러나 멘쿄가이덴(免許皆傳)이라는 인가를 받은 후에는 제자를 받고 비예를 전수할 수 있었다. 그래서 에도시대에는 검술유파가 600~700개가 넘게 많았다고 한다. 그러나 이들의 뿌리를 거슬러 올라가면 츄죠가 일으킨 츄죠류와 이이자사의 덴신쇼덴카토리신토류, 아이스의 가게류 이렇게 3개 유파로 좁아진다.

이들 유파에서 갈라져 수많은 마치도장(町道場: 동네도장)이 출현하는데 에도시대에는 호쿠신잇토류(北辰一刀流)인 치바 슈사쿠(千葉周作)의 겐부칸(玄武官), 신토무넨류(新道無念流)인 사이토 야쿠로(斎藤弥九郎)의 렌페이칸(練兵館), 교신메이치류(鏡新明智流)인 모모이 슌조(桃井春蔵)의 시가쿠칸(志學館)이 유명했다. "기예(技)는 치바, 힘(力)은 사이토, 품위(位)는 모모이"라는 말이 있을 정도였다고 한다.

이런 유파들에서 메이지유신(明治維新)을 만든 무사들도 수련하게 된다. 나는 처음에 아이키도를 배우면서 너무 답답했다. 선생님이 수련생 중 한 명을 지명해서 기예의 시범을 무언으로 전·후, 좌·우 동작 4번만 보여준다. 그러면 제자들은 약 10분 정도 옆 사람과 둘이서 한 조로 동작을 흉내 내서 따라한다. 선생님은 돌아다니면서 틀린 동작을 무언으로 고쳐준다. 연습 중 말을 하는 것은 금지되어 있다. 말을 하면 다들 노려본다. 묵묵히 동작만 연습한다. 1시간에 준비운동과 기예 4, 5개 정도 배운다.

나는 어려서 태권도를 수련한 적이 있다. 동작이 틀리면 사범님의 고함소리가 터졌다. 그리고 말로 이렇게 저렇게 하라고 설명해 주었다. 기합소리도 컸다. 우리와 일본 무도의 수련은 이처럼 다른 점이 많다. "한국 사람들은 한 동작에 쉽게 실증을 느껴 빨리 다른 동작을 배우고 싶어 한다. 그래서 달인이 되기 어렵다."라는 말을 우리나라의 어느 책에서 읽은 적이 있다. 내가 보아도 맞는 말 같다. 일본 사람들은 좀 시시해 보이는 기본 동작을 평생 묵묵하게 연습한다. 그런데 우리는 기본 동작보다 빨리 고급 기술을 배우고 싶어 한다. 그리고 우리나라 도장에는 거의 애들밖에 없다. 젊은이는 선수정도 있는데 노인은 눈을 씻고 봐도 없다. 그러나 일본도장에는 노인이 많다. 하나를 배우면 평생을 하니 달인이 많을 수밖에 없는 것이다.

이들은 모두 일본에서 유파가 형성될 당시에 나온 전수법이다. 그것이 지금까지 전해져 내려와 지켜지고있는 것이다. 이런 점들은 우리도 배워두면 좋지 않을까? 생각한다.

# 무사도(武士道)를 세계에 알린 **니토베 이나조**(新渡戸稲造)

무사도는 일본 근세 이후 봉건사회에서 생겨났다. 시발점은 무사정권이 확립된 가마쿠라시대(鎌倉時代)부터 두고 있다. 무사도의 7개의 덕(德)은 의(義), 례(禮), 충의(忠義), 용(勇), 인(仁), 명예(名譽), 성(誠)이다.

무사도의 근본 사상은 우선 불교에서 찾아 볼 수 있다. 운명에의 신뢰, 불가피한 것에의 복종, 금욕, 생(生)에의 굴욕과 사(死)에 대한 친근감이 그것이다. 두 번째는 신도(神道)이다. 신도는 주군에의 충성, 선조에의 숭배와 경의, 효심 등이다. 유교의 가르침도 많이 들어가 있다. 공자의 오륜(五倫)의 도, 정치도덕 격언과 맹자의 민주적 이론 그리고 배려이다.

일본의 무사도가 세계에 알려진 것은 이토베 이나조에 의해서이다. 전 일본 돈 5,000엔 권 지폐의 모델이기도 했던 그는 1900년에 미국에서 영문으로 책을 발간했다. 책명 역시 『武士道 : Bushido The Sole of Japan』이다.

이 책은 미국의 정치가나 경제인 등 저명인사들이 일본을 아는 참고서로 활용할 정도로 유명해졌다. 테오도어 루즈벨트(Theodore Roosevelt)와 존 에프 케네디(Jone F. Kennedy) 대통령, 보이스카웃 연맹을 창시한 로버트 베이든 포엘(Robert Barden-Powell) 등이 애독자였다고 한다. 책을 쓰게 된 동기는 다음과 같다.

1889년 경, 나는 벨기에 법학자인 지인 집에 초청받았다. 이야기의 꽃을 피우고 있을 때 종교가 화제가 되었다. 지인은 '당신의 나라 학교에서는 종교 교육을 합니까?'라고 물었다. 그래서 나는 '없습니다.'라고 대답했다. 그러자 그는 '아니 종교도 없이 도대체 어떻게 자손들에게 도덕 교육을 합니까?'라고 놀라며 반복해서 물었다. 나는 그 질문에 즉각 대답을 할 수 없었다.

그 후 니토베는 곰곰이 생각했다. 그리고 일본의 지금까지의 도덕개념은 봉건제와 무사도에 있다는 것을 깨닫게 되었다. 그래서 그것을 정리한 것이 무사도란 책이다. 책은 출간되자 곧 전 서방세계에 알려지게 된다. 처음에는 영어로 쓰였다. 그 후 폴란드어, 독일어, 노르웨이어, 스페인어, 러시아어, 이탈리아어 등 많은 나라 언어로 번역되어 세계적인 베스트셀러가 된다. 일본어판도 번역되어 출판되나 니토베 자신은 일본어로 쓰지 않았다고 한다.

니토베는 1862년에 난부한시(南部藩士 : 이와테현 모리오카 소속 무사) 니토베 쥬지로(新渡戸十次郎)의 3남으로 태어난다. 청년시절에 삿포로 농학교(札幌農學校 : 현 홋카이도대학) 2기생으로서 입학하여 졸업하고 해외로 유학한다. 미국을 가게 된 것은 '소년이여 야망을 가져라(Boys, be ambitious)'로 유명한 삿포로 농학교 초대교장인 윌리엄 스미스 크라크(William Smith Clark)의 영향을 받지 않았나? 하고 생각하는 사람이 많다. 그러나 그와는 엇갈려 만나지 못했다고 한다.

니토베 이나조가 교수로 있던 도쿄대학 아카몬

미국과 독일에서 농정학을 배우고 귀국하여 도쿄제국대학(東京帝国大学) 교수와 도쿄여자대학(東京女子大学) 학장을 역임하며 후학을 양성한다. 1920년에는 무사도로 이미 세계적으로 유명한 인물이 되어 있어 국제연맹의 사무차장에 임명된다. 1932년에 군부를 비난하는 발언으로 충돌, 많은 친구와 제자를 잃는다. 그러나 태평양전쟁을 일으킨 일본에 대한 미국의 반일감정을 완화하기 위해 미국에 건너간다. 하지만 미국친구들에게 외면당해 실의에 빠진다. 1933년, 캐나다의 태평양문제 조사회 회의 일본대표 단장으로 참석하고 돌아오다 빅토리아항에서 쓰러져 영면했다.

나의 첫 작 『무도의 세계에서 바라본 일본』에서 인용한 바 있는 글을 소개하고자 한다. 매스컴에서 어느 아프리카 출신 육상선수를 인터뷰했다. 그에게 일본의 첫 인상을 묻자 "나는 나리타(成田) 공항에 내리자마자 깜짝 놀랐다. 일본인 남자는 모두 존마게(丁髷 : 옛날 일본 머리스타일)에 사무라이(侍) 칼을 차고 있다고 들었다. 그런데 서양인과 다름없이 양복에 넥타이를 매고 있었기 때문이다."라고 말했다. 이처럼 지금도 서양세계에서는 일본하면 남자는 무사, 여자는 나비부인(蝶々夫人)을 연상하는 사람이 많다. 이는 모두 개항 초기 서양인들에게 알려진 일본에 대한 첫인상이 강했기 때문이다. 나비부인에 대해서는 『이것이 진짜 일본이다』에서 소개한 바 있다.

이처럼 서양에서는 일본하면 무사도의 나라라고 인식하고 무시하지 못하는 부분이 있다. 개인이든 나라든 강하면 따르게 되어있기 때문이다. 특히 동양 무술이나 일본의 무도는 서양인에게 있어 동경의 대상이다. 그래서 프랑스의 경우 유도와 아이키도(合気道)를 수련하는 인구가 본국인 일본보다 더 많을 정도다. 또한 초창기 미국에서 태권도를 코리아 가라테(Korea Karate)라고 불렀다. 이런 것이 어찌 보면 오래전부터 무사도라는 책이 서구세계에 알려지고, 일본 무도인 유도와 아이키도, 가라테가 먼저 알려졌기 때문이다. 그런 면에서 본다면 니토베 이나조의 공적은 실로 대단하다고 평가하지 않을 수 없다.

## 무도(武道)의 탄생 과정

무도는 이제 동서양을 막론하고 누구나 한 번쯤 배워보고 싶은 동경의 대상이 되었다. 그 이유는 사람은 누구나 생존경쟁에서 강해지려는 본능과 이성에게 멋있게 보이려는 심리가 작용하기 때문이다. 이는 인간의 종족번식 본능과 관계가 있다. 또한 건강을 위한 운동, 호신에도 유용하기 때문에 이제는 동서양, 남녀노소를 막론하고 선호하게 되었다. 이왕 운동하는 거 몸을 보호하는 호신술이 좋을 것이다. 또 날이 갈수록 폭력이 난무하고 범죄가 험악해지는 사회에서 여성들도 배워두지 않으면 안 되는 필수 항목이라고 생각한다.

무도(武道)의 옛 이름은 무술(武術)이었다. 도(道)를 처음 쓴 사람은 니시쿠보 히로미치(西久保弘道)였다. 그는 1919년, 일본무덕회(日本武德会) 부회장에 취임하자 무술전문학교(武術專門学校)를 무도전문학교(武道專門学校)로 개칭했다. 그와 함께 검술(劍術)과 격검(擊劍)은 검도(劍道)로, 궁술(弓術)은 궁도(弓道)로, 유술(柔術)은 유도(柔道)로 개칭되었다. 그 후 가라테(空手道), 아이키도(合気道), 총검도(銃剣道), 고무도(古武道) 등도 도(道)를 넣거나 개칭하게 된다.

무덕회는 1895년 4월17일, 당시 무술의 진흥, 교육, 표창을 목적으로 설립되었다. 그리고 2차 세계대전 중인 1942년부터는 무도관계 단체를 통제하는 정부 외곽기관이 되었다. 그러나 1946년 10월 31일, GHQ(연합국군최고사령관 총사령부)의 지령에 의해 해산되었다. 당시 약 1,300명이나 공직에서 추방되었다고 하니 일본 정부가 무도의 보급과 관리에 얼마나 힘을 쏟았는지 그 규모가 짐작된다.

니시쿠보는 정치가이자 무도가였다. 후쿠시마현(福島県) 지사, 홋카이도청(北海道庁) 장관, 경시총감, 귀족원 의원, 도쿄(東京) 시장, 무덕회무도전문학교(武徳会武道専門学校) 교장을 지냈다. 무술은 잇토쇼덴무토류(一刀正伝無刀流)를 배웠고 일본 무덕회(日本武徳会) 검도 한시(藩士)[2]를 받았다. 문무양도(文武両道)를 겸비한 사람이었다. 유도를 창시한 가노 지고로(加納治五郎)도 문무양도를 겸비한 사람이다.

다음은 가노 지고로에 대해서 알아보자. 유도를 일본에서는 보통 고도칸(講道館) 유도라고 부른다. 고도칸은 1882년, 가노 지고로에 의해 창설된 재단법인의 이름이다. 단의 발행, 대회개최, 강습회, 서적의 간행 등 유도보급을 위한 제반 활동을 총 지원하기 위해서 설립되었다.

가노 지고로는 1860년, 셋츠(摂津: 효고현 고베)에서 태어났다. 1877년 도쿄대학(東京大学)에 입학하나 곧 힘이 강한 자에게 당한다. 이를 자신의 허약한 체질 때문이라고 여기고 억울하게 생각한다. 그래서 유술을 배우고 싶었으나 부친의 반대도 있었고 개화기라 유술 스승을 찾기도 힘들어 한동안 뜻을 이루지 못한다. 겨우 야규신간류(柳生真眼流)를 가르치는 오시마이치가쿠(大島一学)에 입문하여 단기간 배운다. 그 후 급소 찌르기와 굳히기에 뛰어난 덴진신요류(天神真楊流) 유술을 배운다. 또 던지기 기예 중심의 기토류(起倒流) 유술도 배운다. 그리고 이들을 독자적인 이론으로 정리, 체계화한다. 여기서 도(道)는 근본이고 술(術)은 그

---

2 무도의 최고 높은 칭호로 8단이다.

응용이라는 생각을 가진다. 그래서 도를 강구한다는 의미로 유술을 유도로 개칭한다.

초창기 경력으로 1879년, 미국의 제18대 대통령 유리시즈 그랜트 (Ulysses Grant)가 방일했을 때 당시 유술을 연무했다. 개화 시기인 이때를 전후해서 일본에서는 외국수뇌가 오면 무도를 시연하는 것이 정례화 된 것 같다.

1881년, 도쿄대학 문학부를 졸업한다. 1883년에는 고무도를 이론화 하기 위해 '고무도 연구회'를 발족한다. 그래서 자기 제자들을 보내어 가토리신토류(香取神道流), 가시마신토류(鹿児島新当流), 아이키 유술(合気柔術), 신토무소류 장술(新道夢想流杖術)을 배우게 한다. 1905년에는 일본 무덕회로부터 유도 한시고(藩士号)를 받았다.

아직도 고무도를 고수하는 유파가 많다.
일본 무도관에 걸려 있는 '일본고무도교류연무대회' 벽보

교육자로서도 진력을 다한다. 1882년에 가쿠슈인(学習院) 교사를 거쳐 도쿄고등사범학교(東京高等師範学校: 츠쿠바대학) 교장을 역임했다. 구제(舊制) 중학교에서 신중·고등학교로 바뀌는 과정에도 관여하고 문부성 참사관, 보통학무국장을 겸임하기도 했다. 1898년에는 유도가 중학교 필수과목으로 채용되게 한다. 1909년에는 일본인 최초로 IOC(국제올림픽위원회) 위원이 된다. 1911년에는 일본 체육협회 회장에 취임한다. 1912년에는 일본이 처음 참가하는 스톡홀름 올림픽 단장이 된다. 1936년에는 1940년 도쿄올림픽을 유치하는데 성공시키나 일본이 일으킨 태평양전쟁으로 취소된다. 1938년, 이집트 카이로 IOC 총회에 참석하고 귀국하는 선상에서 폐렴에 걸려 77세의 일기로 사망했다.

이와 같이 무도의 이름이 탄생되기까지는 위 두 사람의 활약이 컸다. 무도는 무술이라는 옛말에서 개칭된 것이다. 도가 추구하는 점은 사람을 살상, 제압하는 기술뿐만 아니라 인격을 완성하는데 있다. 그리고 잔심(残心)[3]을 갖는 태도에서 차도(茶道)나 일본 무용(日本舞踊), 예도(芸道)와도 상관성을 가진다. 또한 자유대련이나 약속대련을 행하는 과정은 스포츠나 체육과도 공통점이 많다.

무도의 이념은 시대나 조직, 개인에 따라 다르다. 일본 무도의 주요 9개 연맹이 가입하고 있는 '일본무도협의회'는 다음과 같이 정의하고 있다.

무도는 무사도의 전통에서 유래되었으며 우리나라에서 체계화되었다.

---

3 대비하는 마음가짐으로 동작이 끝나도 바로 자리를 뜨지 않는다.

무도는 무기 수련에 의한 심기일여(心技一如)의 운동문화이다. 무도는 또한 유도, 검도, 궁도, 스모(相撲), 가라테(空手道), 아이키도(合気道), 쇼린지겐뽀(少林寺拳法), 나기나타(薙刀), 쥬켄도(銃剣道)를 수련해서 심기체(心技体)를 일체로 단련한다. 그와 함께 인격을 닦고, 도덕심을 높여, 예절을 존중하는 태도를 양성하는 길이다. 이는 곧 국가, 사회의 평화와 번영에 기여하는 인간형성의 길이기도 하다.

전시에는 적을 살상하는 기술에 불과하던 무술이 평화가 지속되자 정신과 육체를 단련하는 무도가 되었다. 물론 흥행을 목적으로 무도를 단련하는 프로 선수들도 있다. 그러나 일반인은 평화시에 상대와 죽기 살기로 싸울 일도 필요도 없다. 그러므로 현대 무도가 추구하는 이념은 바람직하다고 본다.

무도를 하는 사람들을 보면 몸이 병약하다거나 강해지고 싶어서 시작하는 경우가 대부분이다. 정말 그렇다. 각 무도의 창시자들은 대부분 몸집도 작고 왜소하다. 그런데 괴력이 나오는 것을 보면 참으로 신기하다. 그러나 곰곰이 생각해보면 선천적으로 거구에 힘이 좋다면 운동을 하지 않아도 당하지 않는다. 그런 사람은 남이 괜히 시비를 걸지도 않는다. 가노 지고로처럼 대학에 입학했을 때 작으니까 만만해 보여 당한 것이다. 그것이 계기가 되어 유도가 탄생하고 기예가 연구되고 발달했다.

무도는 현시대에서 약자나 여성들에게는 정말 필수 불가결한 것이 되었다. 정신도 육체도 단련하여 건강을 유지하고 또 호신술로서 혹은 애인이나 가족의 보디가드용으로 무도 한 종목쯤 몸에 익혀두는 것도 좋을 것이다.

# 일본 검도(劍道)의 유래와 발전 과정

무도 중에는 서양의 스포츠처럼 시합을 하는 종목이 많다. 검도, 유도, 가라테(空手道), 소림사권법, 궁도, 총검도 등이 시합을 한다. 이 중에 제일 먼저 경기화를 채택한 것이 검도이다. 그러나 아직 고무도(古武道)나 아이키도(合気道)처럼 시합을 하지 않고 형(形)중심의 연습(稽古)만 고집하는 무도도 있다. 검도는 시합을 채택하고 있지만 대일본검도연맹(大日本劍道連盟)은 다음과 같이 정의하고 있다.

검도는 검도구를 착용하고 죽도를 사용해서 1대 1로 싸우는 운동경기 종목으로 보이나 연습을 계속하는 것에 의해 심신을 훈련해서 인간 형성을 목표로 하는 무도이다.

에도시대(江戸時代)에 들어서서 평화가 지속되면서 검술은 형(形) 위주로 연습하게 된다. 그러나 형 위주의 검술은 약속된 대로 연습한다. 그러므로 실전에서 자유자재로 공격하는 검에는 대응하기 어려운 결점이 있다. 그래서 등장하게 된 것이 죽도(竹刀)이다. 죽도를 발명한 것은 신가게류(新陰流)를 창시한 가미이즈미 이세노카미(上泉伊勢守)라고 전해지고 있다.

몸을 보호하는 방구와 장갑이 처음 만들어진 것은 에도시대 중기인 정덕연간(正德年間: 1711~1715)이다. 지키신가게류(直心影流)의 나가

누마 구니사토(長沼国郷)가 면(面)과 소수(小手 : 장갑)를 제작하고 죽도(竹刀)를 사용한 연습법을 개발했다. 그 후 나카니시하잇토류(中西派一刀流)의 나카니시 시무(中西子武)가 철면(鉄面)과 검도복을 개발했다. 그리고 방구의 발달과 함께 대죽도(袋竹刀)보다 강한 4갈피 죽도(竹刀)가 개발되었다.

에도시대(江戸時代) 말기가 되면서 방구(防具)와 죽도(竹刀)를 쓰는 유파가 많이 생겨났다. 왜냐하면 부상을 방지하며 훈련하기 위해서였다. 이 효과가 인정되어 곧 많은 유파가 이들을 시합용으로 채용하게 된다. 메이지시대(明治時代) 이후에는 대일본무덕회(大日本武徳会)가 시합규칙을 정하고 경기로서 성립시킨다. 현대 검도는 복수의 유파가 모여서 이루어졌기 때문에 유도의 가노 지고로(加納治五郎)처럼 창시자는 존재하지 않는다. 태평양전쟁 후에 대일본무덕회는 해산되어 그 후 발족한 대일본검도연맹(大日本劍道連盟)이 사업을 계승하게 된다.

에도시대 후기에서 말기에는 죽도 타격 중심의 도장이 유파를 초월해서 유행한다. 그 중심은 에도 3대 도장인 교신메이치류(鏡新明智流)의 시가쿠칸(志學館), 호쿠신잇토류(北辰一刀流)의 겐부칸(玄武館), 신도무넨류(神道無念流)의 렌페이칸(練兵館)과 고부쇼(講武所)였다. 호쿠신잇토류의 치바 슈사쿠(千葉周作)는 검술의 기예를 68수로 분류하고 고부칸의 오타니 노무토모(男谷信友)는 죽도의 길이를 3척 8촌으로 정했다. 당시의 죽도시합은 어디까지나 진검을 사용한 싸움에 이기기 위한 훈련의 수단이었지 경기 자체가 목적은 아니었다.

메이지(明治) 시대가 시작되자 무사의 신분이 폐지되어 검을 휴대할 수 없었다. 그래서 검술가들은 실업자가 되었다. 이를 구한 것이 격검흥행(擊劍興行)이었다. 지키신가게류(直心影流)의 사카키바라 겐키치(榊原鍵吉)는 1873년, 궁핍한 검술가들을 구제하기 위해 검술 구경거리를 만들었다. 이는 한때 만원사례가 될 정도로 흥행하나 곧 시들해진다.

1879년, 경시청 순사교습소에 도장이 생겨 경찰이 검술을 채택하게 된다. 1895년, 청·일전쟁의 승리와 함께 일본 무도의 장려 기운이 높아져 대일본무덕회(大日本武德会)가 결성된다. 이 단체는 유파를 초월하여 무술교원양성, 단위(段位)의 제정, 시합심판규칙의 제정 등 현재까지 계속되는 검도의 제도를 확립했다. 그리고 태평양전쟁이 끝날 때까지 검도의 총본산 역할을 했다.

1911년부터는 중등학교 정과의 체육과목 일부로 검도가 실시된다. 검도교원의 양성기관은 무도전문학교(武道專門學校)와 도쿄고등사범학교(東京高等師範学校)가 맡게 된다. 이때부터 이름도 검술(劍術)에서 검도(劍道)로 정착하게 된다.

1945년, 일본은 패전하여 연합국군(GHQ)에 점령되었다. 연합국은 대일본무덕회를 해산시키고 무술을 금지시킨다. 그래서 1950년에 시나이경기(撓競技)라는 스포츠가 생겨난다. 1952년, 샌프란시스코강화조약으로 연합국군의 점령이 해제되어 전일본검도연맹(全日本劍道連盟)이 결성된다. 1954년, 전일본시나이경기연맹이 전일본검도연맹과 합병된다. 1970년, 국제검도연맹이 발족되어 제1회 세계검도선수권대회가 개최된다. 검도의 국제화에 따라 올림픽경기 종목으로 만들자는 의견이 있다. 그러나 일본검도연맹은 승리지상주의와 상업주의에 빠져 검도의 무도적

특성을 잃게 되는 것을 우려하여 반대하고 있다.

무도를 보면 서양의 스포츠화된 것이 많다. 이는 올림픽 등 각종 국제 대회 우승을 목표로 하기 때문이다. 확실히 올림픽의 메달은 개인의 명예를 떠나 국가의 위상을 높여준다. 그래서 무도 중 유도가 제일 먼저 올림픽 경기 정식종목을 택했다. 그러나 아직 검도는 무도를 지향하고 있다.

무도와 스포츠의 차이점은 무엇보다 정신수양과 체력이다. 나는 아이키도(合氣道) 동료들과 술을 마시며 토론한 적도 있는데 "무도 8, 9단의 노인과 초단의 젊은이가 생사 결투를 한다면 누가 이길까?"라는 애들 같은 호기심이 주제였다. 여기에 무도와 스포츠의 차이점이 있다. 즉 스포츠화 된 유도는 체력이 강한 젊은이가 이길 확률이 높고 아직 무도를 고집하는 검도는 정신수양을 많이 한 8, 9단의 노인이 이길 확률이 높다는 의견이 많았다.

무도는 정신수양과 예의를 중시한다. 특히 검도는 몸동작 하나하나에도 예의를 깍듯이 한다. 그래서 어린 자녀에게 검도를 가르치는 부모가 국적을 떠나 늘고 있다고 한다. 검도가 올림픽 정식종목을 사양하는 이유가 바로 무도정신 때문이다. 이를 승리를 지향하는 스포츠에도 도입하면 좋겠다는 생각을 해본다.

# 2장 | 근대 일본 개화의 주역 무사들

 일본은 메이지유신(明治維新)을 일으켜 근대화에 성공했다. 그래서 아시아에서 유일하게 제국주의 국가가 되어 한반도와 중국대륙, 동남아시아를 거쳐 태평양까지 진출했다. 태평양전쟁에서는 미국이 중심인 연합국에 패하여 식민지를 잃었으나 축적된 기술과 자본, 그리고 국민의 단결로 다시 일어서 경제대국이 되었다. 그리고 이번에는 무력이 아닌 경제력으로 옛 식민지였던 나라로 재침하고 있다. 이런 힘은 어디서 나온 것일까?

그 근본은 바로 메이지유신이다. 그런데 그 메이지유신은 하루아침에 이루어진 것이 아니다. 그 뒤에는 무사들의 피나는 노력과 목숨도 아끼지 않은 수많은 희생이 있었다.

일본의 무사들을 자세히 살펴보면 그냥 칼이나 쓰는 무식쟁이들이 아니었다. 모두가 문무양도(文武兩道)를 겸비한 귀재들이었다. 한마디로 검은 어느 유파의 종주 이상 되는 실력이면서 머리는 대학자급인 사람들이었던 것이다. 문무양도의 무사들이 일본을 개화시키고 지금의 일본이 있게 했다고 보아도 과언이 아니다.

일본 근대화의 대표적인 무사로 이이 나오스케(井伊直弼), 요시다 쇼인(吉田松陰), 하시모토 사나이(橋本佐内), 우메다 운삔(梅田雲浜), 가츠 가이슈(勝海舟), 시마즈 히사미츠(島津久光), 곤도 이사미(近藤勇), 다카스기 신사쿠(高杉晋作), 요코이 쇼난(横井小楠) 이노우에 가오루(井上馨), 나카오카 신타로(中岡慎太郎), 기도 다카요시(木戸孝允), 사이고 다카모리(西郷隆盛), 사카모토 료마(坂本龍馬), 오쿠보 도시미치(大久保利通), 야마가타 아리토모(山縣有朋), 이와쿠라 도모미(岩倉具視), 후쿠자와 유키치(福沢諭吉), 이타가키 다이스케(板垣退助), 이토 히로부미(伊藤博文) 등이 있다. 이들 무사들이 과연 어떻게 활약해서 현재의 일본이 있게 한 기반을 구축했는지 알아보기로 하자.

## 일본의 개항을 단행한 **이이 나오스케**(井伊直弼)

일본의 근대화를 실행시킨 주요 인물로 이이 나오스케를 꼽지 않을 수 없다. 왜냐하면 그가 다이로(大老 : 총리)일 때 미·일수호통상조약(日米修好通商条約 : 1858)을 단행했기 때문이다. 이는 천황의 칙허(勅許)도

받지 않은 결단이었다. 서두른 이유는 청나라와의 아편전쟁에서 승리한 영국과 프랑스 등 열강의 군함이 곧 일본에도 밀어닥쳐 조약 조인을 요구할 것이라고 판단했기 때문이다. 그래서 제일 먼저 문호를 개방한 미국과 서둘러 선상에서 조약에 조인을 한 것이다.

1860년, 미·일수호통상조약의 비준서를 교환하기 위해 워싱턴 D.C.를 방문한 일본 사절단. 일본 관료는 무사임을 보여주듯 모두 검을 차고 있다.

이 조약에 의해 일본은 요코하마(横浜), 나가사키(長崎), 니가타(新潟), 고베(神戸)를 개항하게 된다. 이는 관세 자유권의 결여, 치외법권 인정, 최혜국 대우 등 일본에게 매우 불평등한 조약이었다. 그리고 거의 같은 조건으로 네덜란드, 러시아, 영국, 프랑스와도 조약을 맺는다. 이를 일본에서는 안세이의 5개국 조약(安政の五カ国条約)이라고 부른다.

이이 나오스케는 1815년 10월 29일, 11대 히코네 한슈(彦根藩主 : 시가현히코네시) 나오나카(直中)의 14번째 아들로 태어났다. 17세부터 독립할 수 있는 재산을 받았으나 분가하지 않았다. 대신 우모레기노야(埋木舍 : 매목)라는 도장을 만들어 차도(茶道), 선(禅), 가도(歌道), 노(能), 무술(武術) 등의 수련에 15년간 몰두한다. 그러나 1846년, 갑자기 히코네 한슈에 취임하고 집안의 종주(宗主)가 된다. 그 이유는 형제가 빨리 죽거나 양자로 가서 이이 나오스케밖에 남아 있지 않았기 때문이었다. 형제가 많아 세상에 버림받았다는 의미의 매목도장까지 만들어 은둔생활을 하던 그가 하루아침에 일약 영주가 된 것이다. 그 후 이이 나오스케는 요직을 거쳐 천황과 장군가가 아닌 민간인으로서 최고위인 다이로(大老)에 오른다.

당시 고메이천황(孝明天皇)은 칙허도 없이 맺은 미·일수호통상조약에 대한 불만을 품고 막부를 불신했다. 그러나 이이 나오스케는 조정이 막부의 정치에 관여하면 질서에 혼란을 부른다고 판단했다. 그래서 고메이천황(公明天皇)이 막부를 불신하여 미토(水戸 : 이바라기현)에 직접 칙서를 내린 무오의 밀칙(戊午の密勅)에 관여한 존왕양이파(尊王攘夷派)와 장군가 히토츠바시파(一橋派)의 탄압을 감행한다. 이때 처벌된 자는 100여 명이 넘는다. 이를 안세이노다이고쿠(安政の大獄)[4]라고 부른다. 그러나 이 공포정치는 곧 막부의 약체화를 부른다. 그리고 사쿠라다몬가이노헨(桜田門外の変)이라는 이이 나오스케 암살 사건으로 이어진다. 이 사건은 존왕양이운동에 불을 지펴 막부의 몰락을 앞당기는 도화선이 된다.

---

4 형식적으로는 제13대 장군인 도쿠가와 이에사다(徳川家定)의 명령으로 집행한 것으로 되어 있으나 모두 이이 나오스케의 독단에 의한 것이다. 이 사건으로 이이 나오스케는 암살을 당하게 되고 막부는 멸망의 길로 들어서게 된다.

메이지유신의 직접적이고 확실한 기점이 되는 사건이라고 볼 수 있다.

이이 나오스케는 자의든 타의든 일본의 개화에 크게 기여한 인물이다. 그의 결단에 의해 작은 어촌이던 요코하마와 고베는 일본 최대의 무역항이 되었다. 그리고 그의 선견지명과 결단이 일본이 서양의 식민지화 되는 것을 피한 결과가 되었다. 그래서 이이 나오스케는 폭정을 한 인물임에도 불구하고 일본 역사에 영원히 남는 고마운 인물이 되었다고 생각한다.


## 일본 근대화의 견인차 **요시다 쇼인**(吉田松陰)


일본 근대화의 견인차로서 요시다 쇼인이 있다. 그는 무사이자 시대를 앞서간 교육자였다. 일반적으로 메이지유신(明治維新)의 정신적 지도자, 이론가, 도바쿠(倒幕 : 막부를 무너트림)론자로도 알려져 있다. 그에게 교육을 받은 사람들 중에 근대의 일본을 이룩한 핵심 멤버가 많다.

요시다 쇼인은 1830년 8월 4일, 쵸슈(長州 : 야마구치현) 하기시(萩市)에서 한시(藩士) 스기 츠네미치(杉常道)의 차남으로 태어났다. 1834년, 숙부로 야마가류(山鹿流) 병학(兵學) 사범인 요시다 다이스케(吉田大助)의 양자가 된다. 이듬해 숙부가 사망하자 다른 숙부인 다마키 분노신(玉木文之進)이 연 쇼카손쥬쿠(松下村塾)에 들어가 지도를 받는다.

11살 때는 한슈 모리 다카치카(毛利敬親) 앞에서 어전 강의를 훌륭하게 해내어 그 재능을 인정받는다. 쇼인은 어려서부터 아버지의 교육열에 의해 사서삼경(四書三經)을 암송할 정도로 수재였다고 한다.

그 후 쇼인은 아편전쟁에서 청이 서양열강에 대패한 사실을 알게 된다. 그리고 야마가류병학이 시대에 뒤진 것을 깨닫는다. 그래서 1850년, 서양병학을 배우기 위해 규슈(九州)에 유학한다. 그 후 에도(江戶)에 가서 사쿠마 쇼잔(佐久間象山)에게 신학문을 배운다.

1852년, 친구들과 동북지방 여행을 계획한다. 그러나 쵸슈한에서 통행증 발급이 늦어졌다. 그는 친구들과의 약속을 중시하고 탈번(脫藩)하여 여행을 감행한다. 이 원정에서 견문을 넓히고 츠가루해협(津輕海峽)에서는 외국선을 견학한다. 그러나 에도에 돌아와 탈번한 처벌을 받는다.

1853년, 페리가 우라가(浦賀)에 내항(來航)[5] 하자, 스승과 구로부네(黑船)를 먼 거리서 관찰하고 서양의 선진문명에 감명을 받는다. 이때 친구인 미야베 데이조(宮部鼎蔵)에게 다음과 같은 편지를 보냈다.

들리는 말에 의하면 페리 일행은 내년에 국서의 대답을 받으러 다시 온다고 한다. 그때야말로 내가 일본도의 날카로운 맛을 보여주겠다.

그 후 스승의 권유도 있어 외국유학을 결심한다. 동료인 가네코 시게노스케(金子重之輔)와 나가사키(長崎)에 기항해 있던 푸차친(Putyatin)의 러시아 군함에 타려고 계획한다. 그러나 유럽에서 발발한 크림

---

5 구로부네 내항(黑船來航)이라고도 한다. 1863년, 미합중국 대장 매튜·페리(Matthew Calbraith Perry)가 증기선 2척과 함선 2척 총 4대의 함대로 내항한 사건. 미국 대통령의 국서를 전달하고 개항을 요구하여 이듬해 미·일화친조약(美·日和親條約)을 맺게된다.

(Crimean) 전쟁에 영국이 참전한 관계로 군함의 출발이 늦어져 실패한다.

1854년, 페리가 다시 왔을 때 시모다(下田)에서 가네코와 어선을 훔쳐 타고 기함 포와탄(USS Pawhatan)호에 근접해 승선에 성공한다. 그러나 함장 페리(Perry)는 막부와의 조약에 불이익이 발생할 것을 우려해 승선을 거부한다. 둘은 강제 하선되어 자수 후 투옥된다. 1857년에 출옥이 허가되나 스기가(杉家)에 유폐 처분, 즉 가택 연금된다.

1857년, 숙부의 쇼카손쥬쿠(松下村塾)를 물려받아 스기가에 다시 연다. 이때 요시다에게 배운 인물은 구사카 겐즈이(久坂玄瑞), 다카스기 신사쿠(高杉晋作), 이토 히로부미(伊藤博文), 야마가타 아리토모(山縣有朋), 요시다 도시마로(吉田稔麿), 이리에 구이치(入江九一), 마에바라 잇세이(前原一誠), 시나가와 야지로(品川弥次郎), 야마다 아키요시(山田顕義), 노무라 야스시(野村靖), 와타나베 고조(渡辺蒿藏)등이다.이들 중에는 메이지유신(明治維新)과 그 후의 일본을 움직인 기라성같은 주역이 많다.

쇼인의 교육방법은 스승이 일방적으로 가르치는 주입식이 아니었다. 제자들과 의견을 교환하거나 교실에서의 문학뿐만이 아닌 등산, 수영 등을 같이하며 살아 있는 학문을 가르쳤다고 한다.

1858년에 막부(幕府)가 무칙허로 미·일수호통상조약을 체결하자 격노한다. 그래서 로쥬(老中) 수좌인 마나베 아키가츠(間部詮勝)를 암살할 계획을 세운다. 그러나 제자들이 스승이 위험하다고 동조하지 않고 말려 좌절된다. 그 후 도바쿠(倒幕) 계획을 갖고 있는 것이 발각되어 한(藩: 번)의 위험인물로 지목되어 투옥된다.

1859년, 존왕양이(尊王攘夷) 운동을 한 우메다 운삔(梅田雲浜)과의

관계가 있다는 혐의로 에도에 압송된다. 그리고 안세이노다이고쿠(安政の大獄)에 연좌되어 동년 10월 27일, 참수형에 처해진다. 향년 30세였다.

쇼인의 교육방법은 지금의 서양과 거의 다름없다. 외국에 마음만 있었지 한 발자국도 못나간 그이다. 그런데도 그 당시에 선진 교육을 했다는 데는 놀라지 않을 수 없다. 시대를 앞서간 그런 선견지명이 있어 지금도 존경받는 것이다.

그의 교육방법이 우수했는지 제자들은 그야말로 일본의 대물이 많다. 우리에게는 원흉인, 안중근의사에게 하얼삔에서 사살된 이토 히로부미도 그의 제자이다. 이토 히로부미는 일본의 초대와 5, 7, 10대 총리를 지낸 거물이었다.

쇼인은 신의가 강한 인물이었다. 동북여행을 친구와 약속했을 때 "탈번을 하느냐, 신의를 지키느냐?"의 갈림길에서 고심했다고 한다. 그러나 그는 신의를 중시했다. 탈번은 엄중한 처벌을 받는다. 심지어 처형을 당할 수도 있다. 그런데도 친구와의 약속을 중시했던 것이다. 이런 점도 그가 지금까지 존경받는 이유 중 하나라고 일본 사람들은 말한다.


## 근대국가를 꿈꾼 **하시모토 사나이**(橋本佐內)


에도시대(江戶時代) 말기에 한이(藩醫 : 한에 소속된 의사)는 사민(四民 : 士農工商)과는 별도로 취급했다. 그래서 상급무사만 타던 가마를 승려나 의원은 탈 수 있었다. 게다가 농민이나 상인의 자제도 의원이 되면 영주의 허가를 얻어 개업도 가능했다. 또 능력이 있는 자는 한(藩)이나 막부(幕府)에 등용되어 하급무사와 같은 대우를 받을 수 있었다. 바로 하시모토 사나이가 그런 예이다. 그러나 거기에는 역시 한계가 있었다.

하시모토 사나이는 1834년 3월 11일, 후쿠이한(福井藩: 후쿠이현)의 성하(城下)마을에서 한이(藩醫) 하시노보 나가츠나(橋本長綱)의 외아들로 태어났다. 16세 때 오사카(大阪)의 오가타 고안(緖方洪庵)의 데키쥬쿠(適塾)에 입학해서 난학(蘭學)을 배운다. 여기서 고하마 한시(小浜藩士) 우메다 운뻰(梅田雲浜)과 구마모토 한시(熊本藩士) 요코이 쇼난(橫井小楠) 등과 교우를 맺는다. 1852년에는 아버지의 병으로 귀향해 가업을 이어 한이(藩醫)가 된다.

1855년, 사나이는 의원의 신분을 면하고 시분(士分: 사분)이라는 무사(武士)의 신분이 된다. 그리고 등용되어 고쇼인반(御書院番: 친위대)에 들어가 한의 정치에 깊이 관여하게 된다. 1857년에는 한코(藩校) 메이도칸(明道館)의 교수가 되어 양서학습소를 설립하고 서양 학술의 습득을 장려한다. 그 후 한슈(藩主) 마츠다이라 요시나가(松平慶永)의 측근이 되어 장군 후계 문제에서는 히토츠바시파(一橋派)의 중심인물이었던 요시나가의 편을 들어 분주하게 움직인다. 그러나 이이 나오스케(井伊直弼)가 다이로(大老)에 취임하자 요시토미(慶福)를 장군으로 계승시키고 안세이노다이고쿠(安政の大獄)를 시작한다. 이를 계기로 사나이는 정치활동을 못하고 투옥된다.

히토츠바시 장군가에서 이름을 본딴 국립 히토츠바시대학

사나이는 요시노부(慶喜)를 장군으로 옹립해서, 장군을 정점으로 한 유한연합(雄藩連合 : 웅번연합)[6]을 결성하려고 했다. 그래서 능력 있는 인재를 신분에 관계없이 등용해 적소에 배치하여 활용하는 통일국가를 구상했다. 그리고 러시아와 고슈동맹(攻守同盟 : 군사동맹)을 맺고, 외국무역을 권장하고 서양학술을 수입해 부국강병(富國強兵)을 꾀하려고 했다. 그러나 경배(軽輩)한 신분으로 장군 계승문제(継嗣問題)에 관여한 것에 힘의 부족과 괘씸죄를 샀다. 1859년 10월 7일, 에도(江戸) 덴마쵸(伝馬町) 옥에서 형사(刑死)했다. 25세의 너무나도 젊은 나이였다.

하시모토 사나이는 오가타 고안도 천재라고 부를 정도로 뛰어난 재능을 보였다. 불과 15세에 '사심을 없애라', '기를 펴라', '뜻을 세워라', '면학

---

6 정치나 경제력이 강한 번 연합.

해라', '교우관계를 넓혀라'를 설명한 『啓發錄 : 계발록』을 썼다. 또 에도에 근무 중에는 영어와 독일어도 습득했다.

'미인박명(美人薄命)'이라는 말이 있다. 천재도 마찬가지인 것 같다. 그는 25세의 젊은 나이에 세상을 떴다. 그러나 그가 남긴 서적이나 활동은 근대 일본을 구상하는데 큰 참고가 되어 지대한 공헌을 했다. 지금도 그의 선견지명대로 일본의 교육과 정책이 행하여지고 있는 것이 많다. 그것만 보아도 참으로 대단한 능력의 소유자였다고 생각된다.

그가 지향한 유한연합(雄藩連合)은 막부는 아니지만 신정부에서 그대로 실행되었다. 즉 신정부의 주도권은 사츠마한(薩摩藩 : 가고시마현)과 쵸슈한(長州藩 : 야마구치현)에서 잡아 정부의 주요 요직은 거의 두 번에서 차지하게 된다. 그 한 예로 메이지유신(明治維新)의 주역 사이고 다카모리(西鄕隆盛)는 사츠마한 출신이고 초대총리 이토 히로부미(伊藤博文)는 쵸슈한 출신이다.

또한 그는 수천 년간 이어져 온 신분제도(身分制度)를 타개(打開)한 인물이었다. 동양 역사에서 보면 개화가 지연된 가장 큰 장애물이 신분제도였다. 일본이 근대화에 성공한 것도 이 신분제도의 타개에 있다고 볼 수 있다. 사나이는 천재성을 발휘해 신분을 넘어 의원에서 무사가 되었다. 그리고 중앙정계인 막부에 진출했다. 그의 이러한 전례가 있었기에 일본은 일찍부터 능력제 위주의 인재등용이 실행되었다. 그런 면에서 그는 일본의 근대국가를 구상만 한 것이 아니라 실행시킨 선구자임에 틀림없다.

# 일본 개화사상의 숨은 뿌리 **우메다 운삔**(梅田雲浜)

일본의 문명개화에는 쥬쿠(塾)라는 사설 학원의 힘이 컸다. 그 쥬쿠에서 일본 근대화의 인재가 많이 배출되었기 때문이다. 쥬쿠를 잠깐 소개하면 쇼카손쥬쿠(松下村塾)를 연 요시다 쇼인(吉田松陰), 쇼난도(小楠堂)와 시지켄(四時軒)을 연 요코이 쇼난(横井小楠), 게이오기쥬쿠대학(慶応義塾大学)을 개교한 후쿠자와유키치(福沢諭吉) 등이 있다. 그런데 이들과 어깨를 나란히 하고 쥬쿠를 열어 후학을 가르친 숨은 학자 겸 무사가 있다. 그런데 이 사람은 너무 과격한 활동가였다. 자신의 신념을 관철시키기 위해 죽음도 불사한 사람이었다. 우메다 운삔이다.

우메다 운삔은 1814년, 오바마한(小浜藩: 후쿠이현의 일부)에서 한시 야베 요시치카(矢部義比)의 차남으로 태어났다. 운삔이라는 이름은 오바마 해안에서 유래된 이름이라고 한다. 1830년, 처음 입학한 한코 준조관(順造館)에서 한(藩)의 유학자 야마구치 간잔(山口菅山)에게 야마자키 안사이이학(山崎闇斎学)을 배운다. 그 후 조부의 가계인 우메다씨(梅田氏)를 계승하여 오츠(大津)에 고난쥬쿠(湖南塾)를 연다.

1843년, 교토(京都)에 상경하여 한(藩)의 쥬쿠(塾)인 보난켄(望楠軒)의 강사가 된다. 그러나 1852년, 한슈 사카이 다다아키(酒井忠義)에게 건의를 잘못해 화를 산다. 그게 원인이 되어 한세키(藩籍: 한의 호적)를 박탈당한다. 1853년, 미국의 페리가 내항하자 조약 반대와 외국인을 배척하는 양이운동을 호소한다. 이와 함께 존왕양이(尊王攘夷)를 추구하는 지사들의 선봉에 서서 막정(幕政)을 격렬하게 비판한다. 이것이 그때 다이로

(大老: 대로) 이이 나오스케(井伊直弼)에 의한 안세이노다이고쿠(安政の大獄) 때 적발되어 두 번째 체포자가 된다. 체포 후에는 교토에서 에도(江戸)까지 압송되어 취조된다. 취조 중 혹독한 고문을 받아도 말을 한 마디도 안 했다고 한다. 1859년, 옥중에서 병사했다. 향년 45세였다. 당시 유행하던 콜레라에 걸렸다는 말이 있으나 고문 중 받은 상처가 악화되어 죽었다는 설이 더 유력하다. 운삔의 묘는 전국에 걸쳐서 분산되었다. 도쿄도(東京都) 다이토구(台東区)에 있는 가이젠지(海禅寺), 교토부(京都府) 히가시야마구(東山区)에 있는 안쇼인(安祥院), 후쿠이현(福井県) 오바마시(小浜市)에 있는 쇼겐지(松源寺)에 그의 묘가 있다. 안쇼인 가까이에 있는 교토(京都) 료젠(霊山)의 고코쿠신사(護国神社)에는 운삔의 비가 세워져 있다. 그곳에 지금도 그를 흠모해서 찾는 사람들의 발길이 끊이지 않는다고 한다.

도쿄도 다이토구에 있는 가이젠지

이처럼 운뻰을 찾는 사람이 많은데 의외로 그는 그리 세상에 알려져 있지 않다. 그는 요시다 쇼인의 운명을 크게 흔든 존재였다는 평이다. 운뻰이 쵸슈한에 머문 적이 있는데 그때 쇼인을 비롯하여 많은 지사들에게 열심히 존왕양이론을 역설했다. 그리고 교토에 돌아가 교편을 잡으면서 막부를 비판하는 과격한 언동을 많이 했다. 그래서 막부에 체포된 것이다. 그런데 취조 중 쵸후에서 쇼인과 접촉한 것과 양이 운동에 대한 편지의 내용을 자백하게 된다. 그래서 쇼인도 체포되어 에도에 보내지게 된다. 그 후 쇼인은 로쥬(老中) 마나베 아사가츠(間部詮勝)를 암살하려 했다고 자백하여 처형을 당한다.

가이젠지 안에 우메다 운뻰의 묘 중 하나가 있다

운삔은 너무도 꼿꼿한 유학자였다. 그리고 목숨을 두려워하지 않고 직언을 하는 타입이었다. 그래서 한슈에게 한세키를 박탈당했다. 그런데 이번에는 막부를 대놓고 비판하다 체포되어 극심한 고문을 당했다. 그런 고문 중에도 말 한마디 안했다는 것은 대단한 주관과 신념의 소유자이다. 결국 하나뿐인 아까운 목숨을 잃었으나 그가 한 일은 대단하다. 일본을 뿌리 채 바꾼 사상을 심어놓은 것이다. 그래서 어쩌면 지금의 일본이 있다고 해도 과언이 아니다. 그것을 깨달은 사람들에게 지금도 꾸준히 존경받고 있는 것이라고 생각된다.

## 세계를 향해 난학(蘭學)을 배운 **가츠 가이슈**(勝海舟)

일본은 메이지유신(明治維新)이 성립되기까지 많은 시련을 겪었다. 막부체제를 유지하려는 파와 개혁을 추진하려는 도바쿠파(倒幕派)의 대립이 처절했기 때문이다. 그래서 수많은 내전을 하여 백성들이 고초를 당했다. 내전의 막바지에 개혁파의 군사들이 에도(江戶)에 임박해서 전쟁 태세에 들어가게 되었다. 에도가 불바다가 되려는 일촉즉발의 순간, 이를 저지한 사람이 막부(幕府)측은 가츠 가이슈이고 개혁파 측은 사이고 다카모리(西郷隆盛)였다. 특히 가츠의 판단과 장군 설득에 의해 개혁파 군(軍)은 에도에 무혈입성을 할 수 있었다.

가츠 가이슈는 1823년, 에도(江戶) 혼죠(本所) 가메자와(亀沢)에서 가난한 하타모토(旗本 : 상층 무사)의 장남으로 태어났다. 6살 때 제12대 장군 이에요시(家慶)의 5남 하츠노죠(初之丞)의 놀이 상대로 에도성(江戶城)에서 수년간 산다. 10세 때 지키신가게류(直心影流)의 시마다 도라노스케(島田虎之助)에 입문해서 검술과 선을 배우고 멘쿄가이덴(免許皆傳 : 계승자)이 된다. 16세 때는 가문을 이어받아 종주(宗主)가 된다. 1845년, 나가이 세이가이(永井青崖)에게 난학(蘭學)[7]을 배운다. 이때 난화사서(蘭和辞書) 도후 하루마(Doeff-Halma) 전 58권을 빌려서 전부 필사한다. 1850년, 아카사카 다마치(赤坂田町)에 효카이쥬쿠(氷解塾)를 열고 서양 병학을 가르친다.

1853년, 페리가 우라가(浦賀)에 내항하자 가이슈는 막부(幕府)에 해방의견서(海防意見書)를 제출한다. 여기에는 해안방위에 신분에 관계없이 인재를 등용하자는 것 등이 쓰여 있다. 이 의견서가 막부의 해양방위 책임자 오쿠보 다다히로(大久保忠寛)의 눈에 들어 등용된다. 처음에는 시모다(下田)에서 번역 일을 하다 나가사키해군 전수소(長崎海軍傳習所)의 생도가 된다. 여기서 네덜란드 군인에게 항해술을 배운다. 5년 후에는 서양식 군함 간린마루(咸臨丸)를 타고 태평양을 횡단하게 된다.

1862년, 군칸부교(軍艦奉行 : 군함장관)에 등용되어 고베(神戶)에 해군 조련소를 연다. 그러나 1864년에 일부 생도의 도바쿠(倒幕) 운동에 의해 파면(罷免)된다. 1866년에 군칸부교에 복직된다. 1868년에 사이고 다카모리(西郷隆盛)와 회담을 하여 에도(江戶)를 무혈 개성(無血開城)하

---

7 네덜란드에서 전래된 지식을 연구하는 학문.

고 장군 요시노부(慶喜)를 슨푸(駿府 : 시즈오카)로 이주시킨다. 1869년 에는 신정부의 부름이 있었으나 거절한다. 1875년에는 원로원 의관(元老 院議官)에 임명되나 굳이 사양한다. 1899년 1월 21일, 75세의 일기로 사 망한다.

가츠 가이슈는 가히 충신이라고 말할 수 있을 것이다. 한 주군만 섬기 고 신정부의 부름에는 단호하게 거절하고 있기 때문이다. 그를 보면 고려 말기의 충신 정몽주가 생각난다. 그러나 두 사람의 최후는 너무도 극명하 게 다르다.

가츠 가이슈의 판단으로 에도시대의 마지막 장군이며 자신의 주군인 요시노부를 살리고 명예롭게 퇴진시켰다. 이는 장군 한 사람뿐만 아니라 수많은 일반 백성들을 구한 결과가 되었다. 그런 점에서 가츠 가이슈는 지 금까지 일본인에게 존경받는 에도막부(江戸幕府)의 마지막 충신(忠臣) 이자 진정한 무사(武士)로 인정받고 있다.


## 개혁의 선봉 사츠마(薩摩)의 국부(国父) 시마즈 히사미츠 (島津久光)


사츠마한(薩摩藩)은 지금 일본의 가고시마현(鹿児島県)이다. 일본 의 47개의 지방 자치단체 중 하나에 불과하다. 사츠마한은 시마즈가(島 津家)가 대대로 정치를 해왔는데 1869년에 류큐왕국(琉球王国 : 오키나와현)을 복속시켰다. 그래서 일찍부터 중앙정부와는 별도의 해양국가로 발전해 왔다. 중앙정부의 쇄국정책과는 관계없이 오키나와(沖縄)를 통한 국제교류가 자연적으로 이루어지고 있었던 것이다. 그런 관계로 서양제국주의의 침략에 독자적이고 능동적으로 대처할 수 있었다. 그에는 시마즈 히사미츠 같은 현 정세에 밝은 정치가의 활약이 컸다.

시마즈 히사미츠는 1817년 10월 24일, 제10대 사츠마한(薩摩藩) 한슈(藩主) 시마즈 나리오키(島津斉興)의 5남으로 가고시마성(鹿児島城)에서 태어났다. 히사미츠는 11대 한슈 나리아키라(島津斉彬)의 이모형(異母兄)이며, 12대 한슈(藩主) 다다요시(忠義)의 아버지이다. 그래서 나중에 사츠마한의 국부(国父)라는 칭호를 받고 한세이(藩政 : 번정)의 실권을 쥔다. 또한 시대의 변화에 따라 막부의 정치에 관여하여 분큐의 개혁(文久の改革)[8]을 한다.

에도(江戸)에서 돌아오다 일으킨 나마무기 사건(生麦事件)[9]이 발단이 되어 사츠에이전쟁(薩英戦争)[10]으로 이어진다. 그러나 이는 서양열강과 일본의 하나의 지역 자치단체의 전쟁으로 오히려 일본의 위상을 높이는 결과가 되었다. 그리고 영국이 일본을 식민화하는 것이 어렵다고 느끼

---

8  1862년, 히사미츠(島津久光)가 조정의 허가를 얻어 요시노부(慶喜)의 장군 후견직 임명과 인재 등용을 막부(幕府)에 요구하여 실행하게 된 개혁이다. 여기에는 서양식 군대제도의 채용과 산킨코타이제(参勤交代制 : 삼근교대제)를 완화하는 내용도 포함되어 있다.

9  1862년 8월 21일, 분큐의 개혁(文久の改革)을 마치고 돌아오는 히사미츠의 행렬 앞을 요코하마(横浜) 나마무기촌(生麦村)에서 영국인 관광객이 횡단했다. 이를 무례하다고 베어 죽인 사건.

10  나마무기 사건(生麦事件) 후 영국은 막부(幕府)에 10만 파운드의 배상을 요구하여 관철시킨다. 그리고 사츠마한(薩摩藩)에도 배상을 요구한다. 그러나 사츠마한은 이 요구를 거절하여 후에 사츠에이전쟁(薩英戦争)으로 발전한다.

게 한 이유의 하나가 되기도 했다. 또한 이를 계기로 사츠마한이 서양문명을 일찍 받아 들여 쵸슈한(長州藩)과 함께 메이지유신(明治維新)의 주역이 되는 기반이 된다.

정치가인 히사미츠는 학문연구를 대단히 좋아했다. 특히 한학, 역사, 시가를 좋아해서 당시선(唐詩選)의 오언절구(五言絶句)를 방에 붙여두고 외울 정도였다고 한다. 그리고 역사학자로서 자신이 통속국사(通俗国史)를 집필하기도 하고 가신에게 시마즈가(島津家) 국사앙장사료(國史鞅掌史料)를 집필하도록 한다.

1873년에는 내각 고문에 취임한다. 1874년에는 좌대신에 취임한다. 1877년 세이난전쟁(西南戰争)[11]에서는 자신이 사츠마 출신이면서도 중립의 입장을 취한다. 1884년에 공작의 작위를 받았다. 1887년 70세의 일기로 이 세상을 하직했다.

시마즈 히사미츠는 아들을 대신해 사츠마한의 섭정을 하면서 중앙정부에 진출했다. 그리고 개혁의 주역으로 부상한다. 그는 메이지유신(明治維新)의 주역이 대부분 하급 무사인데 최상급 무사 출신으로서 조화있게 융합해서 활동했다. 또한 적을 두지 않아 자기 명대로 명예롭게 살았다. 사이고 다카모리(西郷隆盛)나 사카모토 료마(坂本龍馬)처럼 신정부의 최대공신임에도 불구하고 비참한 최후를 마친 것에 비교하면 참으로 부러운 삶이다.

---

11 1877년, 신정부군과 사이고 다카모리(西郷隆盛)의 사츠마군(薩摩軍)과의 내전. 이 전쟁에서 사츠마군은 패하고 사이고는 자진한다.

## 신센구미(新選組)의 수장 **곤도 이사미**(近藤勇)

일본 사람들은 신센구미의 곤도 이사미를 참 좋아한다. 특히 무도 도장에 다니는 사람들은 가히 열광적이다. 그 이유는 그가 검의 달인으로서 화끈하고 남자다운 인생을 살았기 때문이라고 생각한다.

곤도 이사미는 1834년, 무사시노구니(武蔵国) 다마군(多摩郡)에서 백성 미야가와 규지로(宮川九次郎)의 3남으로 태어났다. 15세에 곤도 슈스케(近藤周助)의 덴넨리신류(天然理心流)에 입문해서 검술을 배우기 시작한다. 곤도 슈스케는 이사미의 검의 재능에 감복해서 입문 이듬해에 바로 양자로 삼는다. 1861년, 이사미는 덴넨리신류 4대를 이어받고 도장 시위관(試衛館)을 계승한다. 1863년, 막부의 로시구미(浪士組 : 장군경호대)에 참가하여 승격한다. 로시구미 본체가 에도(江戸)로 귀환하자 교토(京都)에 남아 아이즈한(会津藩) 담당이 된다.

8월 18일의 정변(文久の改革 : 분큐의 개혁)에 출동해서 신세구미(新選組)[12]라는 이름을 받고 활약, 나중에 구미쵸(組長 : 조장)가 된다. 이케다야 사건(池田屋事件)[13]과, 긴몬의 변(禁門の変)[14]에서 활약이 인정되어 1867

---

12 교토의 치안과 불령(不逞) 로닌(浪人)을 단속하기 위해 1863년 3월, 결성된 막부(幕府)의 치안대. 검술이 뛰어난 다이시(隊士 : 대사)가 100여명 활약했다고 한다. 대장은 곤도 이사미(近藤勇), 부대장에 야마나미 게이스케(山南啓助), 도가타 도시조(土方歳三)가 임명되었다.

13 1864년 6월 5일, 신센구미는 불령 로닌을 탐색하기 위해 교토(京都)를 샅샅이 돌던 중 이케다야(池田屋)에서 밀회가 있다는 정보를 듣는다. 곤도 조는 지원군을 기다리지 않고 급습해서 소수로 20여명의 로닌들과 결투 후 9명을 베어 죽이고 4명을 체포했다.

14 1864년 8월 20일 교토(京都)에서 일어난 무력 충돌사건. 전년도 8월 18일의 정변에 의해 교토에서 쫓겨난 쵸슈한(長州藩) 세력이 아이즈한슈(会津藩主)·교토슈고쇼쿠(京都守護職) 마츠다이라 가타모리(松平容保) 제거를 위해 거병해서 시가전을 반복한 사건.

년 6월, 미마와리조(見廻り組: 순찰조) 대장이 되어 막신(幕臣)이 된다. 이듬해 도바·후시미 전투(鳥羽·伏見の戦い)[15]에 참전하여 패한다. 또 신센구미에서 고요친부타이(甲陽鎮撫隊)라고 개명하고 고후(甲府) 전에도 참전하나 패한다. 1868년, 나가레야마(流山)에서 신정부군에 잡혀 참수를 당한다. 33세였다.

나는 대학 때 일본 무도론(武道論) 세미나 수업을 들었다. 도쿄외국어대학(東京外国語大学)은 3학년부터 입학할 때 선택한 어학 외에 다른 코스를 하나 선택해야 한다. 언어코스, 국제코스, 종합문화 코스 중 하나이다. 나는 종합문화 코스에서 일본 무도를 선택했다. 몸으로 배우는 아이키도(合気道) 외에 일본 무도에 대해서 이론적으로 배우고 싶었기 때문이다. 내 딴에는 문무양도(文武両道)를 지향하고 싶었다. 교수님은 츠쿠바대학(筑波大学) 대학원을 나오셨는데 검도 5단이었다. 교수님이 아이키도(合気道) 수업을 만드시는 바람에 나는 아이키도를 가르치고 검도를 배운 적이 있다. 즉 무도 교환레슨이었다.

하루는 교수님이 "유상! 대학 캠퍼스에서 가까운 곳에 신센구미의 대장 곤도 이사미의 묘가 있어요. 일본 무도를 전공하는 입장이니 한번 가보는 것도 좋을 것입니다."라고 권해 주셨다. 나는 "예, 알겠습니다."라고 대답해 놓고 사실 아직 못 가보았다. 수업이 끝나면 바로 아르바이트를 했으니 항상 마음뿐 갈 틈이 없었다. 이처럼 일본 사람들은 곤도 이사미의 묘를 찾는 사람이 아직도 많다. 교수님도 몇 차례나 가서 헌화하고 왔다고 했다.

---

15 1868년 1월27일에서 30일까지 교토(京都) 도바 후시미(鳥羽·伏見)에서 일어난 전투. 구 막부군과 신정부군의 본격적인 싸움인 보신전쟁(戊辰戦争)의 서전(緒戦)이기도 하다.

곤도 이사미

곤도 이사미는 막부 측의 관리로 충신이었다. 그리고 그는 강하고 일당백의 무서운 검호였으나 처자식을 생각하는 정은 각별했다. 도사·후시미 전투에서 패하고 에도로 돌아오는 배 안에서 지인에게 "두 번 다시 처자식을 못 만나는 줄 알았다. 한 번 더 만난다고 생각하니 한량없이 기쁘다!"라고 말했다고 한다. 강한 남자일수록 가족 사랑이나 정에는 약한 면이 있다. 이러한 곤도 이사미의 인간다운 모습 또한 일본 사람들의 가슴속에 각인되어 있어 그의 이름이 오래 기억되는 것이 아닌가 생각한다.

# 쇼카손쥬쿠(松下村塾)의 방목 소
# 다카스기 신사쿠(高杉晋作)

　몇 장 안 남아 있는 흑백 사진으로 다카스기 신사쿠의 검을 찬 모습을 보면 정말 자세가 좋다. 그리고 무사의 기풍이 느껴진다. 그의 이러한 모습에 서양 사람들도 감탄을 자아냈다. 그의 당당한 사무라이의 모습과 인품에 반해 영국은 쵸슈한(長州藩)과의 협상을 좋게 마무리 해주게 된다. 이것은 하나의 한이 아니라 나중에 일본이라는 나라 전체를 살리는 결과가 되기도 한다.

다카스기 신사쿠

다카스기 신사쿠는 1839년 8월 20일, 모리(毛利: 야마구치현) 한시(藩士) 다카스기 고츄타(高杉小忠太)의 장남으로 하기(萩) 성하마을(城下町)에서 태어났다. 어려서 한자 교실을 거쳐 한코(藩校) 메이린칸(明倫館)에서 배운다. 야규신가게류(柳生新陰流) 검술도 배워 멘쿄가이덴(免許皆伝: 전수자)이 된다. 17세에는 요시다 쇼인(吉田松陰)의 쇼카손쥬쿠(松下村塾)에 입문한다. 쇼인은 일찍부터 다카스기의 재능을 꿰뚫어 보고 한 살 연하지만 구사카 겐즈이(久坂玄随)와 경쟁을 시킨다. "다카스기는 쇠꼬뚜레도 못 꿰는 방목 소 같고, 구사카는 정청에 앉히면 당당한 정치가 같다!"라고 해서 나중에 둘은 쇼카손쥬쿠의 쌍벽을 이루는 생도가 된다. 또 요시다 도시마로(吉田稔麿), 이리에 구이치(入江九一)를 넣어서 쇼카손쥬쿠의 사천왕(四天王)이라고 불리기도 했다.

1858년, 한의 명으로 에도(江戸)에 유학한다. 1859년 안세이노다이고쿠(安政の大獄)로 스승인 요시다 쇼인(吉田松陰)이 체포되자 옥중 시중을 든다. 그러나 한(藩)의 명으로 귀환 중 스승이 처형된다. 1860년 11월, 보쵸(防長: 야마구치현)의 야마구치 마치부교(山口町奉行: 야마구치현 장관)인 이노우에 헤이우에몬의(井上平右衛門)의 차녀 마사와 결혼한다.

그 후 다카스기는 사쿠마 쇼잔(佐久間城象山)과 만나 "외국을 보지 않으면 안 된다."라고 배운다. 1862년, 22살에 막부의 사절단 수행원으로 상해를 방문한다. 여기서 다카스기는 아편전쟁에 져서 반식민지화된 청국의 현상(現状)을 보고, 군비 근대화의 필요성을 통감하고 돌아온다.

1864년, 다카스기는 탈번(脱藩)의 죄목으로 일시 노야마옥(野山獄)

에 수감된다. 그러나 사국(四国) 함대 시모노세키(下関) 포격[16]에 패한 쵸슈한(長州藩)이 다카스기를 불러내 강화를 위한 정사(正使)로 연합함대에 파견한다. 회의는 다카스키와 통역에 이노우에 가오루(井上馨), 이토 히로부미(伊藤博文)가 영국함대 유리아라스(HMS Euryalus)에 타서 행해진다. 젊은 다카스기로서는 어깨의 짐이 무거운 회담이었다. 연합국은 히코시마(彦島)의 조차권을 원했다. 다카스기는 다른 요구는 거의 다 응했으나 이만은 거부했다. 나중에 이토 히로부미는 회고록에서 "이때 영토의 조차권에 응했으면 일본의 식민지화가 시작됨을 의미하는 것이다. 만약 그랬다면 일본의 역사는 크게 바뀌었을 것이다."라고 말했다. 이때 영국은 다카스기의 당당한 태도에 호감을 가졌다고 한다. 이후 영국은 쵸슈한에 접근하기 시작한다.

그 후 신사쿠는 막부의 쵸슈정벌(長州征伐)[17]에 대비하고 한의 실권을 쥔다. 그리고 2차 쵸슈정벌에 대비해 삿쵸동맹(薩長同盟)[18]을 맺고 방위 태세를 강화한다. 그를 위해 당시 최신식 증기선 헤이인마루(丙寅丸)를 구입, 해군총독으로 전투를 지휘하여 막부군을 격퇴한다. 그러나 막부도 군을 증강해 전황이 정체된 상태에서 1866년 7월 20일, 제14대 장군 이에모치(家茂)가 사망한다. 이로 인해 막부군은 분산되고 패배한다. 막부

---

16 1864년 8월 5일, 전년에 시모노세키 해협(下関海峡)에서 포격받은 서양 열강의 군함이 그 보복으로 쵸슈한(長州藩) 포대를 포격한 사건. 이에 쵸슈한 포대는 괴멸된다. 쵸슈한은 전의를 잃고 협상에 들어간다.

17 1864년과 1866년에 2차에 걸쳐 막부(幕府)가 쵸슈한(長州藩) 처분을 위해 쵸슈한 영토로 침공한 사건.

18 1866년 3월 7일, 교토(京都)에서 체결된 사츠마한(薩摩藩)과 쵸슈한(長州藩)의 정치적, 군사적 동맹.

의 권위는 크게 실추되어 1867년 11월의 다이세이호칸(大政奉還 : 대정봉
환)[19]으로 연결되게 된다. 이런 와중에 다카스기 신사쿠는 1867년 5월 17
일, 폐결핵으로 사망한다. 만 27세의 젊은 나이였다.

막부의 쵸슈정벌에서 쵸슈한은 다카스기에 의해 승리를 했다. 상상도
할 수 없는 일이었다. 일본에는 47개의 도도후켄(都道府県)[20]이 있다. 그
중 지방의 한 현을 상대로 중앙정부인 막부가 패배한 것이다. 그래서 결국
막부는 무너지기 시작하게 된다. 결정적인 이유로서 다카스기가 젊은 나
이에도 불구하고 서양에 눈을 떴다는 점을 들지 않을 수 없다. 그래서 신
식 무기를 구입하고 전술을 배웠으므로 구식 막부군을 물리칠 수 있었던
것이다.

앞에서 천재도 미인처럼 박명한다고 했듯이 그는 너무도 젊은 나이에
병사했다. 그러나 서양과 구태의연한 막부를 물리치고 개화를 앞당긴 그
의 당당한 모습은 일본 사람들의 뇌리에 영원히 남아있다.

---

19 1867년 11월 9일, 에도막부(江戸幕府) 제15대 장군 도쿠가와 요시노부(德川慶喜)가 정권을 천황
(天皇)에게 반납하고 12월 15일에 천황이 칙허한 사건.

20 1도(東京都: 도쿄도), 1도(北海道: 홋카이도), 2후(京都府、大阪府: 교토부, 오사카부) 가나가와현, 사
이타마현, 치바현, 이바라기현, 야마나시현…(神奈川県, 埼玉県, 千葉県, 茨城県, 山梨県…)등 43
개의 현(県)이 있다.

메이지유신(明治維新)의 인재를 다수 양성한

# 요코이 쇼난(横井小楠)

메이지유신에 기여한 인재들은 시쥬쿠(私塾)에서 많이 배웠다. 그 시대의 여러 쥬쿠(塾)의 우두머리 중에서 특히 인재를 많이 길러낸 두 사람이 있다. 한 사람은 쇼카손쥬쿠(松下村塾)의 요시다 쇼인(吉田松陰)으로 앞에서 이야기 했고 한 사람은 쇼난도(湘南堂)라는 시쥬쿠를 열고 나중에 이름을 시지켄(四時軒)으로 바꾼 요코이 쇼난이다.

요코이 쇼난은 1809년 8월 13일, 비고노구니(肥後国), 현재의 구마모토현(熊本県) 구마모토 성하마을에서 가록 150석의 한시(藩士) 요코이 도키나오(横井時直)의 차남으로 태어났다. 1816년, 8세에 한코 지슈칸(時習館 : 시습관)에 입교, 1837년, 쥬쿠쵸(私塾 : 숙장)가 된다. 이때 가로인 나가오카 고레카타(長岡是容)를 후원자로 얻는다.

1839년, 한의 명으로 에도(江戸)에 유학, 하야시 데이우(林檉宇)의 문하생이 되어 사토 잇세이(佐藤一誠), 마츠자키 고도(松崎慊堂) 등을 만난다. 또 에도 체제 중에 막신(幕臣)인 가와지 도시아키라(川路聖謨)나 미토(水戸) 한시(藩士) 후지타 도코(藤田東湖) 등 전국 유위(有爲)의 무사들과 친교를 맺는다. 같은 해에 망년회에 참가했다 술을 마시고 싸움에 휘말려 1940년 2월 9일, 귀국명령을 받고 70일간 가택에서 주간 출입금지 감금을 당한다. 이때 주자학(朱子學) 연구에 몰두한다.

1941년 12월, 나가오카 고레가타(長岡是容), 시타츠 큐마(下津久馬),

모토다 나가사네(元田永孚), 하기 마사쿠니(萩昌国) 등과 지츠가쿠토(実学党: 실학당)라는 연구회를 연다. 그래서 마츠이 아키유키(松井章之)의 각코토(学校党: 학교당)와 대립을 하게 된다. 이에 한세이(藩政: 번정)의 혼란을 피하기 나가오카가 가로직을 그만둠으로서 연구회를 해산한다. 이때 『시무책: 時務策』 기초를 쓴다.

1843년, 자택에 나중에 쇼난도(湘南堂)가 되는 시쥬쿠(私塾)를 연다. 여기서 도쿠토미 가즈타카(徳富一敬), 야지마 겐스케(矢嶋源助), 가에츠 우지후사(嘉悦氏房), 나가노 슌페이(長野濬平), 가와세 텐지(河瀬典次), 야스바 야스카즈(安場保和), 다케자키 리츠지로(竹崎律次郎) 등 많은 제자를 배출했다.

1849년, 후쿠이(福井) 한시 미데라 산사쿠(三寺三作)가 쇼난도에서 배우게 되는 것을 계기로 쇼난의 이름이 후쿠이한에 전해진다. 1852년에는 후쿠이한의 요청으로 『학교문답서: 学校問答書』를, 1853년에는 『문무일도의 설: 文武一途の説』을 써서 보낸다. 이것에 의해 나중에 후쿠이한의 초빙을 받게 된다. 1853년 10월, 러시아 군함에 타려고 나가사키(長崎)로 향하던 요시다 쇼인(吉田松陰)이 쇼난도에 들려 쇼난과 3일간 시국에 대해 토론한다. 1854년, 형의 사망으로 가독(家督)을 물려받는다. 이 무렵에 나가오카와 절교한다.

1855년 5월, 농촌인 구마모토 누야마즈(沼山津)로 이사, 자택을 '시지켄(四時軒)'이라 명명하고 쥬쿠(塾: 사설학원)를 연다. 그리고 자신의 호를 지명에 친숙하게 '쇼잔(沼山)'이라고 짓는다. 이때 사카모토 료마(坂本龍馬), 이노우에 고와시(井上毅), 유리 기미마사(由利公正), 모토다 나가사네(元田永孚) 등 나중에 메이지유신(明治維新)의 주역이 되는 무사들이 쥬쿠를 방문한다.

1857년 3월, 후쿠이 한슈 마즈다이라 슌가쿠(松平春嶽)에게 초빙되어 한코 메이도칸(明道館)에서 가르치게 된다. 1859년 12월, 모친이 위독하다는 소식을 받고 귀향한다. 1860년 2월, 후쿠이에 복귀하나 한(藩)은 보수파와 진보파로 분리되어 대립하고 있었다. 이에 쇼난은 『국시삼론: 国是三論』을 써서 한세이를 일치시키려고 노력한다.

1861년 4월, 에도에 부임해서 후쿠이 한슈 슌가쿠와 첫 대면한다. 이 에도 체제 중에 가츠 가이슈(勝海舟)나 오쿠보 다다히로(大久保忠寛)와 교류를 가진다. 1862년 7월, 에도막부의 정사 총재직을 맡은 슌가쿠의 조언자로 막정 개혁에 참가한다. 그리고 막부에의 건백서(建白書)로서 『국시칠조: 国是七条』를 쓴다. 8월에는 오메츠케(大目付 : 대감찰) 오카베 나가츠네(岡部長常)에 초청되어 『국시칠조』의 내용을 설명한다. 이를 계기로 히토츠바시(一橋) 도쿠가와(德川) 가택에서 제15대 장군 도쿠가와 요시노부(德川慶喜)를 대면하고 막정에 대해 의견을 올린다. 이때 사카모토 료마(坂本龍馬) 오카모토 겐자부로(岡本健三郎)와도 후쿠이 한테이(藩邸 : 번저)에서 만난다.

같은 해 12월 19일, 구마모토한 에도 루스이야쿠(留守居役 : 외교관)인 요시다 헤이노스케(吉田平之助)의 별저에서 주연이 있었다. 그런데 갑자기 3명의 자객의 습격을 받았다. 급히 피하다 쇼난은 바닥에 다이쇼(大小 : 검 두 자루)를 두고 피한다. 나중에 다시 가니 이미 자객은 사라지고 요시다(吉田)와 츠즈키(都築)가 함께 부상을 입고 있었다. 그 후 요시다는 사망했다. 이 사건 후 1863년 8월까지 쇼난은 후쿠이한에 체재했다. 그러나 구마모토한에서는 사건에 대해 '적에게 대응하지 않고 친구를 남겨둔 채 혼자 탈출했다.'라고 쇼난의 행동을 무사로서 있을 수 없는 행동, 즉 사도망각(士道忘却)으로 비난했다. 쇼난의 처분은 불가피했다. 그러나 후쿠이한은 국가를 위해서 진력하고 있는 쇼난을 습격한 것은 무사도에 어긋난 자의 행동이라고 쇼난을 옹호했다. 같은 해 12월 16일, 관대한 처분으로 할복은 면했으나 쇼난은 직업을 잃고 로닌이 되었다.

1864년 2월, 가츠 가이슈의 심부름으로 사카모토 료마가 쇼난을 방문한다. 쇼난은 료마에게 『국시칠조』를 설명한다. 이 회담에 도쿠토미 가즈타카(德富一敬)도 동석했다. 1865년 5월에도 료마는 쇼난을 찾았다. 그러나 제2차 쵸슈정벌(第2次長州征伐)이 화재가 되었을 때 의견이 엇갈려 언쟁을 한다. 이 후 료마와의 만남은 없었다고 한다.

1868년 4월 21일, 신정부의 산요(參与: 고문)에 임명되어 교토(京都)에 간다. 1869년 1월 5일, 근무에서 귀로 중 데라마치도리(寺町通)에서 6인조 도츠가와(十津川) 고시(鄕士: 하급무사) 집단의 습격을 받는다. 호위도 응전하고 쇼난도 단도 1자루로 방어하나 역부족으로 암살당해 목이 잘린다. 잘린 목은 호위무사들에 의해 곧 찾게 된다. 향년 61세였다. 살해의 이유는 '요코이가 개국을 진행해서 일본을 크리스트교 국가화하려 한다.'라는 사실무근의 루머 때문이었다. 실제는 이와 반대로 쇼난은 크리스트교가 국내에 들어오면 불교와의 충돌이 생겨 난이 일어날 것이라고 걱정하고 있었다.

앞에서도 말했으나 여자가 너무 예쁘면 빨리 죽는다는 '미인박명(美

人薄命)'이라는 말이 있다. 이를 남자로 바꾼다면 '영웅박명(英雄薄命)'이라고 할까? 쇼난의 암살은 인재가 너무 어처구니없게 생을 마친 좀 황당하게 아쉬운 사건이다. 오해를 받고 죽었으니 본인은 물론 주변에서도 너무 분하게 생각했을 것이다. 그런 이유 때문인지 범인들은 나중에 철저하게 수사되고 모두 체포되어 사형을 당했다.

쇼난은 쇼인과 더불어 메이지 신정부의 인재들을 많이 길러낸 학자 겸 무사였다. 그는 쇄국과 바쿠한체제(共易 : 막번체제)를 비판했고 그 대신 새로운 국가와 사회의 구상을 공공(公共)과 공역(共易 : 매매)의 입장에서 모색하려고 했다. 그를 위해 강습토론(講習討論), 붕우강학(朋友講學)이라는 신분, 계층을 초월한 토의를 정치운영의 제일 중요한 영위(營爲)로 중시했다. 또 공역을 중시하는 입장에서 외국과의 통상무역을 권하고 산업의 진흥을 위해 막부와 한을 뛰어넘은 통일국가의 필요성을 강조했다.

쇼난의 국가론을 제시한 문서로서 1860년에 집필한 『국시삼론 : 国是三論』이 있다. 그리고 학문과 정치를 묶어서 논해 1852년에 집필한 『학교문답서 : 学校問答書』, 미국의 페리와 러시아의 푸차친의 개방 압력에 대응하기 위한 의견서로 1853에 집필한 『이로웅접대의 : 夷虜応接大意』, 1864년, 이노우에 고와시(井上毅)와의 대담을 기록한 『누야마대화 : 沼山対話』, 1865년, 모토다 나가자네(元田永孚)와의 대담을 기록한 『누야마한화 : 沼山閑話』 등 많은 저서를 남겼다.

요코이 쇼난은 문무일도(文武一途)를 강조한 학자 겸 무사였다. 같은 말로 문무양도(文武兩道)라는 말도 있으나 이 말을 실행한 선구자였다.

요코이 쇼난은 술을 마시면 패악해지는 습성이 있었다고 한다. 그래서 술자리를 같이한 친구를 버리고 피했을지도 모른다. 인간이기 때문에 술김에 자기가 일단 살려고 그럴 수도 있다.

쇼난은 실수를 했으나 후쿠이한의 말대로 나라를 위해서 큰 업적을 많이 남겼다. 전쟁에서 큰 공적을 세우면 사형받을 죄를 지어도 면제받는 제도가 예나 지금이나 있다. 훈장제도나 대통령의 사면권이 그 중 하나다. 쇼난의 공적을 따진다면 후쿠이한의 판단이 옳았는지도 모른다. 무사도 정신만 따지다 큰 인재를 잃을 수도 있기 때문이다. 그러나 나는 무엇보다 쇼난의 피난 사건에서 당시 일본의 무사도정신의 엄격함을 엿볼 수 있었다. 그 점 나름대로 큰 의미가 있었다고 생각한다.

## 조선통 무사 **이노우에 가오루**(井上馨)

메이지유신의 설립 무사 중에 우리의 역사와 깊은 연관이 있는 인물이 있다. 바로 이노우에 가오루이다. 무슨 연관이 있는지 그에 대해서 자세히 알아보자.

이노우에 가오루는 1836년 1월 16일, 쵸슈(長州) 한시 이노우에 미츠유키(井上光亨)의 차남으로 스오노구니(周防国), 현 야마구치시(山口市)에서 태어났다. 1851년, 형 이노우에 고온(井上光遠)과 함께 한코 메이린칸(明倫館)에 입학한다. 그러나 당시 쵸슈한 무사의 자제들이 많이 입학한 요시다 쇼인(吉田松陰)의 쇼카손쥬쿠(松下村塾)에는 입학하지 않았다. 1855년, 쵸슈 한시 시지씨(志道氏)의 양자가 된다. 양가 모두 오래전부터 모리씨(毛利氏)를 섬긴 명문가였다. 그러므로 이노우에는 신분이 낮은 출신이 많은 바쿠마즈(幕末 : 막말)의 지사(志士) 중에서는 비교적 가문이 좋은 중급 무사였다.

같은 해 10월, 한슈 모리 다카치카(毛利敬親)의 에도(江戶) 산킨(参勤)에 따른다. 에도에서 이토 히로부미(伊藤博文)와 만나 이와야 겐조(岩屋玄蔵), 에가와 히데타츠(江川英龍), 사이토 야쿠로(斎藤弥九郎)를 스승으로 모시고 난학(蘭學)을 배운다. 1860년, 다카치가(敬親)를 따라 귀국, 한슈의 서양 군사훈련에 참가한다.

1862년 8월, 한의 명령으로 요코하마(横浜)의 쟈딘 마데손 상사(Jardine Matheson Holdings Limited, 怡和控股有限公司)로부터 서양상선 지쥬츠마루(壬戌丸)를 구입한다. 같은 해 12월에 다카스기 신사구(高杉晋作), 구사카 겐즈이(久坂玄瑞), 이토 히로부미와 양이 운동의 하나로 '영국공사관화공사건(英國公使館焼き討ち)'에 참가하여 행동으로도 과격하게 실천한다.

1863년, 집정(執政)인 스후 마사노스케(周布政之助)를 통해 서양행을 한에 탄원, 이토 히로부미, 야마오 요조(山尾庸三), 이노우에 마사루(井上勝), 엔도 긴스케(遠藤謹助)와 함께 쵸슈오걸(長州五傑)의 한 사람으로 영국에 밀항한다. 유학 중에 국력의 차를 직접 목격하고 개국론으로 전향한다. 1864년, 시모노세키전쟁(下関戦争)이 일어나자 이토와 같이 급거 귀국하여 화평조약에 진력한다.

제1차 쵸슈정벌(第一次長州征伐)에서 무비공순(武備恭順)을 주장해서 9월 25일에 조쿠론토(俗論党 : 속론당)에 습격당해 중상을 입는다.[21] 다행스럽게 예기(芸妓 : 기생)인 나카니시 기미오(中西君尾)에게 받은 거울을 품속에 가지고 있어서 급소를 보호할 수 있었다. 급히 미노(美濃 : 기후현)의 로닌이며 의사인 도코로 이쿠타로(所郁太郎)의 수술을 받고 목숨을 건진다.

12월에 다카스기 신사쿠 등과 협조해서 쵸후(長府)의 고잔지(功山寺)에서 결기한다.[22] 여기서 다시 한론(藩論)을 개국 양이로 통일한다. 1865년 7월부터 8월에 걸쳐 나가사키(長崎)에서 영국 상인 토머스 브레이크 글로버(Thomas Blake Glover)로부터 총기를 구입한다. 1866년 1월, 사카모토 료마(坂本龍馬)의 중개로 쵸슈한(長州藩)과 사츠마한(薩摩藩)이 삿쵸동맹(薩長同盟)을 맺는다. 같은 해 6월부터 8월까지의 제2차 쵸슈정벌(第二次長州征伐), 세키슈구치(石州口) 싸움에서 막부군에 승리한다. 9월 2일, 히로사와 사네오미(広沢真臣)와 함께 막부의 대표 가츠 가이슈(勝海舟)와 휴전협정을 맺는다.

1867년, 오세이훅코(王政復古 : 왕정복고) 후에 신정부로부터 산요(参与 : 고문) 겸 외국사무담당관으로 임명되어 나가사키에 부임한다. 1868년 6월에 나가사키부 판사(長崎府判事)에 취임하여 나가사키제철소(長崎製鉄所) 고요가카리(御用掛 : 관리)가 되어 총의 제작과 철교 건설사업

---

21 소데토키바시의 변(袖解橋の変).

22 고잔지 거병(功山寺挙兵)이라고도 한다. 야마구치현(山口県) 시모노세키시(下関市)에 있는 절에서 일어난 거병.

에 종사한다. 1869년 11월에 형이 죽어 가독을 계승하고 형의 차남인 조카 가츠노스케(勝之助)를 양자로 받는다. 1870년 8월에 오쿠마 시게노부(大隈重信)의 중매로 닛타 토시즈미(新田俊純)의 딸 다케코(武子)와 결혼한다.

메이지유신(明治維新) 후에는 기도 다카요시(木戸孝允)의 후원으로 대장성(大蔵省)에 들어가 이토와 행동을 같이 하고 주로 재정에 힘을 쓴다. 1871년 7월에 하이한치켄(廃藩置県: 폐번치현)[23]의 비밀회의에 출석하고 곧 부대신격인 대장대보(大蔵大輔)에 승진한다. 대장경(大蔵卿) 오쿠보 도시미치(大久保利通)가 미토(木戸), 이토(伊藤) 등과 이와쿠라 사절단(岩倉使節団)에 가담해서 외유 중에 정부를 맡아 사실상의 대장성 장관으로 '이마 기요모리(今清盛)'[24]라 불릴 정도로 권세를 휘두른다.

1873년 5월, 에토(江藤) 등에게 예산문제나 오사리자와동산(尾去沢銅山) 오직(汚職)사건을 추궁당해 사직한다. 그해 9월, 사절단이 귀국, 정한론(征韓論)을 둘러싸고 정쟁이 벌어지고 10월의 '메이지 6년 정변'으로 사이고, 에토, 이타가키 등이 하야한다. 이때 대장성의 권한 분양책으로 내무성이 창설된다.

정계에서 은퇴한 후 한때 미쓰이구미(三井組)를 배경으로 선수회사

---

23 메이지(明治) 정부가 지방 통치를 중앙관하에 두려고 옛 한(藩: 번)을 폐지하고 후(府: 부)와 켄(県: 현)으로 일원화한 행정개혁으로 중앙집권제가 확립됨.

24 지금 기요모리. 기요모리는 헤이안시대(平安時代) 말기의 무장 다이라노 기요모리(平清盛)를 칭하는 말이다. 그가 일본 처음으로 무가정권을 세웠다. 그리고 독재권력에 의한 폭정을 했다. 헤이케모노가타리『平家物語』에 잘 묘사되어 있다. 폭군, 방만한 성격의 상징적인 존재다.

(先收会社)[25]을 설립하여 실업계에서 활동한다. 그러나 이토의 강력한 요청으로 복귀하여 사임한 기도(木戸)와 이타가키(板垣)의 설득을 담당한다. 이토에게 설득당한 오쿠보와의 사이를 주선하여 양자를 화해시켜, 1875년 오사카회의(大阪會議)를 실현시킨다. 같은 해에 발생한 강화도사건(江華島事件)의 처리를 위해 다음 해인 1876년에 정사(正使)인 구로다 기요타카(黒田清隆)와 함께 부사(副使)로서 조선에 온다. 교섭 끝에 2월에 조·일수호조규(朝日修好条規)를 체결한다. 그리고 같은 해 6월에 구미 경제를 배울 목적으로 처 다케코(武子)와 양녀 스에코(末子), 구사카 요시오(日下義雄) 등과 함께 미국에 건너간다. 영국, 독일, 프랑스 등도 외유하며 나카미가와 히코지로(中上川彦次郎), 아오키 슈조(青木周蔵) 등과 교류를 한다. 그러나 여행 중 기도가 죽고 세이난전쟁(西南戦争)의 발발(勃発)과 오쿠보의 암살 등으로 일본의 정정(政情)이 불안하다는 소식을 이토에게 받는다. 1878년 6월, 영국을 출발하여 7월에 귀국한다.

오쿠보 암살 후에 이토가 정권 수반이 되자 산기(参議: 참의) 겸 공부경(工部卿)에 취임한다. 1879년에 외무경으로 전임한다. 1881년, 오쿠마와 이토가 국가 구상을 둘러싸고 대립할 때 이토에게 협력하여 오쿠마를 정계에서 추방한다.[26]

그 후 조선과의 외교에 대처하여 1882년, 임오군란(壬午軍亂)이 일어나자 제물포조약(濟物浦條約)을 체결하여 전쟁을 회피한다. 또 조약개

---

25 재벌그룹 미쓰이물산(三井物産)의 전신.
26 메이지 14년의 정변(明治14年の政変).

정의 관점에서 구미정책을 추진하여 로쿠메이칸(鹿鳴館 : 녹명관)과 데이코쿠호텔(帝国ホテル : 제국호텔) 건설에 진력한다. 같은 해, 해운업 독점의 미쓰비시(三菱) 재벌계 우편기선 미쓰비시회사에 대항하여 미쓰이(三井) 등과 여러 기업을 결집해 공동 운수회사를 설립한다. 그러나 후에 양자를 화목, 합병시켜 일본유선(日本郵船)을 탄생시킨다.

1884년 12월에 조선에서 갑신정변(甲申政變)이 일어나 청나라가 개입하자 1885년 1월에 한성조약(漢城條約)을 체결하여 위기를 벗어난다. 그해 4월에 이토는 청과 천진조약(天津條約)을 체결한다. 또 1883년에는 여러 외국과 불평등조약 개정 교섭을 시도한다. 메이지 17년에 화족령(華族令)으로 백작(伯爵)에 서위(叙爵)된다. 1885년, 이토가 내각총리대신에 취임하여 제1차 이토내각이 탄생하자 초대 외무대신에 취임한다.

1888년, 구로다(黒田清隆)가 수상이 되자 농상무대신(農商務大臣)이 되나 곧 사임한다. 1892년 8월 8일, 이토가 재차 내각을 조직(제2차 이토내각)하자 내무대신에 취임한다. 11월 27일, 이토가 교통사고로 중상을 입자 약 2개월간 총리 임시대리를 맡는다.

1894년 7월, 청·일전쟁(清日戰爭)이 발발하자 내무대신을 사임하고 조선공사로 전임하여 1895년 8월까지 맡는다. 그동안 조선에서 김홍집내각(金弘集内閣)을 성립시켜 개혁에 착수하나, 3국간섭에 의한 러시아의 조선 진출과 조선의 친러파 대두, 러시아와 충돌을 피하려는 일본정부의 의향에 따라 성과 없이 귀국한다. 그해 10월, 후임의 조선공사 미우라 고로(三浦梧楼)가 친러파인 명성황후(明成皇后)를 암살한 사건인 을미사변(乙未事變)을 일으켜 해임되자 특명대사인 공사 고무라 쥬타로(小村

壽太郎)의 조언자로 재차 조선에 온다. 11월에 귀국한 후에는 시즈오카현 오키츠마치(靜岡県興津町)에 있는 별장(長者莊)에 파묻혀 1896년, 이토가 사임할 때까지 거의 활동하지 않는다.

1898년 1월, 제3차 이토내각이 성립되자 대장대신이 되나 반년 만에 사임한다. 1901년, 제4차 이토내각의 붕괴 후 대명강하(大命降下: 천황의 명이 내림)를 받아 조각작업에 착수한다. 그러나 정재계의 마찰에 부딪혀 포기한다. 그 후 후배인 가츠라 타로(桂太郎)를 수상에 천거하여 제1차 가츠라내각을 성립시킨다. 가츠라 정권에서는 러·일전쟁(露日戰争) 직전까지 전쟁을 반대한다. 그러나 막상 1904년, 러·일전쟁이 발발하자 전비조달을 위해 분주하게 국채를 모으고 모자란 분은 외채를 모집한다. 그 결과 일본은행 부총재(高橋是清)를 통해 유태인 투자가 제이코브 시프(Jacob Henry Schiff)에게 외채를 획득한다. 1907년, 후작에 승작된다. 1909년, 이토가 암살된 후에는 사이온지 긴모치(西園寺公望)나 마츠카타 마사요시(松方正義) 등과 함께 원로로서 정관재계에 절대적인 영향력을 행사한다.

1912년, 신해혁명(辛亥革命)이 일어나자 혁명 측에 미쓰이물산을 통해 재정을 원조한다. 1913년, 뇌출혈로 쓰러져 왼손에 마비가 온다. 이때부터 외출은 휠체어로 한다. 1914년, 원로회의에서 오쿠마를 추천 제2차 오쿠마내각을 탄생시킨다. 1915년 9월 1일, 79세에 이 세상을 떠났다.

이노우에 가오루를 우리는 이토 히로부미만큼 기억하지 못한다. 그러나 그가 한 일은 우리 역사에 있어서 실로 크다. 그가 조·일수호조규, 제물포조약, 한성조약 등 우리의 일제식민지화의 일단계 조약을 거의 모두 체결하였다. 또한 청·일전쟁 후에는 조선공사를 지냈고 을미사변 후에는 사건 수습 차 특명대사 고무라 쥬타로의 조언자로 우리나라에 왔다. 그가 실질적인 사건 해결사였던 것이다. 그는 일본 정부 조선 전문가였다. 그리고 러·일전쟁 때는 전비를 조달하는 일을 해서 일본을 승리로 이끌었다. 이로 인해 강대국 중에는 일본의 조선 식민지화를 간섭할 나라가 없게 되었다.

또한 일본의 고급 사교장 '로쿠메이칸'과 최고급 호텔의 하나이며 제국주의의 상징인 '데이코쿠호텔'을 지었고, 일본의 재벌 그룹의 하나인 미쓰이그룹의 모태인 '미쓰이물산'과 '일본유선'을 설립해서 정치뿐만이 아닌 경제계의 거물로 활약하기도 했다. 데이코쿠호텔은 서양과의 교류 장소의 필요성 때문에 지어졌으나 지금도 최고급 호텔로서 또한 일본의 제국주의의 상징으로 건재하다. 우리는 여기서 이노우에가 만든 호텔이나 그룹 혹은 정치외교의 기반이 지금도 그대로 이어지고 있다는 점에 주목해야 한다. 왜냐하면 제국주의의 향수병을 갖고 있는 자들이 언제 또 침략자로 돌변할지 모르기 때문이다.

## 검의 달인에서 난학(蘭學)까지 통달한 **기도 다카요시**(木戸孝允)

기도 다카요시야말로 문무양도(文武兩道)의 모델이라고 말해도 좋을 것이다. 그것도 어느 정도가 아니라 최고의 수준이다. 검술도 당대 최고의 경지였고 학문도 최고 학자급으로 통달한 사람이다. 게다가 직책도 대단했다. 제2대 문부대신과 제2대 내무대신을 지냈다.

기도 다카요시(桂五太郎: 일명 가츠라 코타로)는 1833년 6월 26일, 쵸슈한(長州藩)의 하기(萩)에서 한이(藩醫) 와다 마사카게(和田昌景)의 장남으로 태어났다. 1840년, 가츠라 구로베(桂九郎兵衛)의 양자가 되어 무사의 신분을 얻는다. 소년시절에는 병약한 몸에도 불구하고 짓궂은 장난을 많이 하는 골치 덩어리였다. 10대에는 한슈(藩主) 모리다카치카(毛利敬親)가 친히 보는 시험에서 2회나 상을 받는 천재성을 보였다.

1846년, 쵸슈한의 검술 사범 나이토 사쿠베에(内藤作兵衛)의 야규신가게류(柳生新陰流) 도장에 입문한다. 1848년, 무사의 이름인 가츠라 고고로(桂五太郎)로 개명한다. 이에 대해 가츠라의 아버지는 "원래 의원 집안으로 무사 집안이 아닌 이상, 진정한 무사가 되도록 남보다 몇 배 분골정진하지 않으면 안 된다."라고 항시 훈계했다. 그래서 검술 수업에 피나는 수행을 한 결과 실력을 인정받게 된다.

1849년, 요시다 쇼인(吉田松陰)의 쇼카손쥬쿠(松下村塾)에 입문한다. 1852년, 자비로 에도(江戸)에 가서 신도무넨류(神道無念流) 사이토야쿠로(斉藤弥九郎)의 렌페이칸(練兵間) 도장에 입문하여 1년 만에 쥬쿠토(塾頭: 사감)가 된다. 렌페이칸은 당시 에도(江戸) 3대 도장으로 명성을 날리던 도장이었다. 그리고 짧은 기간에 멘쿄가이덴(免許皆伝)[27]을 받아 실력을 인정받는다. 고고로가 상단에 죽도를 겨누면 고요하고 평안한 기백에 주위가 모두 압도되었다고 한다.

---

27 스승이 예술(藝術)이나 무술(武術)의 깊은 뜻을 모두 제자(弟子)에게 전(傳)해줌.

그 후 막부(幕府) 고부쇼(講武所 : 무예 훈련기관) 지키신가게류(直心影流)의 오타니 노부토모(大谷信友)의 수제자를 깨는 등 도쿄에서의 5년 수련기간 동안 검호의 명성을 천하에 날린다. 신센구미(新選組)의 천하의 곤도 이사미(近藤勇)마저 "가츠라 고고로 앞에서는 공포스러워 손발이 얼어붙었다."라고 말했을 정도였다고 한다. 또 당시 검호인 모모이 슌조(桃井春蔵)나 오타니 노부토모(大谷信友)도 비슷한 말을 했다고 한다. 일설에 의하면 1858년 10월에 검성(劍聖) 다케치 즈이잔(武市瑞山)과 사카모토 료마(坂本龍馬)와도 교신 메이치류(鏡新明智流)의 시가쿠칸(士学館) 검도대회에서 시합을 했다고 하나 검증된 사실은 아니다.

1854년, 페리가 내항했을 때는 허가를 받고 함대를 견문한다. 쇼인의 시모다 답해(下田踏海) 때는 적극적으로 협력하려고 했으나 스승의 제자 사랑에 의해 저지당한다. 결과적으로 가츠라는 스승의 뜻대로 막부의 처벌을 면한다.

그 후 시모다부교쇼(下田奉行所) 요리키(与力 : 하급관리)가 되어 나카지마 사부로노스케(中島三郎介)에게 조선술을, 쵸슈한시(長州藩士) 데즈카 리츠조(手塚律蔵)와 미노(美農)의 간다 고헤이(神田幸平)에게 난학(蘭學)을 배운다.

1860년 9월, 미토한(水戸藩 : 이바라기현)의 존왕양이파(尊王攘夷派)와 군함 헤이신마루에서 헤이신마루맹약(丙辰丸盟約)을 맺고 반막(反幕)적 정치활동을 하게 된다. 이어서 다카스기 신사쿠(高杉晋作), 구사카 겐즈이(久坂玄随) 등과 어깨를 나란히 하는 존왕야이파(尊王攘夷派)의 리더가 된다. 한편 가츠 가이슈(勝海舟), 사카모토 료마(坂本龍馬)와 친교를 가지고 개명적 외교론을 가지게 된다. 1863년 8월 18일의 정변[28] 후 교토(京都)에 머물러 한의 신뢰 회복에 힘쓴다.

신센구미(新選組)의 이케다야(池田屋) 습격 때는 회합에 아무도 오지 않아 가까이에 있던 쓰시마한테이(対馬藩邸)에 가서 난을 피한다. 긴몬의 변(金門の変) 후에는 다지마이즈시(但馬出石: 효고현 도요오카시)에 잠복한다. 1864년, 한(藩)에 돌아온 후 막부(幕府)와의 항전에 한론(藩論)을 결정하는 활약을 한다. 또 같은 해 9월에 한슈(藩主)로부터 기도(木戸) 성을 하사받고 개명한다.

1866년, 사이고 다카모리(西郷隆盛)와 삿쵸동맹(薩長同盟)을 체결한다. 오세이훅코(王政復古: 왕정복고)[29] 후 기도는 다이죠칸(太政官: 내각)에 출사하고 5개 조의 서문(五箇条の誓文)[30]을 기장한다. 유신정부에서는 산기(参議: 참의)로 활약한다. 1869년에 한세키호칸(版籍奉還: 판적봉환)[31]을 실행한다. 1871년에는 하이한치켄(廃藩置県)을 실현하고 이와쿠라 사절단(岩倉使節団)의 부사(副使)로서 2년간 유럽을 돈다. 1873년, 메이지 6년의 정변(明治六年の政変)[32]으로 사이고 다카모리(西郷隆盛)

---

28 일명 분큐의 변(文久の変)이라고도 한다.

29 1868년 1월 3일, 에도막부(江戸幕府)를 폐절하고, 동시에 섭정(摂政), 관백(関白) 등을 폐지함과 동시에 3직(総裁, 議定, 参与)의 설치에 의한 신정부의 수립을 선언한 정변.

30 1868년 4월 6일, 천황(天皇)이 메이지 유신(明治維新)의 기본방침을 교토(京都) 어전에서 천지신명(天地神明)에게 맹세하는 형식을 취한 신하 관료들의 맹세문.

31 1869년 7월 25일, 메이지(明治) 정부에 의해 행해진 중앙집권화 사업의 하나. 다이묘(大名: 영주)들이 천황에게 영지(版図)와 영민(戸籍)을 반환함. 발안은 히메지(姫路) 한슈(藩主) 사카이 다다쿠니(酒井忠邦)임.

32 1873년, 정한론(征韓論)이 발단이 된 일대 정변. 산기(参議) 반수와 군인, 관료가 약 600명 사직함. 사이고(西郷), 이타가키(板垣), 고토(後藤), 에토(江藤), 후쿠시마(福島) 등 정계의 거물들도

등 정한파(征韓派) 산기(参議)들을 실각시킨다. 1874년에는 타이완 출병과 관련해서 하야한다. 1875년, 오사카 회의(大阪会議)에서 이타가키 다이스케(板垣退助)와 함께 정계에 복귀한다. 1876년 5월 26일, 43세의 일기로 병사했다.

메이지 정부에서도 기도 다카요시의 업적은 실로 크다. 5개 조의 서문, 매스컴의 발달 추진, 봉건적 풍습 폐지, 한세키호칸, 하이한치켄, 인재 우선주의, 사민평등(四民平等), 교육의 충실, 법치주의의 확립을 제언하고 실시시켰다. 또 군인의 각료에의 등용금지, 민주적 지방경찰, 민주적 재판제도 등 극히 현대적이고 개명적인 일을 그 당시에 실행한 인물이었다.


## 정한론자(征韓論者)로 알려진 **사이고 다카모리**(西郷隆盛)


도쿄(東京) 우에노(上野) 공원 입구에 한 손에 칼을 들고 개와 산보하는 사이고 다카모리의 동상이 있다. 마치 공원지기처럼 우뚝 서서 지나가는 사람들을 지켜보고 있다. 스모(相撲 : 일본 씨름)의 하와이 출신 제67대 요코즈나(横綱 : 천하장사)였던 무사시 마루(武蔵丸)가 사이고와 많이 닮아 일본 사람들에게 인기가 높았었다. 그만큼 일본 사람들은 사이고를 좋

---

사직함. 후에 사족반란(士族反乱)과 자유민권운동(自由民権運動)의 발단이 됨.

아한다. 그는 일본 사람, 특히 도쿄(東京) 사람들에게 큰 은인이기 때문이다. 가츠 가이슈(勝海舟)와의 담판에서 그가 틀렸다면 도쿄는 불바다가 될 것이 뻔했다. 같은 민족끼리 전쟁을 해서 수많은 백성이 죽는 것을 막은 공로는 대단해 지금도 칭송받고 있는 것이다.

그러나 우리에게는 참 미묘한 감정을 일게 하는 부분이 있다. 그가 바로 정한론(征韓論)[33]의 거두였기 때문이다. 사이고는 정한론을 주장하다 각료직을 사퇴했다. 그리고 세이난전쟁(西南戰爭)을 일으키게 된다. 그런데 정한론에 맞섰던 비정한론자인 이와쿠라 도모미(岩倉具視) 등이 운요호사건(雲楊號事件)[34]을 일으켰다. 이로 인해 이듬해에 강화도조약(江華島條約)[35]이 체결된다. 정한론자는 자결하고 비정한론자가 더 악랄하게 정한론을 실행한 것이다.

사이고 다카모리는 1827년 12월 7일, 하급 사족(士族)인 사이고 기치베헤에(西鄕吉兵衛)의 장남으로 가고시마(鹿児島) 성하(城下)의 시모가지야쵸(下加治屋町)에서 태어났다. 1839년, 고쥬(鄕中)[36] 동료와 친구의 싸움을 말리다 칼에 오른팔의 신경이 끊겨 두 번 다시 검을 못들게 된다.

18세 때 한(藩)의 서기로 출사한다. 1854년에는 한슈(藩主) 시마즈 나리아키라(島津斉彬)의 산킨코타이(参勤交代 : 삼근교대)에 종사해 에

---

33 일본의 메이지(明治) 초기에 사이고 다카모리(西鄕隆盛), 이타가키 다이스케(板垣退助), 에토 신페이(江藤新平) 등이 중심이 되어 무력에 의해서 조선을 개국시켜야 한다고 주장한 논리.

34 1875년 9월 20일, 일본군함 운요호의 강화해협 불법침입으로 발생한 한·일 간의 포격사건.

35 1876년 강화부에서 조선과 일본 사이에 체결된 조약. 정식명칭은 조·일수호조규이다. 이 조약은 일본의 식민주의적 침략의 시발점이 된다.

36 사츠마한(薩摩藩) 무사의 자제를 가르치던 교육기관.

도(江戸)에 간다. 이때 정계의 후견인으로 맹활약하여 나리아키라의 신뢰를 얻는다. 장군 계승 문제에서 나리아키라의 뜻을 받들어 히토츠바시(一橋) 계의 요시노부(慶喜) 옹립 운동을 하는 한편, 후지타 토고(藤田東湖), 하시모토 사나이(橋本佐内)와 친교를 맺는다.

1858년, 나리아키라가 죽자 시마즈 히사미츠(島津久光)의 아들 다다요시(忠義)가 한슈(藩主)가 된다. 그래서 히사미츠가 한의 실권자가 되나 사이고와는 의견이 맞지 않았다.

안세이노다이고쿠(安政の大獄) 후에는 아마미오시마(奄美大島)에 이름을 바꾸고 잠복한다. 여기서 사이고는 토착 부족의 딸 아이가나(愛加那)와 결혼해서 두 명의 자식을 얻는다. 3년 정도 잠복한 후 사츠마(薩摩)에 돌아와 히사미츠에게 복종한다. 그러나 다시 미움을 사서 오키노에라부지마(沖永良部島)에 2년간 유배된다.

돌아온 사이고를 기다린 것은 긴몬의 변(禁門の変)과 그 후의 쵸슈정토(長州征討)였다. 2차 쵸슈정토 때 삿쵸동맹(薩長同盟)이 맺어진다. 그 사이에 한시(藩士)의 딸 이와야마 이토(岩山糸)와 세 번째 결혼을 해서 세 아들을 얻는다.

1868년에는 오세이이훅코(王政復古: 왕정복고)에 이어 도바·후시미의 전투(鳥羽·伏見の戦い), 에도 무혈 입성(江戸無血入城) 등을 이룩해서 그 매서운 수완을 휘두른다. 유신정부에서는 산기(参議)로서 활약하나 정한론(征韓論)에서 패해 하야한다. 1877년 9월 24일, 세이난 전쟁(西南戦争)에서 패해 자진했다. 49세였다.

정한론의 중심인물인 사이고의 주장은 출병(出兵)이 아니고 개국을 권하는 유한 사절(遣韓使節)로서 자신이 조선에 직접 가겠다고 했다고 한다. 즉 사이고 자신은 유한론(遣韓論)자였다는 주장도 있다. 그러나 사이고가 죽은 후 이타가키 다이스케(板垣退助) 등이 추진한 정한론이 사이고의 주장이었다고 유포된다. 그래서 사이고는 정한론자의 수괴(首魁)로서 남게 된 것이다.

## 일본 근대화의 가교(架橋), 검의 달인 **사카모토 료마**(坂本龍馬)

한 여론 조사에서 일본 사람들에게 역사적인 인물 중에서 어떤 사람처럼 되고 싶냐고 물었더니 "사카모토 료마같은 사람이 되고 싶습니다."라고 대답하는 사람이 제일 많았다고 한다. 나도 어린이용 료마의 전기를 처음 읽었을 때 정말 감동했었다. 그럼 일본 사람들이 왜 료마를 좋아하는지 알아보자.

사카모토 료마는 1835년 11월, 도사(土佐: 고치현)의 유복한 고시(郷士: 하급무사) 사카모토 하치헤이(坂本八平)의 5남 중 막내로 태어났다. 남자 중에는 차남이었다. 11살 때 어머니 고(幸)가 죽자 울보였던 료마는 누나 오토메(乙女)에 의해 엄하게 키워졌다. 1848년 13세 때, 히네노벤지(日根野弁治)의 도장에 입문해서 오구리류(小栗流) 검술을 배운다. 약 5년간 열심히 수련한 결과 스승에게 인정받아 오구리류야와라헤이호고토모쿠로쿠(小栗流和兵法事目録)이라는 비서를 얻는다.

1853년, 더욱 수준 높은 검술 수련을 위해 에도(江戶)에 간다. 호쿠신잇토류(北辰一刀流)의 오케마치치바(桶町千葉) 도장에서 수련하는 한편 와카야마 부츠도(若山勿堂)에게 야마가류(山鹿流) 병학(兵学)을 습득한다.

에도에서 검술 수업 중, 페리의 내항(ペリの來航), 안세이노다이고쿠(安政の大獄), 사쿠라다몬가이노헨(桜田門外の変)[37] 등 동란이 계속된다. 1853년 12월, 검술수행을 하는 한편 사쿠마 쇼잔(佐久間渚山)의 시쥬쿠(私塾)에 들어가 포술(砲術), 한학(漢學), 난학(蘭學)을 배운다. 그러나 쇼잔은 이듬해 4월, 요시다 쇼인(吉田松陰)과의 미국군함 밀항사건과 관련되어 투옥된다. 그래서 료마가 배운 시간은 그리 길지 않다.

1854년 6월 23일, 도사에 귀국해서 히네노 도장의 사범대리가 된다. 1856년, 료마는 재차 에도에 검술수업을 하기 위해 간다. 그리고 호쿠신잇토류의 멘쿄가이덴(免許皆伝: 전수자)과 나기나타헤이호모쿠로쿠(長刀兵法目録: 나기나타병법목록)를 받는다.

1862년, 27살 때 료마는 탈번한다. 그리고 개국론자 가츠 가이슈(勝海舟)를 베러 갔다가 그의 견식의 넓음에 압도되어 제자가 된다. 그 후에는 가츠와 행동을 같이 한다. 1863년에는 누나인 오토메에게 "일본을 지금 다시 한 번 세탁하자고 말하고 싶나이다."라는 편지를 쓴다. 이는 열강의 말하는 대로 꼬붕(子分: 부하)이 된 막부(幕府)의 관리에 대한 불만의 표

---

37 1860년 3월 24일, 에도성(江戶城) 사쿠라다문 외(桜田門外)에서 미토한(水戶藩) 탈번자 17명과 사츠마 한시(薩摩藩士) 1명이 히코네한(彦根藩) 행렬을 습격, 다이로(大老) 이이 나오스케(井伊直弼)를 암살한 사건.

시라고 말해도 좋을 것이다.

1864년 5월, 료마는 생애의 반려인 오류(お龍)와 만난다. 이를 료마는 누나인 오토메에게 편지로 "너무 좋은 여자를 만났습니다!"라고 자랑하고 있다. 정세의 변화에 바빠지고 목숨의 위태로움을 느낀 료마는 친하게 지내던 데라타야(寺田屋)의 오카미(女将: 여주인) 오토세(お登勢)에게 그녀를 맡긴다. 오류의 회상에 의하면 오사카(大阪)에서 시고쿠(四国)로 향하는 배 안에서 료마가 "천하가 진정되면 기선을 만들어 타고 일본 일주라도 할까?"라고 말했다고 한다. 이에 오류는 "집 같은 것 필요 없어요. 배만 있으면 되요. 외국도 다녀 보고 싶어요."라고 대답했다고 한다. 이를 나중에 사이고(西郷)에게 자랑하듯 "오류는 뜻밖에도 엉뚱한 여자입니다."라고 웃으며 말했더니 "그런 여자니까 너의 목숨은 구원받았어."라고 말하며 크게 웃었다고 한다.

1865년, 료마는 해운 무역을 행하는 결사(結社) 가메야마샤츄(亀山社中: 海援隊)를 창설한다. 그때까지는 가츠가 설립한 해운쥬쿠(海運塾)의 쥬쿠토(塾頭: 사감)였으나 그를 흠모해 전국에서 로닌(浪人: 떠돌이 무사)을 모아 결사한 것이다. 그래서 결국 막부의 눈에 거슬리는 인물로 지목받게 된다. 이 단체에서 해운술, 국제법, 어학을 익힌 이들을 이용해서 해운업과 해군을 병행하는 조직을 고안한다. 여기에 출자해 스폰서가 된 곳이 사츠마한(薩摩藩)이다. 가메야마샤츄는 외국에서 무기나 선박을 밀수해 국내에 팔아 이익을 얻었다. 그러나 료마는 돈에는 관심도 없고 일을 전부 부하에게 맡겼다. 그리고 삿쵸동맹(薩長同盟)에 전념해서 실현시켰다. 1867년, 메이지유신(明治維新)을 눈앞에 두고 누군가에게 암살당했다. 32세의 젊은 나이였다.

사카모토 료마를 누가 죽였는지에 대해서는 아직 확실하게 밝혀지지 않았다. 다만 막부(幕府)의 지시에 의한 것이 유력해서 신센구미(新選組)일 것이라는 추측이 있다. 사카모토의 검술은 당대 최고 수준이었으므로 신센구미(新選組) 정도가 아니면 대적할 수 없었을 것이라고 일본 사람들은 말한다. 그리고 료마는 방에서 회의 중이었으므로 옆에 검이 없었다고 한다. 나의 아이키도(合気道) 동료는 "료마에게 검만 있었다면 절대 죽지는 않았을 것입니다. 너무 아까워요."라고 분한 듯 말하며 아쉬워했다.

일본의 유명한 배우 다케다 데츠야(武田鉄矢)가 조직한 가이엔타이(海援隊)라는 보컬 그룹이 있다. 다케다 데츠야가 사카모토 료마를 너무 좋아해서 그룹 이름을 그렇게 지었다고 한다. 다케다는 지금도 료마에 대한 강의활동이나 행사도 많이 하고 있다. 가이엔타이는 사카모토 료마가 만든 가메야마샤츄의 다른 말이다. 나는 일본에 가기 전에 일본 친구가 비디오 테이프를 보내줘서 그들의 공연을 본 적이 있다. 그때 가이엔타이를 알게 되었고 일본 사람들이 사카모토 료마를 얼마나 좋아하는지 실감할 수 있었다.

사카모토 료마의 제일 큰 위업은 나카오카 신타로(中岡慎太郎)와 콤비를 이루어 중개한 삿쵸동맹(薩長同盟)이다. 사츠마한(薩摩藩)과 쵸슈한(長州藩)은 견원지간이었다. 그러나 정치적 군사적 동맹을 맺음으로서 도바쿠(倒幕: 도막)에 성공할 수 있었다. 막부를 쓰러트리지 않고서는 근대화 즉 메이지유신(明治維新)까지 이룩하기는 어려웠을 것이다.

그리고 료마는 미인이며 착하고 성격 좋은 반려 오류를 만났음에도

나라와 민족을 위해 뛰었다. 한창 사랑에 빠질 나이다. 그리고 빠지면 헤어나지 못할 젊을 때이다. 그런데도 요리집에 반려를 맡기고 구국을 위해 동분서주했다. 자신의 목숨이 위태로운 가운데 미안한 마음과 함께 반려의 걱정을 오죽했으랴? 반려인 오류도 역시 훌륭한 인물이었다. 장래 남편이 큰 뜻을 펼치라고 집이 없어도 배만 있어도 좋다고 말하며 기를 세워주었다. 그런 여자가 너무도 젊은 나이에 반려를 잃은 점도 일본 사람들은 너무 안타까워하고 있다.

이들의 안타까운 러브스토리를 보니 우리나라의 신사임당이 생각난다. 신사임당은 신혼 때 남편인 율곡선생의 아버지가 한양으로 향하다 대관령을 넘지 못하고 몇 번이나 돌아오자 받아들이지 않고 가라고 단호하게 뿌리쳤다고 한다. 즉 대장부가 큰일을 하려면 아녀자의 치맛폭에서 벗어나야 한다며 냉정했던 것이다. 또 우리나라 독립투사들은 사랑하는 가족을 떠나 춥고 험한 이역 만주 땅에서 고생했다. 그들도 얼마나 가족이 그립고 당장 돌아가고 싶었겠나? 이를 보면 나라를 위해 큰일을 하는 사람들은 사랑도 잠시 보류해야 하는 운명인가보다.

사카모토 료마는 동시대의 인물들이 증언하듯이 검의 귀재였다. 굉장한 실력의 검술가였다는 증거도 많이 남아있다. 사실 그런 검의 귀재는 역사 이래 그리 흔하지 않다. 그런 점도 많은 사람들이 료마의 죽음에 대해서 지금도 아쉬움을 갖고 있는 한 면일 것이라고 생각한다.

# 삿쵸동맹(薩長同盟)의 숨은 공신 **나카오카 신타로**(中岡慎太郎)

한 여론 조사에서 일본 사람들이 역사적 인물 중에 제일 존경한다는 사람으로 사카모토 료마가 뽑혔다고 앞에서 말했다. 그러나 그에 버금가는 인물이 있다. 바로 나카오카 신타로인데 사람에 따라서는 그를 더욱 높게 평가하는 이도 있다.

나카오카 신타로는 1838년 5월 6일, 도사노구니(土佐国) 현 고치현(高知県)에서 오쇼야(大庄屋: 지방공무원) 나카오카 오덴지(中岡小傳次)의 장남으로 태어났다. 1854년, 마사키 테츠마(間崎哲馬)에게 경사(経史)를 배우고 다음해에는 다케치 즈이잔(武市瑞山) 도장에 입문해서 검술을 배운다. 1857년, 도시오카 히코지로(利岡彦次郎)의 장녀로 15세인 가네(兼)와 결혼한다. 1861년, 다케치가 결성한 도사킨노당(土佐勤皇党)에 가맹하여 본격적인 지사(志士) 활동을 전개한다.

1862년, 쵸슈한(長州藩)의 구사카 겐즈이(久坂玄瑞) 야마가타 한조(山県半蔵)와 함께 마츠시로(松代)의 사쿠마 쇼잔(佐久間象山)을 방문, 국방, 정치개혁에 대해 의논하고 크게 의식을 높인다.

1863년 교토(京都)에서 8월 18일의 정변 후 도사한(土佐藩) 내에서도 존왕양이(尊王攘夷) 활동에 대한 대 탄압이 시작되자 신속하게 탈번(脱藩)한다. 그리고 같은 해 9월에 쵸슈한에 망명한다. 이후 쵸슈한에서 같은 처지의 탈번지사들을 모으는 역을 한다. 또한 쵸슈를 시작으로 각지의 지사들과의 연락책이 된다.

1864년, 사츠마한(薩摩藩)의 시마즈 히사미츠(島津久光) 암살을 획책하나 이루지 못한다. 또 탈번 지사들을 인솔해 긴몬의 변(禁門の変), 시모노세키전쟁(下関戦争)에 쵸슈한측에서 참전해 부상당한다.

쵸슈한에의 빚과 유한도시(雄藩同士 : 웅번동지. 주6 참고)의 유해무익한 대립, 지사들에의 탄압을 눈앞에 두고 활동방침을 단순한 존왕양이론에서 유한연합(雄藩連合)에 의한 무력 도바쿠론(武力倒幕論)으로 발전시킨다. 그리고 쵸슈한의 가츠라 고고로(桂小五郎)와 사츠마한의 사이고 다카모리(西郷隆盛)와의 회합에 의한 삿쵸동맹(薩長同盟) 체결을 지사들의 제일 비원(悲願)으로 정해 활동을 시작한다. 1866년 3월 2일, 교토(京都) 니혼마츠(二本松)의 사츠마한테이(薩摩藩邸)에서 삿쵸동맹(薩長同盟)을 맺게 한다.

1867년 3월, 료마와 함께 도사한으로부터 탈번죄를 사면 받는다. 그후 사츠도동맹(薩土同盟)에도 분주해서 6월 23일 도사의 이타가키 다이스케(板垣退助)와 사츠마의 고마츠 기요가도(小松清廉), 사이고 다카모리(西郷隆盛)와 사이에 무력 도바쿠(倒幕)를 위한 사츠도밀약(薩土密約)의 체결을 성공시킨다.

더욱이 7월 23일, 교토의 산본기(三本木)에 있는 요정 요시다야(吉田屋)에서 도바쿠, 오세이훗코(王政復古 : 왕정복고) 실현을 위한 사츠도맹약(薩土盟約)을 체결시킨다. 이 군사동맹 체결은 도사한 내에 있어 구태의연한 병제를 개혁시키는 결정적 계기가 된다. 그리고 도사를 보신전쟁(戊辰戦争)에서 사츠마, 쵸슈, 비젠과 같은 도바쿠의 주요세력으로 만든다. 그래서 도바쿠 후의 정치 전망을 그리지 않으면 안 될 상황에서 봉건제, 바쿠한체제(幕藩体制)의 개혁을 위한 의식 개혁, 한세이(藩政) 개혁을 다른 한보다 빨리하게 된다. 그 결과 도사 출신자가 쵸슈, 사츠마, 비젠 출신자와 같이 메이지유신의 리더가 되는 중요 정치세력이 되게 했다.

6월 27일, 전부터 쵸슈에서 견문했던 기병대를 참고로 리쿠엔타이(陸援隊)를 조직, 스스로 대장이 되어 시라카와(白川) 도사 한테이를 본거지로 삼아 활동을 전개한다. 이때 도바쿠(倒幕)와 양이(攘夷)를 설파한 『시세론 : 時勢論』을 저술한다. 7월 8일, 에도에서 도사로 돌아가는 도중 마나베 마사요시(真辺正精)와 교토에서 만나 서로 시세를 논의한다. 11월 15일, 교토 시죠(四条)의 오미야(近江屋)의 사카모토 료마를 방문 중 누군가의 습격을 받고 반죽음 상태에 빠진다.[38] 료마는 즉사 혹은 다음날 아침 숨을 거두나 신타로는 이틀이나 목숨을 연장하여 암살범의 습격상황에 대해 상세하게 설명했다고 한다. 11월 17일에 눈을 감았다. 향년 30세였다.

나카오카 신타로는 사카모토 료마와 행동을 거의 같이 했다. 탈번, 삿쵸동맹의 성사, 심지어는 죽음도 같이 했다. 그에 비해 신타로는 료마의 그늘에 가려 활동이 그다지 빛을 발하지는 못했다. 그러나 이타가키 다이스케는 "세간에서 이름 높은 사카모토 료마보다 어떤 면에서는 뛰어나다고 나는 생각한다. 나마오카 신타로라는 남자는 훌륭하게 사이고, 미토와 어깨를 나란히 산기가 될 수 있는 인격을 가지고 있었다."라고 말했다. 또한 오에 타쿠(大江卓)는 "원래 도사의 오세이훅코(王政復古 : 왕정복고)의

---

38 오미야 사건(近江屋事件ㅅ). 1867년 12월 10일, 교토(京都) 오미야(近江屋)에서 일어남.

필두는 사카모토 료마라고 되어 있으나 나는 혹시 나카오카 신타로가 아닌가? 하고 생각하고 있다. 나카오카는 태각(台閣)의 그릇으로 재상 풍이고, 사카모토는 광야의 맹수로 호걸적인 면이 있었다. 이 두 사람을 도사가 빨리 잃은 것은 돌이킬 수 없는 아쉬움이다."라고 말했다. 이처럼 나카오카 신타로를 높이 평가하는 사람도 있다. 너무 뛰어난 영웅이 있으면 그 그늘이 크다. 그래서 2인자나 3인자의 공적이 잘 보이지 않게 되는 경우가 많다. 나카오카 신타로의 경우가 바로 그렇다.

일본의 메이지유신을 성공시킨 결정적인 사건이 바로 삿쵸동맹이다. 이때 사츠마와 쵸슈가 뭉치지 않았으면 막부에 이길 수 없었다. 그 동맹의 결정적인 중계 역할을 한 인물이 사카모토 료마로 알려져 있다. 그러나 나카오카 신타로도 음으로 양으로 큰일을 했던 것이다. 대역사는 혼자의 힘으로는 이루어지지 않는다. 인사들의 협력과 규합의 중요함을 새삼 느낀다.


## 권력의 중추, 일본 경시청의 창시자
# 오쿠보 도시미치(大久保利通)


기도 다카요시(木戸孝允)와 사이고 다카모리(西郷隆盛), 오쿠보 도시미치를 메이지유신 3걸(明治維新 3 傑)이라고 칭한다. 글자 그대로 메이지유신을 주도한 3인이다.

오쿠보는 1873년, 사이고 다카모리가 사직한 후 내무성을 설치하여 초대 내무경(內務卿)이 된다. 그리고 경찰을 설치하여 반정부파를 탄압했다. 이때부터 1878년 암살 당할 때까지 '오쿠보 정권기'이라고 부른다. 정부의 실권을 장악한 그는 징병제(徵兵制), 지조개혁(地租改革), 식산흥업(殖産興業) 등 근대화 정책을 적극 추진한다. 그러나 자신의 정책에 반기를 들고 반란을 일으킨 세력에게는 경찰력을 이용하여 강력하게 대응하였다. 또한 대외관계에서도 무력행사를 서슴지 않는 독재를 강행했다. 1874년에는 타이완을 침공하였고, 1876년에는 강압적인 방법을 통해 조선과 강화도조약을 체결하였다.

오쿠보 도시미치는 1830년 8월 10일, 사츠마한(薩摩藩) 성하(城下) 마을에서 고쇼구미(小姓組 : 경호대원)인 하급무사 오쿠보 지에몬도시마사(大久保次右衛門利正)의 장남으로 태어났다. 생후 얼마 안되어 같은 시내의 시타가지야(下加治屋)로 이사한다. 그리고 고쥬(鄕中)인 한코(藩校) 죠시칸(造士館)에 입학한다. 같은 학교에는 세 살 연상의 사이고 다카모리(西鄕隆盛)가 있었다. 1846년에 한(藩)의 기록소 서기보로 출사하나 아버지의 실직으로 같이 실직한다. 1851년, 한슈(藩主)가 시마즈 나리아키라(島津斉彬)로 바뀌자 복직된다.

1858년, 나리아키라가 죽자 오쿠보는 아리마 신시치(有馬新七)등 40여 명과 존왕양이(尊王攘夷)를 위해 모인다. 그리고 안세이노다이고쿠(安政の大獄)를 단행한 다이로(大老) 이이 나오스케(井伊直弼)와 쇼시다이(所司代 : 교토 경비 책임자) 사카이 다다요시(酒井忠義) 토벌 계획을 세운다. 이를 데라타야 사건(寺田屋事件)라고 부른다. 그리고 탈번을 계획하나 한슈 시마즈 다다요시(島津忠義)의 만류로 포기한다. 이후에는 한후(藩父: 한의 아버지) 시마즈 히사미츠(島津久光)를 옹호해서 고부갓타이(公武合体: 공무합체)[39]를 위해 분투한다. 후에 이들을 세이츄구미(誠忠組)라고 불렀다.

8월 18일 정변 후 도쿠가와 요시노부(德川慶喜)와 시마즈 히사미츠(島津久光)의 대립이 생기자 복귀한 사이고 다카모리(西鄕隆盛)와 함께 한론(藩論)을 도바쿠(倒幕)로 정하고 뭉친다. 1866년에는 쵸슈한(長州藩)의 기도 다카요시(木戶孝允)와 삿쵸동맹(薩長同盟)을 맺고, 도사(土佐)와는 사츠도맹약(薩土盟約)을 맺는다. 그 후 이와쿠라 도모미(岩倉具視)와 연합해서 오세이후쿠코(王政復古: 왕정복고)를 실현한다. 메이지(明治)시대에 들어서자 중앙정부의 중심적 인물로 활약하나 1878년 5월 14일, 세이난전쟁(西南戰爭)에 참여했던 이시카와현(石川県) 사족(士族) 시마다 이치로(島田一郎) 일당에게 암살당한다. 이를 기오이자카노헨(紀尾井坂の変)이라고 부른다.

우리는 안중근 의사에게 암살당한 이토 히로부미(伊藤博文)를 일본 근대 제국주의 침략의 최고 원흉으로 기억한다. 이토는 이와쿠라(岩倉) 사절단의 보좌역이었다. 그 중추는 이와쿠라를 단장으로 앉히고 자신은 부단장이 된 막후 실력자 오쿠보였다. 오쿠보는 정치가로서 필요한 냉혈이 넘치는 인물로 평가되고 있다. 의사가 견고하고 냉정한 결단력이 풍부했다. 게다가 카리스마성이 강해 누구나 앞에 서면 주눅이 들었다고 한다.

---

39 막부와 한의 독특한 통치체제의 통합.

또 참을성이 강하고 희로애락을 얼굴에 나타내지 않았다고 한다. 그가 죽은 후에 청렴결백함이 나타났는데 재산이 140엔인데 비해 빚이 8,000엔이었다. 이를 안 빚쟁이들은 그를 흠모하여 채권을 포기했을 정도였다고 한다. 정부에서는 그가 사재를 털어 가고시마현(鹿児島県) 학교비로 기부한 돈을 회수해서 유가족이 먹고 살 수 있도록 조치했다고 한다.

어쨌든 그는 정한론을 반대하여 사이고를 실각시켰으면서도 실제로는 정한론을 실행한 인물이다. 우리에게는 침략과 침탈의 시조(始祖)인 격이다. 우리는 이 사람을 이토 히로부미 이상으로 기억해야 한다고 생각한다.


일본군대 징병제를 만든 군국주의의 아버지
# 야마가타 아리토모(山縣有朋)


일본의 조선침략 주역 중, 이토 히로부미(伊藤博文)와 쌍벽을 이루는 인물이 있다. 바로 야마가타 아리토모이다. 그는 이토와 같은 쵸슈한(長州藩), 하기(萩) 출신으로 같은 쇼카손쥬쿠(松下村塾)의 문하생이었다. 게다가 한·일 합방 당시 이토가 암살당하기 전까지 최고위직인 총리와 추밀원 원장을 번갈아 가며 지낸 인물이다.

야마가타야말로 침략의 도구인 군 전문가이다. 일본 육군의 기초를 만들어 '국군의 아버지'로 불리기까지 했다. 1894년, 청·일전쟁 때는 조선에 주둔한 제1사령관을 지냈고 1898년에 원수가 되었다. 1904년 러·일전쟁 때는 총사령관을 맡아 승리를 해서 공작 작위를 받았다. 1909년, 안중근 의사에 의해 이토가 암살되자 군부와 관료를 자기 밑에 두고 독재권력을 휘둘렀다. 한·일 합방과 그 뒤의 조선 침탈은 야마가타가 주도했다고 해도 과언이 아닌 것이다. 그것을 뒷받침하는 말로 그가 만든 독자적인 용어인 주선권과 이익선이 있다. 주선권은 자국 영토의 국경선을 의미하며 이익선은 국경에서 떨어진 지역이나 국가의 이익과 관련된 경계선을 의미한다. 조선은 야마가타의 이익선이었다.

아스쿠니진자 근처에 있는 일본 군국주의의 상징 같은 동상.
과거를 숨기려는 듯 동상의 이름도 설명도 없다.

야마가타 아리토모는 1838년 4월 23일, 나가토노구니(長門国 : 야마구치현)에서 부동산 중개업자 야마가타 사부로(山形三郎)의 아들로 태어났다. 어린 나이부터 아시가루(足軽)라는 최하위 보병의 신분으로는 창술을 연마해 두각을 나타내는 수밖에 없다고 판단한다. 그래서 창술 훈련에 전념한다. 이때 친구에게 쇼카손쥬쿠(松下村塾)에의 입숙을 권유받으나 '나는 문학에는 취미없어!'라고 말하며 거절한다.

1858년 7월, 쵸슈한(長州藩)에서 이토 히로부미(伊藤博文) 등 5명과 교토(京都)에 파견되어 존왕양이파(尊王攘夷派)의 영향을 받는다. 그 후 구사카 겐즈이(久坂玄瑞)의 소개로 결국 쇼카손쥬쿠에 입숙한다. 1863년에는 시코(士雇 : 무사계급 중 하나)에 채용되어, 12월에 다카스기 신사쿠(高杉晋作)의 기병대에 참여한 후 군함에 발탁되어 사령관이 된다. 그러나 시고쿠(四国) 함대 시모노세키(下関) 포격 사건에서 부상, 병제와 무기의 개혁을 통감한다. 이를 계기로 양이론에서 개국론으로 전향한다.

2차 쵸슈정토(長州征討)에서는 기병대를 이끌고 싸우고, 오쿠보 도시미치(大久保利通)와 도바쿠(倒幕)를 위해서 삿쵸동맹(薩長同盟)을 토의한다. 보신전쟁(戊辰戦争)에서는 기병대와 함께 홋카이도(北海道) 총감겸 아이즈(会津 : 후쿠시마) 총감의 참모로서 나가오카성의 전투(長岡城の戦い)[40]와 아이즈 전쟁(会津戦争)[41]에 참여한다.

---

40 1868년 6월에 일어난 일명 호쿠에츠전쟁(北越戦争)으로 불리는 전투. 보신전쟁(戊辰戦争)의 국면의 하나로 나가오카한(長岡藩 : 니가타나가오카시) 주변에서 일어난 막부군(幕府軍)과 메이지(明治)신정부군 간의 일련의 전투.
41 1868년에 일어난 보신전쟁(戊辰戦争)의 국면의 하나로 아이즈한(会津藩 : 후쿠오카현아이즈) 주변에서 일어난 일련의 전투.

1869년, 사이고 츠구미치(西鄕從道)와 함께 유럽에 가서 병제 조사를 한다. 이듬해 귀국해서 병부소유(兵部少輔 : 방위성 차관보)에 취임하고 오무라 마스지로(大村益次郎)가 죽은 뒤에는 군정을 담당한다. 야마가타는 병제를 프랑스식으로 통일하고 1872년에는 사이고 다카모리(西鄕隆盛)를 설득해서 징병제를 제정한다. 이때 군인 칙론(軍人勅論)을 발표한다. 그리고 경찰제도의 실현에도 노력한다. 1889년과 1898년에는 수상에 취임하여 내각을 조직한다. 그 사이 1894년 청·일전쟁에서는 1군 사령관으로 참전한다. 1904년, 러·일전쟁에서는 일본군 참모총장을 맡는다. 현역 은퇴 후에도 원로로서 활약한다. 1922년 2월 1일, 83세의 일기로 병사했다.

야마가타는 이토와 마찬가지로 최하위 말단 계층에서 최고위인 총리까지 올라간 입지적인 인물이다. 그리고 군부를 이용해 권력을 마음대로 휘둘렀다. 그러나 그는 천황가의 결혼식까지 좌지우지하려다 비참한 말로를 맞이했다. 하늘 높은 줄 모르고 오르다가 몰락하는 예를 그대로 보여준 셈이다. 우리는 이토를 우리 민족 최고의 원흉으로 기억한다. 그러나 그와 함께 야마가타라는 인물도 절대 잊지 말아야 할 것이다.

# 일본개화의 초석, 이와쿠라 사절단의 단장
## 이와쿠라 도모미(岩倉具視)

이와쿠라 도모미는 이와쿠라 사절단(使節團) 단장을 지낸 인물로 유명하다. 1871년 12월 23일, 우대신인 이와쿠라를 단장으로 하는 사절단이 일본의 요코하마 항(橫浜港)을 출발한다. 목적은 미국과 영국, 그리고 유럽 제국과 맺은 불평등조약을 재협상하는 것과 선진화된 교육, 과학기술, 문화, 군사, 경제 등을 배워 일본의 근대화를 촉진하는 것이었다. 참가한 주요 인물로는 산기(參議) 기도 타카요시(木戸孝允), 대장경(大藏卿) 오쿠보 도시미치(大久保利通), 공부대보(工部大補) 이토 히로부미(伊藤博文)를 포함하여 사절단, 46명, 수행원 18명, 유학생 43명이었다. 이들은 증기선 아메리카호를 타고 태평양을 건너 샌프란시스코에 도착했다. 그후 미국 대륙을 횡단하여 워싱턴 D.C.를 방문하며 8개월간 머문다. 그 후에는 대서양을 건너 영국 4개월, 프랑스 2개월, 벨기에, 네덜란드, 독일, 러시아, 덴마크, 스웨덴, 이탈리아, 오스트리아, 스위스를 방문한다. 특히 오스트리아에서는 만국박람회를 시찰한다. 귀로는 지중해를 거쳐 스웨즈 운하를 통과, 유럽의 식민지인 스리랑카, 싱가폴, 사이공(호찌민의 전 이름), 홍콩, 상하이를 방문하고 출발한지 1년 10개월만인 1873년 9월 13일, 요코하마항에 무사히 귀환했다.

이와쿠라 사절단

 

이 여행에서 이와쿠라는 각국에서 컬쳐쇼크(Culture Shock)를 받았다. 미국의 근대국가의 위용과 영국의 공업화는 이와쿠라의 상상을 초월했다. 그래서 얼마나 충격을 받았던지 지인에게 보낸 편지에 "풍성하고 넉넉함을 추구해서 뜻과 생각을 가지고 세상 밖에 나오니 경탄스럽다. (殷富を進むるおいて意想の外に出るに驚嘆!)"라고 쓰고 있다. 이후 근대화의 기초는 철도에 있다고 보고 일본의 동서를 잇는 철도의 설치를 구상한다. 그래서 이와쿠라는 귀국 후 바로 '일본철도회사'의 설치를 적극적으로 추진하게 된다.

이와쿠라 도모미는 1825년 9월 15일, 츄나곤(中納言: 옛벼슬의 하나) 호리가와 야스치카(堀川康親)의 차남으로 교토(京都)에서 태어났다. 어릴 때 조정의 유학자 후세하라 노부하루(伏原宣明)에게 입문한다. 여기서 스승에게 큰 그릇이라고 간파되어 1838년, 정3위(正三位)의 이와쿠라 도모야스(岩倉具慶)의 양자가 된다. 1853년, 섭정가(摂関家) 다카츠카 마사미치(鷹司政通)의 와카(和歌)의 문인이 된다. 이때 "대외 문제의 주도권은 조정이 장악해야 한다."라고 주장해서 마사미치의 신임을 얻는다. 이를 계기로 다음 해에는 고메이 천황(公明天皇)의 시종이 된다.

1853년 3월에는 통상조약의 칙허 문제와 관련해 칙허에 반대하는 대신들의 대열에 참여한다. 칙허 불가를 신청하고 막부(幕府) 일임안을 단호하게 철회시킨다. 그 후 이와쿠라는 난국의 타개와 양이(攘夷)의 실행을 고부갓타이책(公武合体策)으로 해결하려 한다. 그래서 고메이천황의 여동생 가즈노미야(和宮)와 장군(将軍) 도쿠가와 이에모치(徳川家茂)와의 결혼에 진력한다. 또 결혼할 때는 에도(江戸)에 같이 가서 막부에 양이 실행을 약속 받는다.

그러나 이 여동생 신부는 양이파의 사람들에게 좌막파(佐幕派)라고 인정되어, 이와쿠라는 조정으로부터 삭발과 칩거를 명받는다. 또한 양이파에게는 목숨을 위협받는다. 그 때문에 가족과 함께 도성 밖으로 추방되어 칩거한다. 그러나 이때에도 오쿠보 도시미치(大久保利通)와 제휴해서 도바쿠(倒幕) 묘책을 도모한다.

1867년, 도성 집으로 귀향이 허락되자 조정을 움직여 오세이훅코의 대호령(王政復古の大号令)을 발표하게 한다. 1868년, 신정부를 발족하고 부총재가 된다. 1871년에는 외무대신을 거쳐 우대신이 되어 특명전권대사로서 이와쿠라 사절단(岩倉使節団)을 조직하여, 구미를 시찰한다.

귀국 후에는 일본제국헌법의 제정에 전력을 다한다. 1873년에 귀국하여 정한론쟁(征韓論争)을 시작한다. 1874년, 아카사카 구이치가이노헨(赤坂 喰違の変)으로 부상당한다. 1883년 7월 20일, 위암으로 병사했다. 57세였다.

이와쿠라 도모미가 일본의 근대화에 미친 영향은 막대하다. 정치적인 활약을 떠나 이와쿠라 사절단 하나만 보아도 그 업적은 지대하다. 직접 서양문명과 사상에 접하고 많은 국정을 비교 체험해서 일본의 정치 근대화에 큰 영향을 끼쳤다. 철도의 설치를 서둘러 지금의 거미줄 같은 일본 철도가 있게 한 공은 크다. 철도가 발달하므로 인해 여러 분야의 발달을 촉진할 수 있었기 때문이다.

또한 동행한 유학생들도 귀국 후 일본의 정치, 경제, 과학, 교육, 문화 등 문명개화에 크게 공헌했다. 일본이 지금도 독자적인 학문체계를 구축하고 선진국이 될 수 있었던 것은 이때 유학했던 학생들이 그 기초를 닦아 놓았기 때문이라고 해도 과언이 아닐 것이다.


## 일본돈 만 엔(円) 권 지폐의 모델 **후쿠자와 유키치**(福沢諭吉)


1990년 여름, 나는 열흘간 처음 일본여행을 했다. 그때 규슈(九州), 시마네현(島根県), 오사카(大阪), 교토(京都) 등을 거쳐 도쿄(東京)에 가자 모 주간지 기자인 친구가 "유상! 도쿄에서 어디에 제일 가고 싶어요?

제가 차로 안내하겠어요."라고 말했다. 나는 "일본의 대학 캠퍼스를 구경하고 싶어요."라고 대답했다. 그래서 그가 안내한 곳이 미타(三田)에 있는 게이오기쥬쿠대학(慶応義塾大學)이다. 그리고 그 대학이 일본돈 만엔(円)권 지폐의 모델인 후쿠자와 유키치가 창립한 대학이라는 말을 처음 들었다. 그의 동상 앞에서 기념사진도 찍었다. 나는 그때까지 후쿠자와를 전혀 몰랐다. 단순하게 "우리나라 만 원권의 세종대왕처럼 대단한 인물이니까 만 엔권의 주인공이 되지 않았겠나?"라고만 생각했다.

후쿠자와 유키치는 1834년 12월 12일, 후젠 나카츠(豊前中津: 오이타현 나가츠시) 한시(藩士) 후쿠자와 햐쿠스케(福沢百助)의 차남으로 태어났다. 출생 장소는 오사카(大阪)의 구라야시키(蔵屋敷)[42]였으나 2살 때 아버지의 사망으로 나카츠(中津)로 옮긴다.

일본 최고액권 만 엔 권의 모델 후쿠자와 유키치

14세 때 시라이시 쇼잔(白石照山)에게 한학(漢學)을 배운다. 1854년,

---

42 영주의 창고 겸 저택. 지금도 일본 각처에 많이 남아 있어 관광지가 되고 있다.

20살 때는 형의 권유로 나가사키(長崎)에서 난학(蘭學)을 배우나 곧 오사카의 오가타 고안(緒方洪庵)의 데키쥬쿠(適塾)에 입문한다. 그곳에서 의학, 생리학, 물리학, 화학 등 원서를 읽으며 공부에 매진하여, 4년 후에는 쥬쿠쵸(塾長)가 된다. 1858년에는 에도(江戸) 뎃포즈(鉄砲州)에서 난학쥬쿠(蘭學塾)를 여나 시대의 흐름이 바뀜에 따라 곧 영어로 전환한다.

1860년, 간린마루(咸臨丸)[43]를 타고 시나가와(品川)와 샌프란시스코 간을 왕복한다. 1861년 12월에는 막부 사절단(幕府使節団)의 수행원으로 유럽을 답사하고 그 후 구미 견문집인 『서양사정(西洋事情)』을 출간한다.

1868년에는 뎃포즈(鉄砲洲: 中央区東部)에 있던 쥬쿠(塾: 사설학원)를 시바신젠자(芝新銭座)로 옮기고 이름을 게이오기쥬쿠(慶応義塾)로 한다. 1871년, 쥬쿠(塾)를 미타(三田)로 옮겨 그 규모를 크게 한다. 1873년, 메이로쿠잡지(明六雑誌)를 창간한다. 1882년, 지지신보(時事新報: 현 산케이 신문)를 창간, 정치, 경제, 외교, 군사, 지리, 역사 등 다방면의 저서를 집필한다. 1901년 2월 3일, 66세의 일기로 이 세상을 하직했다.

후쿠자와도 다른 개화를 주도한 인물들과 다름없이 무사였다. 그는 5세 때부터 잇토류(一刀流)를 배웠다. 젊어서부터 다츠미신류(立身新流) 이아이(居合)를 열심히 연마해 성년에 멘쿄가이덴(免許皆伝)을 받았다. 그런 실력이 있었음에도 불구하고 후쿠자와는 타인을 벤 적이 없다. 또 개

---

**43** 1857년 3월, 네덜란드에서 만들어 일본에 보내진 620톤급의 증기선 군함. 1860년에 미·일수호통상조약비준서를 교환하기 위해 사절단을 싣고 미국에 간 배로 유명. 1871년 9월 19일, 홋카이도에서 풍랑으로 401명을 싣고 침몰.

화사상에 반대하는 암살자가 나타나도 대적하지 않고 도망갔다고 한다. 그는 "도망치는 것은 최고로 안전한 호신술이다. 그리고 이아이는 어디까지나 구도의 수단이지 살상을 목적으로 하면 안 된다."라고 말했다고 한다. 그렇다고 그가 실력이 없거나 혹은 무서워서 도망친 것은 절대 아니라고 모두가 인정한다. 왜냐하면 그는 하루에 발도(拔刀)를 1,000번 이상 할 정도로 수련광이었다. 의학자 츠치야(土屋)는 "유키치의 죽음의 원인은 이아이를 너무 해서 몸을 망친 것이다."라고 말했을 정도로 수련으로 밤을 샌 적이 한두 번이 아니라고 한다.

후쿠자와는 1861년, 나카츠 한시 도키 다로하치(土岐太郎八)의 차녀 긴(錦)과 결혼해서 슬하에 4남 5녀를 둔다. 마츠야마 도안(松山棟庵)의 회고에 의하면 후쿠자와가 "나는 결혼 전에도 후에도 부인 이외의 여자와 접한 적이 없다. 나도 상당한 유랑생활을 했고 데키쥬쿠(適塾) 시절에는 방탕자를 끌고 오기 위해서 유곽에도 갔다. 그러나 금옥과 같은 신체를 더럽히는 기회는 만들지 않았다."라고 말했다고 한다.

후쿠자와는 조선개화기의 사상가인 유길준과 윤치호의 스승이다. 또한 김옥균과 박영효를 비롯한 개화파와 친교를 가졌다. 조선 문제에 강한 관심을 가지고 그들을 지원한 인물이기도 했다. 그러나 김옥균의 갑신정변은 3일천하로 끝나고 말아 그가 지원한 개혁은 실패한다.

후쿠자와는 『서양사정(西洋事情)』, 『서양여행 안내(西洋旅案内)』, 『학문의 권유(学問のすすめ)』, 『문명론 개략(文明論の概略)』등 수많은 저서를 남겼다. 이 중 『학문의 권유(学問のすすめ)』의 모두(冒頭)에 다음과 같은 말이 있다. "하늘은 사람 위에 사람을 만들지 않았고, 사람 밑

에 사람을 만들지 않았다." 이는 후쿠자와를 유명하게 만든 말이다. 그러나 이 말은 원래 후쿠자와의 말이 아니고 미국의 토머스 제퍼슨(Thomas Jefferson)의 독립선언의 일절을 의역했다는 설이 유력하다.

이들을 통해 후쿠자와는 개항과 개화를 주장하고 자유주의, 공리주의적인 가치관을 확립했다. 또 막부의 철폐와 구습 타파를 주장, 부국강병과 국가중심의 평등론을 외쳤다. 이런 논리는 메이지(明治) 정부를 세우는 데 크게 기여하였음은 물론 지금도 많은 일본 사람들의 사상의 근간이 되고 있다.

## 일본 자유민권운동의 지도자 **이타가키 다이스케**(板垣退助)

일본 근대 자유민권운동의 대표자 중 한 사람으로서 이타가키 다이스케가 있다. 그는 대부분의 메이이유신 주역들이 하급무사 집안 출신인 것과는 달리 상급무사 집안 출신이다. 메이지천황(明治天皇)이 내리는 백작이라는 칭호를 2번 사퇴하다 3번째에는 받을 정도로 최상류 계급인 것이다. 그러나 그는 릿시샤(立志社)를 설립하여 자유민권운동에 앞장서며 서민편에 섰다.

1874년 4월10일, 이타가키는 "인민은 모두 평등해서 귀천존비(貴賤尊卑)의 구별은 없다. 사람들은 모두 하늘로부터 받은 누구에게도 빼앗겨서는 안 되는 권리를 가지고 있다. 이 권리를 펼쳐서 확실한 것으로 하기 위해서는 민회(民会)가 필요하다. 나아가 민회가 충분한 효과를 발휘하기 위해서는 인민의 자수(自修), 자치(自治)의 노력이 필요하다."라고 릿시샤(立志社)의 설립 목적을 밝혔다.

이타가키 다이스케는 1837년 4월 17일, 도사한시(土佐藩士) 이누이 마사나리(乾正成)의 아들로 태어났다. 이누이케(乾家)의 선조는 가이(甲斐: 야마나시현)의 다케다 신겐(武田信玄)의 부하 무장 이타가키 노부가타(板垣信方)라고 알려지고 있다.

다이스케는 어려서부터 한슈(藩主) 야마우치 도요시게(山内豊信)의 총애를 받았다. 1861년에는 에도(江戸) 한테이(藩邸) 근무에서 크게 활약하여 도요시게의 소바요닌(側用人: 비서)이 된다. 그 후 곧 에도 한테이의 총재가 된다. 그리고 도요시게가 상경할 때 경호 책임인 친위대 대장을 맡는다. 이때부터 이타가키는 한의 중심적 인물이 되나 도요시게의 고부갓타이설(公武合体説)에 대해 도바쿠(倒幕)를 주장하여 의견이 맞지 않았다. 그래서 1865년 한을 사직하고 에도에서 병학을 배운다.

1867년에는 사이고 다카모리(西郷隆盛) 등을 만나 도바쿠를 위해서 사츠도맹약(薩土盟約)을 맺는다. 그 후 도사(土佐)에 돌아온 이타가키는 병제개혁(兵制改革)을 단행한다. 1868년에는 대대사령(大隊司令)이자 총독부 참모로서 보신전쟁(戊辰戦争)에 종사한다. 이때 노부시게로부터 이타가키(板垣)라는 성(姓)을 하사 받는다. 그 후 메이지 정부에서 일본 입헌정치의 기초를 만드는 등 정치가로 활약한다. 1875년, 산기를 사퇴하고 자유민권운동을 본격적으로 추진한다. 1881년, 제국의회의 개설에 앞서 자유당을 결성하고 총리가 된다.

1882년 4월, 기후(岐阜)에서 유세 중 칼에 찔리는 부상을 입는다. 이 때 출혈을 하면서도 "나는 죽어도 자유는 죽지 않는다. (吾死スルトモ自由ハ死セン!)"라며 부축하던 같은 당 동지 다케우치 츠나(竹内綱)에게 한 말은 유명하다. 1898년에는 제2차 이토(伊藤) 내각과 협력하여 내무대신에 입각한다. 1900년, 입헌정우회(立憲政友会)의 창립과 함께 정계를 은퇴한다. 정계 은퇴 후에는 기관지 『우애 : 友愛』를 창간하거나 화족(華族)의 세습금지활동을 하는 등 서민의 편에 서서 일을 한다. 1919년, 82세에 이 세상을 하직했다.

이타가키는 무술에도 달인이었다. 이아이(居合)는 고향에 전해지는 무소지키덴에이신류(無双直伝英信流)를 나중에 17대 종주가 되는 오에 마사지(大江正路)와 같이 수련했다. 또 이아이를 배우러 고치(高知)를 방문한 전설적인 검도가 나카야마 하쿠도(中山博道)에게 호소카와 기쇼(細川義昌)를 소개하기도 했다. 한편 대단한 일본도(日本刀)의 수집광이기도 했다. 유술(柔術)도 다케우치류(竹内流)의 하나인 고구소쿠쥬츠(小具足術)를 모토야마 단조(本山団蔵)에게 배웠다. 그래서 아이하라 나오부미(相原尚褧)에게 기습을 당한 기후사건(岐阜事件)에서도 목숨을 부지할 수 있을 정도의 실력을 갖추고 있었다. 나중에 목숨을 유지한 것은 스승 덕분이라고 생각하여 선물을 보내자 스승은 가이덴(皆伝)을 보냈다고 한다. 스모(相撲)는 자택에 스모 도장을 만들 정도의 호각가(好角家 : 스모통)였다고 한다. 많은 역사(力士)를 후원했음은 물론 지금 현재 스모의 본당인 고쿠기칸(国技館 : 국기관)의 이름도 지었다고 한다.

이타가키가 있었으므로 일본의 민주주의가 발달했다고 해도 과언이 아니다. 전 국민의 지지를 얻은 결과, 옛날 일본정부 지폐 50전권과 일본 은행권 B100엔권의 모델이 되기도 했다. 귀족의 자손이면서도 서민의 편에 서서 일생을 바쳤다는 것은 참으로 훌륭하다. 이타가키는 동양에서 제일 앞서 참민주주의를 실천한 모델로서 길이 남을 것이다.

## 안중근 의사가 저격한 침략의 원흉 **이토 히로부미**(伊藤博文)

우리나라 사람들 중에 이토 히로부미를 모르는 사람은 아마 없을 것이다. 안중근 의사가 저격한 바로 그 인물이기 때문이다. 그는 우리에게는 원흉이나 일본인에게는 개혁의 선구자로 위인이다. 그가 갖고 있는 직함만 해도 대단하다. 초대, 5, 7, 10대 내각총리대신, 초대 한국총감, 초대 귀족원 의장, 궁내, 내무, 공부대신과 귀족원 의원, 효고현지사(兵庫県知事)를 역임했다.

이토 히로부미는 1841년 9월 2일, 스오노구니(周防国: 야마구치현)에서 백성 하야시 쥬조(林十蔵)의 장남으로 태어났다. 아명은 리스케(利助)였다. 1857년, 요시다 쇼인(吉田松陰)의 쇼카손쥬쿠(松下村塾)에 입문한다. 여기서 슌스케(俊輔)라는 이름을 받으나 곧 슌스케(春輔)로 개명한다. 발음은 같으나 한자는 다르다.

이토는 신분이 낮아 수업을 밖에서 들었다고 한다. 1858년 7월에는 쇼인의 추천으로 쵸슈한(長州藩)의 교토(京都) 파견에 수행한다. 그 후 나가사키(長崎)에서 공부하고 가츠라 고고로(桂五太郎)를 소개로 알게 된다. 얼마 후 그의 종자(從者)로 에도 쵸슈한테이(長州藩邸)로 옮겨 살게 된다. 여기서 이노우에 가오루(井上馨)를 알게 되어 친교를 맺는다.

안세이노다이고쿠(安政の大獄)에서 스승이 참수당하자 유해를 받게 된다. 이때 자신을 가르쳐주고 천거해 준 은인의 유해를 모시며 많은 생각을 하게 된다. 그 결과 가츠라 고고로(桂五太郎), 구사카 겐즈이(久坂玄随), 다카스기 신사쿠(高杉晋作), 이노우에 가오루(井上馨) 등과 존왕양이(尊王攘夷)운동에 참가하고 해외 도항(渡航)을 생각하게 된다. 1862년에는 고부갓타이(公武合体)를 주장하는 나가이 우타(長井雅樂)의 암살을 계책하고, 영국공사관화공사건(英国公使館燒き討ち)에 참가하는 등 존왕양이의 지사로서 활약한다.

1863년에는 영국유학의 길에 오른다. 1864년 영국함대의 쵸슈 공격 임박 소식을 듣고 귀국하여 전쟁 저지를 위해 활약한다. 그러나 시모노세키전쟁(下関戦争)이 발발하여 쵸슈 포대(長州砲台)는 철저하게 파괴된다.

메이지유신(明治維新) 후에는 이토 히로부미(伊藤博文)로 개명하고 정계에서 쵸슈한의 유력자로, 영어 실력을 발휘해서 요직을 두루 걸친다.

이토 히로부미와 도요토미 히데요시(伊藤博文)는 우리의 역대 2대 원흉이다. 그런데 아이로니컬하게도 이 둘의 인생은 비슷하다. 최하위 백성의 신분에서 최고의 경지인 총리와 관백(関白)까지 올라간 것이다.

백성일 때는 둘 다 상전을 모시는 종살이를 했다. 이토 히로부미는 무사들과 한 방에서 공부도 못하고 밖에서 귀동냥으로 공부했다. 그러나 재능이 있음을 인정받아 스승의 추천으로 교토(京都)와 나가사키(長崎)에서 공부했다. 그리고 여기서 가츠라 고고로(桂小五郎)를 소개받아 그의 종이 되어 에도(江戸)까지 여행에 동참했다. 즉 주인은 말이나 가마를 타고 갈 때 짐을 등에 지고 수천 리 먼 길을 걸어 간 것이다.

도요토미 히데요시도 오다 노부나가(織田信長)의 말 끈을 잡는 것에서 시작했다. 주인이 말을 타거나 내릴 때는 신발을 놓고 무릎을 꿇었다. 감히 고개를 쳐들고 주인을 쳐다보지도 못한 신분이었다. 그러면서 컸다. 이들에게는 야망이 있었다. 그것도 참으로 비슷하다. 바로 일본 국내에 머물지 않고 대륙으로 진출하려 한 점이다. 그래서 우리나라가 희생양이 된 것이다. 도요토미 히데요시는 대륙 진출에 성공하지 못했다. 그러나 이토 히로부미는 대륙 진출에 성공했다. 그리고 바로 대륙인 만주의 하얼빈에서 안중근의사에게 저격당해 저세상으로 갔다. 1909년 10월 26일의 일이었다.

여기서 우리는 일본의 신분제도에 대해서 주목해야 한다. 즉 일본에서는 봉건시대에도 인재라면 최하위 계층의 종에게도 기회가 주어졌다는 점이다. 그것이 결국 일본을 구했다. 그리고 오늘의 일본이 있게 했다. 이토 히로부미의 일생을 보면서 과거 우리의 신분제도가 너무 꽉 막히게 짜여 있어 분할 정도로 아쉬웠다는 생각을 해본다.

# 3장 현대의 일본 무도(武道)와 그 달인들

 무사는 현대에서 이제 추상적인 단어가 되었다. 과학이 발달한 시대에 옛날처럼 활이나 창, 칼을 차고 다니는 사람은 없기 때문이다. 그런 무기를 쓰는 무사는 영화나 게임, 박물관, 민속촌에나 가야 볼 수 있다. 그러나 무기를 직접 쓰지는 않더라도 육체 단련과 정신수양의 도구로서 발달되고 있는 것이 있다. 그것이 바로 무도이다.

일본에서는 보통 유도(柔道), 검도(劍道), 궁도(弓道), 스모(相撲), 가라테(空手道), 아이키도(合気道), 소림사권법(少林寺拳法), 나기나타(薙刀), 총검도(銃劍道)를 무도로 지칭한다. 이들 무도를 하는 사람 중에는 기예가 신의 경지에 다다른 사람들이 있다. 그들의 무용담은 도저히 인간의 기예라고 보기 어렵다. 무협지나 만화의 이야기를 연상시킨다.

인간의 몸은 수련하기에 따라서 상상도 못하는 괴력과 신기를 발휘한다. '에이, 거짓말! 인간이 어떻게 총탄을 피해?'라던가 '혼자 100명을 때려눕히다니, 사람 맞아? 있을 수 없어!'라고 말하는 사람은 노력해 보지도 않은 경우가 대부분이다.

나를 학대하거나 핍박하는 사람에게 복수를 하고 싶으면, 혹은 학교에서 이지메(苛め : 괴롭힘) 당하는 친구를 구하고 싶으면 남몰래 무도를 배우면 된다. 이성에게 멋있게 보이고 싶으면 한층 더 노력하여 남보다 몇 배 강해지면 된다.

무협소설에 많이 나오는 소재로 권선징악(勸善懲惡)이나 복수, 노약자나 여자를 구하는 이야기가 있다. 남자라면 거기까지는 못가더라도 적어도 자신과 애인정도는 보호할 수 있어야 할 것이다. 현대 소설이나 영화, 드라마에도 동서양을 막론하고 궁지에 빠진 여자를 구하는 스토리는 자주 등장한다. 그런 이유도 있어 서양인들이 동양의 무도를 동경하는 것이다.

현대의 무사가 되고 싶으면 무도를 익히면 된다. 그래서 자기의 심신을 단련하면서 폭력이나 성범죄, 마약 밀수범 같은 악을 소탕하는데 쓰면 어떨까? 노력하면 칼을 차지 않더라도 얼마든지 맨손으로 신기를 발휘할 수 있다. 실재했던 현대 무도의 달인들의 무용담을 보며 꿈을 한껏 키워 보자.

# 다이토류(大東流) 아이키쥬즈츠(合気柔術)의
# **다케다 소카쿠**(武田惣角)

한국의 합기도(合氣道)와 일본의 아이키도(合気道)를 논할 때 다케다 소카쿠를 빼놓을 수 없다. 왜냐하면 그가 양쪽 무도의 뿌리이기 때문이다.

다케다 소카쿠는 1859년 10월 10일, 아이즈한(会津藩 : 후쿠시마현)에서 태어났다. 다케다의 부친은 전통적인 농민이었다. 그러나 모친은 무가(武家)의 딸이었다. 그래서 어린 나이에 외갓집에 한때 양자로 들어가 창술(槍術)을 배웠다. 다케다의 부친도 신분은 농민이었으나 거구에 그 지역 최고의 역사(力士)였다. 그래서 다케다는 부친의 영향으로 어려서부터 스모(相撲), 검술, 봉술, 다이토류 유술(柔術)을 배웠다. 지역 제일의 무사이기도 한 아버지의 피를 이어받았는지 다케다는 무술의 소질이 뛰어났다. 그것을 안 아버지는 아이즈한 전통 검술인 오노하잇토류(小野派一刀流)도 배우도록 배려한다.

13세 때는 아버지에게 청해 도쿄(東京)에 올라가 지키신가게류(直心影流) 검술가 사카키바라(榊原)의 내제자가 된다. 수련 내용은 검, 봉, 궁, 창, 반궁, 낫, 월도 등이었는데 그 실력이 발군이었다고 한다.

당시는 전쟁이 없어 무사들이 할 일이 없다보니 격검회(擊劍會)라는 흥행이 유행하고 있었다. 그러나 다케다는 쇼는 무도의 품위를 떨어트린다고 참가하지 않고 내제자 수업에 전력을 다했다.

그런 와중에 형의 죽음으로 장자의 자리를 물려받지 않으면 안 되었다. 고향으로 향하던 도중에는 불량배를 만나 1명을 죽이고 2명을 중태에 빠트리는 실전을 경험한다. 그리고 수십 명과 싸우다 강에 뛰어들어 구사일생으로 살아나는 생사의 갈림길도 체험한다.

그 후 스승에게 무사수업을 청해서 오사카(大阪) 교신메이치류(鏡新明知流)의 종가(宗家), 모모이(桃井) 도장의 내 제자가 된다. 스승의 실력 5중 3까지 도달한 다케다는 또 무사수업에 나갈 마음을 먹는다. 그리고 정한(征韓) 개혁가인 사이고 다카모리(西鄕隆盛)의 세이난전쟁(西南戰爭)을 도우러 규슈(九州)로 가기로 결심한다. 스승은 사랑하는 제자를 전쟁에 보내고 싶지 않아 적극 말렸으나 나중에 지원군까지 내어준다. 그러나 가는 도중 정부군의 단속이 심해 시간이 많이 지체되었다. 그런 와중에 사이고의 패배로 전쟁이 끝나 참전하지는 못했다.

1877년 9월, 세이난전쟁 후, 다케다는 무사수업을 계속하기 위해 규슈 여행에 나섰다. 그러나 당시 무기사용이 금지되어 경찰의 단속이 심했으므로 검술도장은 거의 휴업 상태였다. 할 수 없이 무사의 품위가 떨어진다고 싫어하던 쇼에 참가한다. 즉 몸의 기예를 가볍게 보여 주는 가루와자이치자(輕業一座)에서 묘기를 보이며 무사수업을 계속했다. 각지를 돌다 구마모토현(熊本縣)에서 가라테(空手道)의 명수와 승부해 제압하기도 한다.

이때 가라테에 관심을 갖고 연구하기 위해 오키나와(沖繩)에 건너가서 무사수업을 한다. 즉 가라테의 달인들과 승부해서 자신의 실력을 갈고 닦는다. 일설에 의하면 하와이까지 갔다고 하나 증거는 없다.

1879년, 규슈에 돌아오니 본토 일본 검도 도장에서는 수련이 허락되어 있었다. 그러나 다케다는 무사수업을 계속하여 실전 실력을 닦는다. 1880년에는 구마모토 사카이(阪井) 도장에서 창(槍) 수행에 전념한다. 이때 앞니 2개를 잃는다. 무모하게 수명과 실전적인 창술 연습을 하다 다쳤다고 한다. 그 2년 후에는 후쿠시마(福島)에 나타난다. 이때 그 유명한 센다이(仙台)와 도쿄(東京) 간 도로공사를 하는 인부들과의 싸움이 일어난다. 당시의 인부들은 폭력배나 다름없었다. 1대 수십 명의 결투였다. 그러나 상대방에게 피해를 많이 입힌 다케다는 1달 간 구속된다. 나중에 정당방위가 인정되어 풀려나나 상대는 2명이 죽고 2명이 불구가 되었다.

그 후의 기록은 그다지 없다. 사이고 다카모리의 동생이며 정계의 대물인 사이고 쥬도(西郷従道)가 홋카이도(北海道)에 갈 때 동행했다고 한다. 사이고는 1887년에 홋카이도 개척 장관으로 취임한다.

1888년, 아이즈에서 곤(コン)이라는 여성과 결혼하여 자녀를 둘 낳는다. 이때 아버지와 아이즈한 가로(家老)였던 호시나(保科)에게 다이토류를 깊이 배우는 수업에 정진했을 것으로 추정된다. 1912년에 제자였던 야마다 스에(山田スエ)와 재혼해서 4남 3녀를 둔다. 1915년에 아이키도(合気道)를 창시한 우에시바 모리헤이(植芝盛平)를 제자로 받는다. 이후 홋카이도를 본거지로 두고 활동하나 1943년, 83세의 일기로 아오모리(青森)에서 방랑무인답게 객사했다.

다케다의 다이토류아이키쥬즈츠는 수련 인구가 현재 약 3만여 명밖에 안된다. 수련 인구가 200만 명에 가까운 아이키도(合気道)에 비하면 그리 알려지지 않은 무술이다. 그러나 그 가치는 높다. 먼저 우에시바 모리혜이(植芝盛平)에게 기예를 가르쳐 아이키도의 기초를 만들어 준 무술이 된 점을 꼽을 수 있다. 그리고 다른 고무술처럼 서양 스포츠화되지 않고 일본 전통 무술의 맥을 잇고 있다는 점이 높게 평가되고 있다.

다케다의 걸출한 점은 일본 역대 무도가들 중에서도 실전 무사수업을 많이 했다는 데 있다. 그는 진정한 무도가였다. 선천적인 방랑기(放浪氣)와 죽음을 각오한 배짱이 없으면 무사수업은 할 수 없다. 무사수업은 도죠야부리(道場破り:도장깨기)이기도 했다. 한 유파의 종주와 대결해서 이기면 그 도장은 망한다. 패배한 스승 밑의 제자들은 거의 떠나므로 도장은 문을 닫게 되기 때문이다. 그래서 도장장은 그런 불상사를 피하기 위해 도전자를 안채로 살짝 불렀다. 그리고 몰래 돈을 쥐어주고 그냥 보내거나 져달라고 했다고 한다. 그래도 결투를 원해 도장장이 패하면 모두가 달려들어 복수를 했다고 한다. 죽여야 비밀이 새나가지 않기 때문이었다. 제자들도 약한 무술을 배웠다는 말을 듣기는 싫었던 모양이다.

다케다는 거구인 아버지에 비해 너무도 작았다. 사진으로 보아도 키가 지금의 초등학생 정도다. 그럼에도 불구하고 각 유파 고수들과의 실전에서 무패였다는 것은 인간의 한계를 넘은 초능력자였음에 틀림없는 것 같다.

신들린 기예 아이키도(合気道)의 창시자

# 우에시바 모리헤이(植芝盛平)

일본에서는 흔히들 아이키도의 창시자 우에시바 모리헤이의 기예를 신들렸다고 말한다. 왜냐하면 도저히 인간의 능력이라고 보기에는 어려운 시범을 많이 보여줬기 때문이다. 그는 어느 날 눈앞에서 갑자기 빛나는 찬란한 광채를 보고 기예가 자기도 모르게 인간의 영역을 벗어났다고 말했다. 좀 믿기 어려운 말이나 그의 신기를 본 사람이 많으니 믿지 않을 수도 없다.

나는 일본에 와서 아이키도를 알고 수련하게 되었다. 그 수련기에 대해서는 8년 전에 발간한 『무도의 세계에서 바라본 일본』에서 상세히 소개한 적이 있다.

내가 아이키도를 처음 본 것은 1998년 여름, 도쿄도(東京都) 신쥬쿠구(新宿区) 와카마츠쵸(若松町)에 있는 아이키도 본부도장에서였다. 당시 아이키도 8단인 모 사범님의 시범을 보았는데 많은 땀을 흘리며 몸에 맥이 빠져서 흐느적거리는 것 같았다. 처음에는 '사범님이 날이 너무 더워서 탈진을 하셨나?'라는 생각을 했다. 그렇게 힘없이 던지는데도 배우는 사람들이 날아가거나 쓰러지니 완전히 쇼 같았다. 즉 짜고 치는 고스톱처럼 수비가 일부러 몸을 띄워서 넘어져 주는 것처럼 보였다.

보통 운동을 할 때 근육 단련은 기본이다. 특히 격투기는 육체를 강하게 만들고 기합까지 넣으라고 한다. 그런데 흐느적거리면 힘이 없다는 이야기이다. 그래서 친구에게 물어보았더니 "아이키도는 힘을 빼는 것이 기본입니다"라고 말했다. 나는 도저히 이해가 되지 않아 "힘을 빼면 힘 있는 사람을 어떻게 이깁니까?"라고 물었다. 그러자 그는 "말로 설명하기 힘드니 직접 해 보세요. 그래야 압니다. 간단히 말해 체중이 100kg인 남자를 50kg인 여자가 아무리 단련해도 힘으로 상대하기는 무리입니다. 그러나 힘을 빼면 여자라도 남자를 던지는 것이 가능합니다."라고 말했다. 나는 보통 여자가 남자를 힘으로 이기기는 어려우니 일리 있는 말이라고 수긍은 했다. 그러나 완전히 납득이 되지는 않았다. 그래서 아이키도를 체험해 보고 싶었다.

그러나 그때는 일본에 유학을 가기 위해서 답사로 갔기 때문에 아이키도를 배우기는 어려웠다. 그래서 그 이듬해인 1999년에 정식으로 일본의 대학에 유학을 가서 아이키도를 배우기 위해 입문했다.

일본의 무도(武道), 특히 아이키도는 말로 가르쳐주지 않는다. 사범이 무언으로 시범을 보이면 문하생들은 묵묵히 따라한다. 몸으로 익히는 것이다.

무도 수련도장 중에서 노약자가 제일 많은 곳은 아마 아이키도 도장일 것이다. 과격한 다른 운동을 하다가 나이가 들어 아이키도로 전향한 사람도 많다. 아이키도는 힘을 넣는 것이 아니라 오히려 빼라고 한다. 그리고 상대의 힘을 이용하라고 한다. 그래서 남녀노소(男女老少) 모두 수련할 수 있다. 그런데 이게 보통 어려운 일이 아니다. 힘을 넣는 것보다 빼는 것이 훨씬 더 어렵다. 그것도 타이밍에 맞게 힘을 빼야 상대를 꺾을 수 있다.

아이키도 도장

그래서 아이키도를 만든 우에시바의 기예를 신들렸다고 한다. 상대의 마음을 읽듯이 피하거나 적시에 힘을 빼기 때문이다. 우에시바의 기예는 이제 동영상으로나 볼 수 있다. 그래서 그의 기예에 의문을 갖는 사람도 많다. 그러나 그의 제자들을 보면 믿지 않을 수 없다.

특히 스모(相撲)의 세키와케(関脇)[44] 출신 덴류(天竜)가 수제자이다. 우에시바와의 체중 차이는 무려 70kg에 가깝다. 만주 무술대회에서 우에시바의 기예에 의심을 품은 그가 무대에 뛰어 올라가 도전을 했다. 그런데 체중이 50kg도 안되는 우에시바에게 116kg인 덴류의 몸이 날아간 것이다. 그 후 그는 스모를 은퇴하고 아이키도를 배우겠다고 입문했다.

---

44 위로부터 세 번째 장사.

우에시바의 제자 중에는 대물이 많다. 일본 천황가나 육해공군의 장군들을 비롯하여 정계의 거물들도 수두룩하다. 또 갈라진 유파도 많다. 신신토이즈 아이키도(心身統一合氣道)의 도헤이 고이치(藤平光一)는 우에시바에게 아이키도 10단을 받았다. 또 와세다(早稲田) 대학 교수이며 가노 지고로(加納治五郎)의 제자로 유도 8단인 도미키 겐지(富木謙治)도 우에시바에게 아이키도 8단을 받았다.

요신칸(養神館) 아이키도를 세운 시오다 고죠(塩田剛三)도 우에시바의 수제자이다. 시오다는 우에시바에게 9단을 받았다. 시오다는 일본 경시청에서 아이키도를 지도한 적이 있다. 이를 계기로 우에시바의 손자가 도주(道主)인 아이키카이(合氣会)가 아닌 요신칸 아이키도가 지금도 일본의 전 경찰을 지도한다.

시오다는 케네디 전 미국 대통령의 시클릿 서비스(secret service: 대통령 경호원)들을 날린 것으로도 유명하다. 케네디 전 미국 대통령이 일본 무도를 견학하기 위해 요신칸을 방문했을 때의 일이다. 작은 덩치로 큰 사람을 쓰러트리는 것을 본 케네디 대통령은 도저히 믿을 수 없었던 모양이다. 그래서 자기의 경호원과 한번 붙어보라고 청했다. 그런데 결과는 경호원들이 맥을 못쓰고 간단하게 거꾸러진 것이다. 미국 대통령의 경호원인 만큼 190cm의 키에 100kg의 거구였다. 대통령의 경호원이 덩치가 큰 이유는 몸으로 총탄으로부터 대통령을 감싸 막아야 하기 때문이다. 즉 목숨을 던져 총알받이 역할을 해야 한다. 게다가 각종무술을 단련해서 날렵해야 한다. 그런 힘과 스피드의 달인임에도 불구하고 작은 사람에게 너무나 쉽게 당한 것이다. 그래서 시오다의 아이키도가 세계적으로 유명해졌다.

그 후 전 헤비급 세계 챔피언인 마이크 타이슨도 시오다를 방문해 스텝을 배웠다. 시오다의 발의 움직임만 유심히 관찰하던 본 타이슨은 '타이밍이 절묘하다!'라고 말하며 감탄했다고 한다. 이 말을 기자에게 전해들은 시오다는 '역시 격투기의 천재라 무도의 천재를 알아보네요.'라는 농담을 던지며 웃었다고 한다. 시오다는 힘을 빼는 타이밍의 달인이었다. 그런 그가 자서전에서 "우에시바 선생의 기예는 정말 신기(神技)였다!"라고 고백하고 있다.


## 시오다(塩田)가 밝히는 스승의 비화


● 우에시바(植芝) 선생에게 던져지다

아이키도(合気道)의 창시자 우에시바 모리헤이(植芝盛平)는 1969년에 영면했다. 이 세상을 떠난 지 오래된 무도가의 무용담은 제자들의 이야기가 제일 정확하다. 물론 제자이기 때문에 스승을 미화해서 이야기하는 부분은 있다. 그러나 누구보다도 근접해서 보았기 때문에 신빙성은 제일 높다. 우에시바의 제자 중에서는 시오다가 스승의 에피소드를 누구보다도 실감 있게 전해주고 있다. 그의 자서전을 통해 우에시바의 무용담을 엿보기로 하자.

우에시바 모리헤이

소아과 의사였던 시오다의 부친은 도쿄(東京) 요츠야(四谷)에 있는 자택에 무도 도장을 만들고 청소년들의 육성에 힘썼다. 그리고 경찰에서 유도나 검도 사범을 초청해서 가르치면서도 청소년들에게 회비를 받지 않았다. 그래서 수많은 수련생이 모였다. 그런 환경이었으므로 시오다는 자연스럽게 어려서부터 유도를 배우게 된다. 그때의 도장 이름이 요신칸 (養神館)이었다. 요신칸 아이키도는 시오다가(塩田家)의 도장 이름을 계승한 것이다.

이런 시오다가 지인의 소개로 처음 우에시바 모리헤이(植芝盛平)의 아이키도 도장을 방문했을 때의 일이다.

"아이키도를 수련하는 모습을 보고 나는 질러버렸다. 한 명의 작은 노인에게 크고 힘 있는 젊은 사람들이 너무나 간단하게 던져지거나 제압당

했다. 그래서 이건 속임수라는 생각이 들어 뱃속으로 냉소를 지었다. 나도 보통 처음 아이키도를 견학하는 사람들과 같은 생각을 했던 것이다. 그런데 머리는 벗어지고 흰 턱수염을 기른 선생인 듯한 노인이 나에게 '한번 해 보겠어?'라고 물어왔다. 나는 이때다 싶어 인치키(インチキ: 속임수) 무술가의 탈을 벗겨줄 욕심으로 '맘대로 어떤 공격을 해도 상관없죠?'라고 물었다. 그러자 노인은 '물론 괜찮아!'라고 말했다. 이때 내가 보는 눈이 있었더라면, 나를 향하고 있는 상대의 눈이 범상치 않은 빛을 발하고 있다는 것을 눈치챘을 것이다. 기억해보니 전신으로부터 진정한 무도가만이 갖고 있는 기회를 노리는 틈 없는 기색을 발산하고 있었던 것이다. 그러나 '아뿔사!' 나는 그것을 나중에야 알아 차렸다. 당시 나는 '내가 제일 세다! 어른인 경찰 무도가도 연속으로 7명이나 쓰러트리지 않았는가?'라는 자만심에 가득 차 있었다. 그리고 상대가 나보다 작다는 것에 방심하고 있었다. 나는 또 '상대는 내가 유도를 오래 연마했다는 것을 알 것이다. 그렇다면 내가 먼저 잡으러 간다고 생각할 것이다.'라는 생각을 했다. 그래서 잡으러 가는 시늉을 하면서 갑자기 선생의 발을 걸어찼다. 그 순간, 선생의 손이 내 다리 안쪽에 닿는 것 같은 느낌이 들었다싶더니, 천지가 뒤집히고 나에게 무슨 일이 일어났는지 모를 정도로 정신을 잃었다. 빙빙 도는 어찔어찔한 머리를 누르면서 겨우 일어선 나는 처음으로 내가 몇 미터는 던져졌다는 사실을 알았다. 그때 나는 선생이 무서워지는 한편 존경심이 저절로 우러나왔다. 완력에 자신이 있던 내가 작은 노인에 의해 공중에서 춤을 춘 것이다. 소설이나 야담에나 나올법한 무도의 묘기가 존재하고 있었다. 그리고 그것을 몸에 익힌 진정한 달인이 실재하고 있었다.

망설일 필요도 없었다. 나는 곧바로 우에시바 도장에 입문했다."

이렇게 해서 시오다는 우에시바의 제자가 되었다.


● 프로복싱 동양챔피언과 아이키도의 대결

흔히들 막 싸움에는 복싱이 최고라는 말을 한다. 주먹이 발보다 빠르기 때문이다. 그리고 글로브를 끼지 않은 복싱선수의 주먹은 정말 살인 무기이다. 예부터 '살인펀치'라는 말이 있다. 맞으면 즉사하는 주먹이 정말 있기 때문에 붙여진 이름이다. 복싱선수가 아니더라도 일제강점기나 광복 후, 유명한 깡패였던 김두한, 시라소니, 유지광, 이정재의 주먹이 그랬다고 한다.

맨주먹이 센 복싱선수와 타 무술 선수가 시합을 할 때 복싱선수는 글로브를 낀다. 좀 불공평하긴 하다. 실제로 1976년 6월 26일, 당시 복싱 헤비급 세계 챔피언인 무하마드 알리(Muhammad Ali)와 일본의 프로레슬러 안토니오 이노키(アントニオ猪木)가 세기의 대결을 펼쳤다. 당시 알리의 주먹은 1톤의 파괴력이 있다고 했다. 만일 맨주먹에 사람이 맞으면 정말 두개골이 파손되어 죽을 것이다. 그래서 알리만 글로브를 끼었다. 그래도 정작 시합이 벌어지자 이노키는 상대의 허벅지에 킥을 하고는 바로 링에 누웠다. 맞으면 그 긴 턱이 부서질지도 몰라서였으리라. 그 당시에 나는 강원도 산골에서 중학교에 다니고 있었다. 친구들과 나는 그 시합이 너무 보고 싶었다. 그래서 쉬는 시간에 교무실에 몰려가 복도에서 창문 너머로 무서운 교감선생님의 눈치를 보아가며 보았다. 흑백 TV였지만 정말 가슴이 뛰고 흥분했던 마음을 지금도 생생하게 기억한다. 그러나 경기는 너무 시시하게 무승부로 끝났다.

　나는 젊어서 서울 명동에서 바텐더로 아르바이트를 한 적이 있다. 그때 내 조수로 복싱체육관에 다니던 애가 있었다. 하루는 그 애가 "형! 오늘 합기도 7단인 관장이 우리 도장에 입관했어요. 미국에 이민 가서 합기도 도장을 하려고 하는 사람인데 복싱을 한 6개월 배우고 싶데요. 왜냐하면 미국 애들은 자기들과 겨뤄서 이겨야 배우러 오는 제자가 많이 생기나 봐요. 그런데 실전에는 합기도보다 복싱이 더 먹힌데요."라고 말했다. 나는 이 말을 듣고 좀 놀랐다. 그리고 미국 사람들은 합리적이며 서부극처럼 요즘 세상에도 결투에 지면 깨끗하게 승복한다는 말을 들었다.

　내가 아는 사람 중에도 유럽에 가서 태권도 도장을 해서 대성한 사람이 있다. 그는 실력이 대단한 사람이었다. 충무로에 있을 때 가게에 자주 오시던 사장님의 친구였는데 당시 태권도 7단이었다. 관장님은 월남전 때 청룡부대 장병들에게 태권도를 가르친 그야말로 태권도 성장 역사의 산 증인이었다. 관수로 5cm 송판을 뚫는 실력과 베트공들을 맨손으로 때려 눕혔다는 무용담을 듣고 나도 열심히 태권도를 배우던 중이었다. 오래간만에 만나면 관장님께 "열심히 운동하는 모양이군. 몸이 아주 많이 좋아졌어. 더 열심히 해!"라는 칭찬과 격려도 받았다. 그런데 하루는 여자 친구와 충무로 3가 스카라극장에서 영화를 볼 때였다. 대한뉴스가 나오는데 프랑스에서 국위선양 하는 교민으로 관장님이 나오고 있었다. 관장님의 서양제자들이 모두 격파를 잘 하고 있었다. 나는 너무도 반가워서 옆에 앉아 있던 여자 친구에게 우쭐해서 "내가 잘 아는 관장님이야!"라고 자랑을 마구 해댔다. 그래서 서양에서는 실력이 없으면 도장을 열 수 없다는 것을 나도 일찍부터 알고는 있었다.

그러나 합기도 관장이 이민을 가기 위해 복싱을 배운다는 말을 듣고 '복싱이 실전에는 정말 강하나 보구나! 나도 복싱을 배워볼까?'라는 생각을 했다. 그래서인지 나는 아이키도를 오래 수련하면서도 '아이키도에 시합은 없지만 만일 복싱선수와 어쩔 수 없이 싸움을 한다면 과연 이길 수 있을까?' 하는 의문을 가졌다. 그런데 시오다는 다음과 같은 말을 했다.

우에시바(植芝) 선생은 자주 이런 말을 했다. "아무리 빠른 주먹이라도 뻗은 다음에 당기므로 팔이 완전히 펴진 순간에는 정지하지. 그 멎은 순간에 툭하고 정면에서 치면 팔꿈치가 펴져 있으므로 한 자루의 봉을 치는 것과 같아. 그러면 상대는 자기가 쓴 힘만큼 충격을 받아 뒤로 밀려 튕겨나가지…"

말이 쉽지. 나는 아무리 연습해도 되지 않았다. 그런데 선생은 실제로 복서 피스톤 호리구치(堀口)의 펀치를 잡아 쥐고 공중에 날린 적이 있다. 당시 일세를 풍미하던 호리구치가 복싱에 아이키도 동작을 넣고 싶다고 우에시바 도장에 배우러 왔다. 그래서 선생이 친절하게 직접 상대하며 "공격하세요."라고 말했다. 그러자 호리구치가 눈 깜짝할 순간에 휙휙하고 복싱 특유의 바람소리를 가르며 스트레이트를 뻗었다. 그런데 그 눈에도 보이지 않는 펀치를 선생은 덥석 움켜쥐고 끌어당겨 다른 손으로 상대의 턱을 치켜올려 붕 하고 공중에 띄워 메쳐버렸다. 다타미(畳 : 일본식 돗자리) 위에서 겨우 몸을 일으킨 호리구치는 믿기지 않은 듯 눈을 휘둥그레 뜨고 놀라고 있었다. 그의 오른쪽 주먹을 보니 빨간 자국이 몇 개나 나 있었다. 정확하게 검지와 중지, 약지 사이에 선생의 손가락이 들어간 것 같았다. 나는 깜짝 놀라서 선생에게 어찌된 일인지 물었다. "허 허! 아무 것도 아니야. 앞에 보여. 틀림없이 정지하니까 그때 잡으면 돼."라고 대수롭지 않게 말하며 웃었다. 그 말을 듣고 보니 확실히 그렇다. 그러나 그게 보통 사람에게 있어 좀처럼 말대로 간단하게 되는 것은 아니다.

그렇다. 프로복싱 선수의 빠른 스트레이트가 눈에 보일 리가 없다. 더구나 펀치가 하도 빨라 피스톤 호리구치라고 불리던 그는 페더급 동양챔피언까지 지낸 사람이다. 그런 그의 펀치가 정지했을 때 되치라니? 무슨 농담을 하는 것인지…. 그런데 노인인 우에시바는 실제로 프로 복싱 선수를 간단하게 날렸다. 마치 만화 속의 이야기같다.

● 검의 달인들과의 대결

나는 어려서 칼싸움 놀이를 많이 했다. 알고 보니 나만이 아니었다. 남자들은 대개 칼싸움 놀이를 경험했다고 한다. 남자들은 싸워서 이기려는 생존경쟁의 DNA를 받는가 보다. 서양 남자 아이들도 보면 칼싸움을 좋아한다. 나와 친한 미국인 선교사가 있는데 그의 초등학생 아들은 우리 집에 놀러오면 꼭 내 목검을 가지고 논다.

그런데 장난감 칼이 아닌 목검으로 형(形)이 아닌 진짜 싸움을 하면 정말 흉기다. 머리를 맞으면 골이 깨지고 팔다리에 맞으면 뼈가 부러질 수 있다. 목검이 진검으로 바뀌면 이건 정말 생과 사의 갈림길이다. 내 친구 중에 이아이도(居合道 : 거합도)를 하는 사람이 있다. 그의 말에 의하면 진검으로 발도(拔刀)를 연습하다 손가락이 잘린 친구가 많다고 한다. 그래도 감각이 없어 처음에는 손가락이 없어진 지도 한동안 모른다고 한다. 나중에 분수같이 쏟아지는 피를 보고서야 허겁지겁 손가락을 주워 들고 병원에 가는 것을 목격했다고 했다. 종이를 자를 정도로 날이 날카로운 진검으로 연습하기 때문이다. 그런 검으로 상대의 목을 실제 겨누면 보통 사람은 숨이 멎어 주저앉거나 오줌을 지린다. 기절하는 사람도 있다.

　우리나라 남자들이 무협지를 좋아하는 것처럼 나도 그랬다. 그래서 사춘기 때 무협지 흉내를 내서 산속에서 수련도 했다. 그때는 매일 산에 올라가 나무를 해서 톱으로 자르고 도끼로 팼다. 그리고 리어카(rear car: 손수레)로 운반해서 장에 내다 팔았다. 그 과정을 다 수련의 하나로 생각했다. 양동이로 물을 길러 올 때는 근육을 단련한다고 일부러 양팔을 벌리고 들었다. 그리고 지게 작대기를 검 대용으로 휘둘렀다. 지금 생각하면 참으로 우스꽝스럽다. 그러나 실제로 일본에는 아무 나뭇가지나 꺾어서 검으로 쓰는 유파가 있다. 가고시마(鹿児島) 지겐류(示現流)인데 그들의 검법은 과격하고 실전에 강하다. 이 검법은 임진왜란이나 보신전쟁(戊辰戰爭)[45]에서 크게 활약했다.

　일본 극진 가라테(極真空手道)의 창시자 오야마 마스다츠(大山倍達: 최영의)도 산속에서 수련했다. 그의 결투 일화 중에 검도인과의 대결이 있다. 그때 그는 '검도 삼 배단'이라는 말을 했다. 검도 초단은 맨손 무술 즉

---

[45] 보신전쟁. 1868, 무진년(戊辰年)에 일본 전토에서 벌어진 내란 사건. 사이고 다카모리(西鄕隆盛)를 중심으로 하는 신정부군이 도쿠가와바쿠후(德川幕府)에 권력의 반환을 요구하자 이에 불복하여 전국에서 충돌이 일어났다. 이를 가리키는 전쟁이다. 결국 신정부군이 승리했다.

태권도나 가라테 3단과 맞먹는다는 말이다. 그만큼 무기를 든 자가 싸움에 유리하다는 이야기이다. 그런데 우에시바는 그 말을 무색하게 했다. 다음은 우에시바와 검도인과의 대결을 목격한 시오다의 감상이다.

우에시바 선생은 자신이 검의 달인이기도 했다. 가시마신토류(鹿児島新当流)나 야규신가게류(柳生新陰流) 등을 배웠다고 들었으나 아이키도(合気道)의 완성과 함께 검도 독자의 경지에 달하고 있었다. 당시 하가(羽賀)라는 유명한 검술가가 있었다. 그는 여기 저기 도죠야부리(道場破り: 도장 깨기)에 가서 절대로 지지 않는다는 평판이 있었다. 사람들은 그것을 '하가검법'이라고 부르고 모두가 상당히 두려워하고 있었다. 바로 그 사람이 우에시바 도장에 도죠야부리를 하러 왔다. 우에시바 선생은 전혀 신경도 안쓰고 받아들였다. 시합 중 선생은 아무렇지도 않게 목검을 쥐고 준비자세로 서 있었다. 그런데 하가상은 전연 어찌할 바를 모르고 있었다. 단지 진땀을 흘리며 그 자리에 못박혀 있을 뿐이었다. 그러자 선생은 "뭐야? 하가상! 여기야! 여기!"라고 말하며 움직이지 못하는 하가상을 가볍게 툭툭 때리는 것이었다. 상대는 완전히 저항력을 잃었다. 그렇게 완패한 하가상은 선생에게 심취되어 아이키도에 입문하여 얼마간 열심히 배웠다. 또 이런 일이 있었다. 오사카(大阪)에서 검도 선생을 모아 어느 경찰서에서 강습을 할 때의 일이다. 상대는 모두 유명한 검도 선생들이었다. 그때 우에시바 선생은 호구(護具)를 착용하면 진짜 검을 모른다고 말하며 대신 후쿠로시나이(袋竹刀)로 연습했다. 후쿠로시나이는 자전거 튜브 속에 심을 넣고 공기를 넣은 굉장히 딱딱한 연습용 검이다. 어느 날 선생은 7명에게 검을 쥐게 하고 자신은 맨손으로 시합을 했다. 그런데 선생은 정말 실로 여유작작했다. "허점투성이군!"라고 말하며 발을 차거나 "전력으로 하는 거야?"라고 물으며 7명을 손으로 가볍게 때렸다. 7명 선생의 후쿠로시나이는 단 한 번도 우에시바 선생을 건드리지도 못했다. 더욱 굉장한 것은 우에시바 선생이 손가락으로 후쿠로시나이를 튕기자 안에서 툭하고 튜브가 나오더니 펑하고 터졌다. 이에는 나는 물론 거기 있던 모두가 입을 벌리고 놀랐다.

맨손으로 연습용이지만 검을 든 7명을 상대하다니 무슨 허무맹랑한 이야기란 말인가? 그것도 모두 검도 사범이나 관장들이다. 나는 일본 무술을 골고루 경험하기 위해 대학 때 일주일 동안 검도 집중 강의를 들은 적이 있다. 실제로 호구를 쓰고 검도를 해보니 아무리 고단자도 전혀 맞지 않고 상대를 치기는 어려울 것이라는 생각을 했다. 물론 점수가 있는 멘(面: 정수리)이나 도(胴: 몸통), 고테(小手: 소매)는 힘들어도 아무데나 맞을 각오로 때리려고 하면 가능했다. 단지 고수가 점수가 나는 곳을 여러 번 때릴 때 하수는 한 번이나 때릴까 말까 하다는 것이 다를 뿐이다. 그래서 검도는 급소를 가격당하면 패한다. 실제로 진검시합이라면 급소를 베이면 죽는다. 죽을 각오나 동반자살할 각오로 덤빈다면야 부상을 입힐 수는 있다는 이야기이다. 그러므로 검도로 밥 먹고 사는 사람 7명이 우에시바의 털끝도 못 건드렸다는 것은 참으로 기가 막힌 실력이라 아니할 수 없다.

일본에서 전설적인 검호(劍豪) 미야모토 무사시(宮本武蔵)나 무도가 오야마 마스다츠(大山倍達: 최영의)가 유명한 것은 그들이 모두 실전에서 무패를 자랑했기 때문이다. 그러나 그들은 모두 인간으로서 인간다운

결투를 했다. 그런데 우에시바의 기예는 인간의 한계를 넘은 가미가가리 (神懸かり)라고 한다. 즉 신들렸다는 이야기이다. 다음 이야기에서 더욱 그러함을 느낄 것이다.

### ● 우에시바 선생의 신비력

아이키도(合気道) 동료 아오야기(青柳) 상과 나는 게이코(稽古)가 끝나면 한잔하며 무도에 대한 토론을 많이 했다. 어느 날 아오야기상은 우에시바(植芝) 선생 보다 그의 제자인 시오다(塩田) 선생이 더 좋다고 말했다. 왜 그러냐고 물었더니 '시오다 선생은 인간다운 기예를 보여주기 때문입니다. 즉 노력하면 누구나 가능합니다. 그런데 우에시바 선생의 기예는 신이 선택하지 않으면 할 수 없습니다. 즉 노력한다고 되는 것이 아닙니다.' 나는 일리가 있는 말이라고 생각했다.

에디슨이 '천재는 1퍼센트의 영감과 99퍼센트의 노력이다.'라는 말을 했다. 노력하면 누구나 천재가 될 수 있다는 이야기이다. 그러나 솔직히 말해 선천적인 재질이나 신이 내린 재능은 따라잡기 어렵다. 나는 주변에서 그런 사람을 많이 보았다. 즉 아무리 공부해도 노는 천재보다 성적이 뒤지는 경우다. 운동도 그렇다. 매일 체육관에 다니면서 개인 코치를 받아도 체육시간에만 운동하는 애보다 못한 경우를 많이 보았다. 우리나라 사람들은 너무 잘하는 사람만 동경하고 좋아하는 경향이 있다. 인정할 것은 인정해야 한다. 그리고 져도 끝까지 열심히 노력하는 사람을 응원해야 한다. 그게 인간답기 때문이다. 아오야기상의 말을 듣고 곰곰이 생각해보니 나는 역시 보통 사람이었다. 그래서 우에시바를 너무 동경하지 말고 시오다같이 인간이 하는 기예를 연마해야겠다고 생각했다.

그건 그렇다 치고 시오다는 우에시바의 다음과 같은 불가사의하고 신비한 점을 목격했다고 말했다.

선생은 언제나 철선(鉄扇 : 쇠살부채)을 들고 다녔다. 다이토류(大東流) 아이키쥬즈츠(合気柔術)의 다케다 소카쿠(武田惣角) 선생에게 물려받은 것 같았다. 한 번은 선생과 교토(京都)에 동행할 때이다. 기차에 타자 그 철선을 나에게 맡기며 선생은 이렇게 말했다. "나에게 틈이 있으면 언제든지 그 철선으로 내리쳐도 좋다. 혹시 나를 때리는데 성공한다면 너에게 10단[46]을 주마."라고 말하더니 노인답게 좌석 위에 정좌를 하고 그대로 골아 떨어졌다. 코를 고는 소리를 들으니 선생은 정말 잠이 든 것 같았다. '됐다, 됐어! 지금이라면 아무리 선생이라도 눈치챌 리가 없다. 언제든지 때려도 좋다고 말했으니까 자고 있어도 상관없겠지? 흐흐흐! 10단은 따논 당상이다.'라고 생각, 회심의 미소를 지으며 철선으로 내리치려고 하는 순간, 선생이 눈을 번쩍 떴다. 나는 깜짝 놀라서 움직임이 얼어붙듯이 딱 멈췄다. 선생은 빙그레 웃으면서 "꿈에 가미사마(神様 : 신)가 나타나더니 시오다가 때리려고 한다고 가르쳐 주더군."라고 한마디 하고는 또 잤다. 나는 몇 번이나 같은 시도를 했으나 선생은 매번 눈을 번쩍 뜨는 것이었다. 정말 신비스러운 일이라고 생각했다.

---

**46** 무도의 최고 단. 10단을 받은 사람은 역대 몇 명 안된다. 요즘은 명예이며 거의 없어졌다. 현재는 모든 무도에서 9단을 최고로 하고 있다. 옛날 무덕회에서는 8단이 최고였다.

이것이야말로 정말 믿을 수 없는 이야기이다. 나는 어려서 자는 외사촌 동생의 얼굴에 수염을 그리거나 불침을 놓는 장난을 친 적도 있다. 그래도 잠에 떨어진 사촌 동생은 몰랐다. 인간은 깊은 잠이 들면 홍수에 집이 떠내려가도 집에 불이 나도 모른다. 실제로 그렇게 죽는 사람도 많다. 그런데 매번 철선을 내리치려는 순간 눈을 뜬다는 것은 참으로 귀신의 기예이다.

우에시바는 오모토쿄(大本教)라는 한 일본 종교의 열렬한 신자였다. 교토(京都)에 제자를 데리고 간 것도 종교 때문에 간 것이다. 일설에 의하면 아이키도라고 작명한 것도 오모토쿄(大本教)의 교주인 데구치 오니사부로(出口王仁三郎)라고 한다.

우에시바는 신간선(新幹線)도 없던 시절, 가는 데만 하루 종일 걸리는 그 먼 길을 수제자와 다닐 정도로 종교에 심취해 있었다. 그런 사람이었다고 생각해보니 신이 내리는 기예를 펼쳤다는 것에 조금은 이해가 간다.


● 목검으로 쥐를 잡다

쥐는 영리하고 몸도 날쌘 동물이다. 어려서 형편이 어려워 보리밥이나 강냉이에 수제비만 먹던 때가 있었다. 그 시절 쥐도 어려웠는지 잘 때 방 안에까지 들어와 잘 갈무리 해둔 귀중한 곡식을 갉아 먹었다. 그래서 어머니는 쥐덫을 많이 놓았지만 좀처럼 걸리지 않았다. 그런 쥐를 나는 홍두깨나 부지깽이를 들고 쫓아보았지만 잡지 못했다. 쥐에게 겁을 줘서 다시는 못 오게 쫓는 것뿐이었다.

나는 일본에 유학하며 여러 가지 아르바이트를 했다. 그 중에 제일 오래한 것이 소독 일이다. 아이키도(合気道) 동료인 아오야기(青柳) 상이 내가 나이 때문에 아르바이트를 구하지 못해 고생하는 것을 보고 자기 회사를 소개해 주었다. 그래서 소독을 하게 되었는데 이것이 쉽게 말하면 쥐나 바퀴벌레를 잡는 일이다. 한 6, 7년을 하다 보니 나도 쥐 잡는데 일가견이 있는 사람이 되었다. 앞에서도 말했지만 쥐는 영리해서 좀처럼 잡히지 않는다. 쥐와 머리싸움을 해야 한다. 제일 좋은 방법은 인력이 많이 들어가도 쥐 끈끈이를 많이 까는 것이다. 쥐가 발 디딜 틈도 없이 수백 장을 밤에 깔아 둔다. 그리고 아침에 회수하러 가보면 꽤나 잡혀있다. 그러나 대부분 어린 쥐다. 어미 쥐는 경험이 많아서 접착제가 없는 부분만 밟고 지나간다. 나는 그 장면을 찍은 몰래 카메라를 보고 혀를 차며 탄성을 지른 적이 있다. 정말 기가 막혔다. 멍청한 인간보다 쥐가 훨씬 더 영리한 것 같았다.

그 다음은 쥐덫을 놓는 것이다. 이는 쥐의 발자국을 잘 보고 정말 다니는 길에만 놓아야 한다. 이 두 가지 방법은 잡은 쥐를 회수할 수 있으므로 환경위생에 좋다. 쥐가 썩으면 악취와 함께 병원균이 발생하기 때문이다.

그 다음으로 쥐약을 놓는 법이다. 그러나 쥐약은 쥐도 잘 안 먹는다. 그래서 쥐가 좋아하는 음식을 만들어 처음에는 약을 타지 않고 놓는다. 그렇게 몇 번을 놓아 쥐를 안심시킨 다음 일제히 약을 탄 음식을 놓는다. 그러나 이 방법은 많이는 잡히지만 나중에 천정이나 마루 밑 등 구석에서 쥐가 부패한다. 그래서 시체를 회수하기 어렵다. 그러므로 요즘은 별로 사용하지 않는다.

쥐를 퇴치하는 제일 효과적인 방법은 쥐구멍을 다 막아놓는 것이다. 철망이나 나무, 플라스틱, 콘크리트 등을 이용해서 막는다. 이때는 물론 안에 있는 쥐는 다 잡던지 내쫓고 해야 한다.

나는 쥐를 손으로 잡은 적이 있다. 냉장고 밑에 쥐꼬리만 보이기에 장갑을 끼고 꼬리를 잡아 빙빙 돌려 바닥에 던졌다. 그리고 쥐가 정신 못차리는 사이에 재빨리 쥐 끈끈이로 감싸 잡았다. 그러면서 아오야기상에게 아이키도의 "가이텐나게(回転投げ: 회전던지기)를 쥐에게 다 써먹네요!" 라고 말하며 웃은 적이 있다. 이렇게 잡기 힘든 쥐를 우에시바는 어둠 속에서 목검으로 잡았다고 한다. 다음은 시오다의 이야기이다.

우리들 내제자(內弟子)들은 밤에 도장에서 이불을 깔고 자게 되어 있었다. 그리고 선생은 안쪽 방에서 주무셨다. 어느 날 밤이었다. 기분 좋게 자고 있는데 갑자기 안쪽 방문이 꽝하고 열리더니 선생이 한 손에 목검을 들고 캄캄한 도장 안으로 뛰어 들어왔다. 그리고 어둠 속에서 "얍!"하는 기합과 함께 선생이 뭔가를 향해서 목검을 내리쳤다. 무슨 일이 일어났는지 영문도 모른 채 우리 내제자들은 허겁지겁 등불을 켰다. 그러자 장승처럼 서 있는 선생의 발밑에 머리가 없는 쥐 시체가 나뒹굴어있었다. 선생의 불호령이 떨어졌다. "멍청한 놈들! 쥐새끼가 가미사마(神樣: 신)에게 드리는 젯밥을 갉아먹고 있는 데도 제단 앞에서 자는 놈들이 왜 모른단 말이냐?" 즉 선생은 안쪽 방에 자면서도 도장 안의 제단에 놓인 젯밥을 쥐가 갉아먹는 소리를 들었다는 이야기다. 그래서 뛰어나와 어둠 속에서 목검으로 쥐의 목을 쳤다는 것인데… 우리들이 그것도 모르고 잤다고 선생은 화를 내고 있으나,

그렇게 말해도 평범한 우리들이 알 리가 없다. 열화처럼 화를 내는 선생 앞에서 그저 고개를 숙이고 머리를 긁을 뿐이었다.

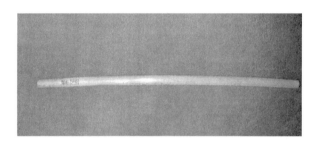

**아이키 목검**

나는 시오다 선생의 자서전을 아오야기상에게 소개받아 읽게 되었다. 그때는 마침 소독회사에 일할 때였으므로 쥐에 대해서 많이 연구할 때였다. 아오야기상은 20년 이상 쥐 잡는 일을 한 사람이다. 우리는 이 이야기에 대해 서로 "솔직히 믿어지지 않네요!"라고 말했다.

● 권총 일제 사격을 피하다

어려서 남자 아이들은 칼싸움 놀이뿐만 아니라 총싸움 놀이도 한다. 즉 전쟁놀이다. 어린이들의 전쟁놀이도 진화되어 구식에서 신식으로 바뀌어 간 것이다. 총알은 화살보다 훨씬 빠르다. 그래서 임진왜란 때 활로 무장한 우리가 왜구의 조총 앞에 꼼짝을 못하고 당한 것이다. 그런 총알을 피하는 사람이 있다면 과연 누가 믿을까? 그것도 과녁 앞에 서 있는 사람을 향해 6명이 일제 사격을 했다. 쏜 사람들은 모두 올림픽 사격 선수급의 실력을 갖고 있는 명사수들이라고 한다. 시오다의 목격담은 다음과 같다.

불가사의의 극치의 사건을 이야기하기로 하자. 이것도 내가 실제로 본 일이다. 어느 날 군의 포병관이 군 관계자 9명을 데리고 아이키도 견학을 왔다. 그 중에는 권총 검사관들도 있었다. 이들은 총 전문가로 사격도 올림픽 선수급이었다. 내가 보았을 때 모두 백발백중이어서 놀랐다. 그런 사람들 앞에서 선생은 "나는 총에 안 맞아."라고 말해 버렸다. 확실하게 선생이 몽골에서 마적과 싸울 때 총탄을 피했다는 말을 들은 적이 있다. 그러나 이 말은 상대를 자존심 상하게 했다. 검사관들은 프라이드에 상처를 받았는지 얼굴이 빨갛게 변하며 화를 냈다. 그리고 "정말 피할 수 있습니까?"라고 일제히 선생에게 대들었다. "물론 안 맞지."라고 말하자 "그럼 한 번 해보시겠습니까?"라고 모두 말했다. 그러자 선생이 "좋지."라고 대답했다. 오는 말에 가는 말이다. 그 자리에서 모월 모일에 오쿠보(大久保) 사격장에서 권총의 과녁이 된다는 서약서를 쓰고 인감까지 찍었다. 게다가 그 서약서를 복사해서 군 재판소에 가지고 가서 확인까지 받는 공을 들였다. 이로 말미암아 우에시바 선생은 총 맞아 죽어도 당장 어디다 하소연도 못하게 되었다. 당일 상대방이 군대 차로 마중을 왔다. 나는 유가와(湯川) 상과 같이 선생을 모시고 갔다. 선생의 부인이 심하게 걱정을 하며 "제발 그만두세요. 저 죽는 꼴 보실래요?"라고 애원을 하며 주저앉다시피 했다. 그러나 선생은 "아니야, 괜찮

아. 그 따위에 난 안 맞아."라고 말하며 느긋했다. 사격장에 가니 정말 큰일이 우리를 기다리고 있었다. 나는 틀림없이 한 명이 쏘는 줄 알았는데 웬걸 6명이 일제히 쏜다는 것이었다. 이윽고 선생이 25m 거리의 과녁 앞에 서고 6명의 피스톨에서 일제히 총성을 내며 불을 뿜었다. 모래 먼지가 피어오르는 순간, 6명 중 한 명의 몸이 공중에 붕 떴다. 이게 웬일인가? 선생이 어느새 6명의 뒤에 서서 웃고 있었다. 여우에 홀린 기분이었다. 모두 놀라 말을 잃었다. 납득할 수 없었는지 6명의 검사관은 다시 한 번 하자고 신청했다. 선생은 "상관없어. 얼마든지 좋아!"라고 말했다. 선생은 극히 시치미를 뗀 얼굴을 하고 있었다. 다시 한 번 6개의 총구에서 선생을 향해 "쾅, 쾅, 쾅콰콰 쾅!"하는 큰 굉음과 함께 연달아 불을 뿜었다. 이번에는 맨 끝에 있는 사람의 몸이 공중에 붕하고 떴다. 선생은 또다시 아무도 모르는 순간에 6명의 뒤에 서 있었다. 나는 아연해졌다. 이번에야말로 정신을 곤두세우고 응시하며 끝까지 지켜보았다. 그런데도 선생의 움직임을 포착하지 못했다. 이건 말할 것도 없이 신이 내린 기예였다.

시오다같이 아이키도 한 문파의 종주가 거짓말을 할 리는 없다. 더구나 그는 케네디 대통령의 시크릿 서비스(secret service : 비밀 경호원)를 제압하거나, 세계 헤비급 복싱 챔피언인 마이크 타이슨의 방문 등으로 세계적인 유명인이 되었다. 그런 그가 영원히 남을 자서전에 과장된 이야기를 하지는 않았을 것이다. 나중에 탄로 나면 사후에도 명예가 실추되기 때문이다.

그래도 좀 황당하기 그지없는 이야기이다. 마치 무협지를 읽는 것 같다. 나는 무협지를 좋아해서 유명한 모 작가의 카페에도 가입했다. 그리고

'아무리 무협지라도 너무 허무맹랑한 글은 자제하는 것이 좋지 않겠습니까?'라는 댓글도 썼다. 예를 들면 사람이 수백 미터의 절벽을 날아오르고, 고속전철보다 빠른 경공으로 달리는 이야기이다. 게다가 공력이 몇 백년은 되는 장풍으로 돌도 아닌 만년 철에 구멍을 뚫는다던가 하는 이야기는 이제 좀 식상하다. 더 발전하다가는 기합으로 원자폭탄보다 더 큰 위력을 발해 한 도시를 날릴 판이다. 어느 정도 현실적이어야 재미있다고 했더니 '무협소설은 다 그런 것입니다. 그래서 재미있는 거 아닌가요?'라는 댓글을 받았다.

무용담은 미화되기 마련이다. 특히 이 세상을 떠난 사람의 이야기는 더욱 전설화된다. 그러나 위의 이야기는 본 사람도 많고 자료도 남아있으니 전혀 근거 없는 이야기는 아니다. 여하튼 우에시바의 기예는 인간을 벗어나 신의 경지에 이른 것만은 틀림없는 사실 같다.

● 수렵총의 명인과의 승부

권총은 실제로 맞추기가 어렵다고 한다. 그러나 총신이 긴 장총은 조금만 연습하면 잘 맞출 수 있다. 내가 군대 시절, 저격수는 총신이 짧고 가벼운 칼빈보다 총신이 길고 무거운 M1 소총을 택한다는 말을 들은 적이 있다. 역시 총은 총신이 길어야 잘 맞는다. 대포도 마찬가지다. 포신이 길어야 멀리 가고 명중률이 높다.

일본은 총의 역사가 길다. 그래서 총을 만드는 기술이 축적되어 있다. 임진왜란 때 일본이 만든 조총이라는 무기에 우리 조선의 군사들은 속수무책이었다. 그 조총은 1543년, 규슈(九州) 남단의 섬인 다네가시마(種子島)에 전래된 총이 개량된 것이다. 그때 도주(島主)가 중국 배를 타고 온 포르투갈인이 가지고 있는 총의 위력을 보게 되었다. 입을 벌리고 반한 그는 부르는 게 값이라는 말대로 금 2,000냥이라는 거금을 주고 바로 총을 인수했다. 그리고 칼 만드는 장인에게 그대로 복제하도록 지시했다. 그 후 처음 산 것보다 더 성능이 우수한 총이 개발되고 대량 생산되게 된다. 돈 맛을 본 포르투갈인은 그 후에 총을 대량으로 가지고 왔다. 그러나 일본에 이미 더 좋은 총이 개량되어 있는 것을 보고 슬그머니 돌아갔다고 한다. 여기서도 일본인의 모방과 장인의 기술력을 엿볼 수 있다.

총은 눈 깜짝할 사이에 그 제작 기술과 함께 일본 전역으로 퍼졌다. 그때 일본은 전국시대였으므로 무기가 화살에서 멀리 가고 명중률이 높은 총으로 곧바로 대체되었다. 총이 동양 전쟁에서도 대량 인명 살상용 무기가 된 것이다. 그와 함께 전법이나 총의 제작 기술이 눈부시게 발전했다. 그런 관계로 일본 총은 성능이 좋다. 그런데 시오다의 지인 중에 그런 성능 좋은 수렵용 총을 잘 다루는 사람이 있었던 것 같다.

내가 아는 사람 중에 야마나시현(山梨県)에 사는 사토(佐藤)라는 포수가 있다. 이 사람이야말로 이 시대 최고의 명포수다. 예를 들면 사토는 산꿩이 골짜기에서 날아 내려올 때를 기다렸다 겨눈다. 이때의 산꿩의 비행 속도는 시속 200km를 넘는다고 한다. 산꿩은 머리를 맞추지 못하면 그 자리에 떨어지지 않고 비상해서 멀리 날아가 떨어진다. 그러면 찾기 힘들다. 그리고 몸에 맞으면 고기와 깃털이 다 헤어져서 상품 가치가 없다. 그래서 포수들은 모두 산꿩의 작은 머리를 겨눈다. 이게 좀처럼 쉽지 않다. 그런데 사토상은 백발백중 머리만 맞춘다. 명포수 중의 명포수인 것이다. 어느 날 나는 사토상에게 우에시바 선생이 권총을 피한 이야기를 했다. 그러자 그는 "내 총은 절대 못 피할 거야."라고 말하며 자신만만해 했다. "인간의 머리는 수박만큼 크잖아? 나는 번개같은 속도로 하강하는 산꿩의 호두알보다 작은 머리를 맞히는 사람이야. 서 있는 인간을 못 맞출 리가 없어."라고 말했다. 그 후 내가 주선해서 사토상이 산에서 내려와 우에시바 선생과 겨루게 되었다. 도장 구석에 선생이 정좌를 하고 앉고 사토상이 반대편에서 수렵용 총을 겨누었다. 나는 마른침을 삼키고 지켜보았다. 사토상의 손가락이 이윽고 방아쇠를 당기려고 했다. 순간, "기다려! 자네의 총은 맞네!"라며 선생이 제지했다. "자네는 그냥 총은 쏜다는 기분이 요만큼도 없군. 처음부터 절대 맞힐 마음으로 겨누고 있어. 그런 사람의 총은 피할 수 없지. 내가 졌네. 대단한 친구다!"그렇게 말하고 선생은 정중하게 머리를 숙였다. 사토상은 굉장히 기뻐하며 산으로 돌아갔다. 나는 정말 감탄했다. 사토상이 수렵총의 명인이라면, 그것을 헤아려 미리 알고 승부를 피한 우에시바 선생도 명인이다. 정말로 명인은 명인을 알아보는 것 같다. 대단히 귀중한 명인끼리의 승부를 보게 된 나는 행복한 인간이다.

역시 명인은 패배도 인정할 줄 안다. 졸장부가 패배를 인정하지 않고 미적거린다거나 앙심을 품는다. 앞에서도 말했지만 미국 서부극에서 서로 결투를 하다 패배하면 승복하는 것이 남자답고 멋있게 보인다. 그래서 미국인들에게는 그런 전통이 있다고 한다. 초창기에 우리나라 태권도가 미국에서 먹힌 것도 그러한 이유가 있었기 때문이라고 한다. 즉 자유대련으로 덩치가 큰 미국인을 쓰러트리면 두말없이 승복하고 제자가 되었던 것이다. 시오다의 말처럼 우에시바는 명인이다. 그리고 사람이었다. 나는 처음에 그가 인간의 도를 넘는 신기를 많이 보여서 인간이 아닌가? 하고 생각했다. 역시 그는 승복할 줄 아는 보통 사람이었다. 단 기예의 한계가 보통 사람이 이해가 안 되는 경지를 넘어선 것 뿐이었다.

## 유도(柔道)의 신이라 불린 유도 10단(段), **미후네 규죠**(三船久蔵)

유도는 8단이 최고위 단이다. 8단을 한시(藩士: 번사)라고 하는데 실력으로는 그야말로 최고의 경지다. 그러므로 9단이나 10단은 명예나 마찬가지이다. 유도의 국내외 보급에 얼마나 공헌했는가 하는가에 따라서 수여되는 경우가 많다. 최초의 10단은 야마시타 요시츠구(山下義韶)가 받았는데 그가 죽은 다음에 수여되었다. 2012년까지 고도칸(講道館) 유도 10단을 받은 사람은 15명이다. 이는 유도 입문자 12만 명 중 한 명꼴의 희귀한 수이다. 외국에서는 국제유도연맹에서 3명, 프랑스유도연맹에서 1명, 네덜란드유도연맹에서 1명, 미국유도연맹에서 1명이다. 이 중 여성은 유일하게 미국유도연맹이 2011년 8월에 인정한 후쿠다 게이코(福田敬子) 1명이다.

그런데 미후네 규죠는 명예만의 10단이 아니었다. 인터넷에도 공개

되어 있는 그의 기예를 보면 고령이며 159cm의 키에 몸무게 55kg의 작은 몸집임에도 불구하고 거구의 7, 8단 실력자들을 가볍게 쓰러트리고 있다. 정말 믿어지지 않아 영상을 조작한 것이 아닌가? 의심이 갈 정도이다. 유도는 가노 지고로(加納治五郎)가 만들었지만 그의 이론대로 실전을 행한 사람은 미후네가 최고 이상적이었다고 전해진다.

미후네는 1883년 4월 21일, 이와테현(岩手県)에서 태어났다. 센다이(仙台) 제2중학교 때 유도에 입문한 그는 센다이 제2고등학교에서 본격적으로 배운다. 후에 센다이 제2중학교에 유도부를 만드나 상대가 없자 상경해서 고도칸(講道館)에 입문한다. 1903년 와세다대학(早稲田大学) 요카(豫科: 대학교양과정)에 입학, 다음 해에 게이오기쥬쿠대학(慶応義塾大学) 리자이카(理財課: 이재과)에 입학한다.

미후네는 여러 가지 유도의 기술을 개발했으나 그 진수는 구키나게(空気投げ: 공기던지기)이다. 이 기술은 자기보다 큰 사람을 던지는데 유용한데 미후네의 트레이드마크였다. 이 기술에 걸려서 당하지 않은 사람이 없었다고 한다. 그러나 미후네가 너무 강해서 고단자들에게 시샘을 많이 받아 이 기술을 인정하지 않았다고 한다. 미후네 자신도 고단자나 자기보다 실력이 위인 자에게 정말 통할지? 의심을 가지고 있었다. 그런데 1930년, 제1회 전일본유도선수권대회 특별경기에서 사무라 가이치로(佐村嘉一郎) 7단(후에 10단)을 구키나게로 날려 한판승을 거두었다. 당시 2만 명의 관중 앞에서 그 효과가 입증된 셈이다.

미후네 규죠(三船久蔵)

　미후네는 고도칸 지도자를 거쳐, 도쿄제국대학(東京帝国大学), 메이지대학(明治大学), 일본체육전문학교(日本体育専門学校) 등과 경시청(警視庁) 유도 사범으로 후진을 양성했다. 1956년에는 세계유도선수권대회 심판을 역임했으며 1964년에는 도쿄올림픽 유도 경기운영위원을 맡아 활약했다. 1965년 1월 27일, 폐암으로 사망했다.

　미후네는 10단을 사상 네 번째로 받았다. 유도는 무도에서 시합을 넣어 서양 스포츠화되었다. 그래서 젊고 체력이 강한 사람이 유리하다. 그런데 미후네에게는 이 원리가 통하지 않았다. 자기보다 머리 하나 이상 크고 체중이 2, 3배가 넘는 거인을 가볍게 쓰러트리거나 던지는 기술은 가히 유도의 신이라 불릴 만하다. 특히 서양인들은 합리적인 사고방식이 몸에 배어 있어 자신이 납득하지 않으면 제자가 되지 않는다. 그런 그들이 미후네의 기술을 흠모하여 제자가 되려고 이역만리 배를 타고 일본으로 몰려갔다. 이만 보아도 그 실력이 짐작이 간다. 미후네야말로 일본 무도를 서양에 보급하는데 큰 역할을 한 유도의 명인이며 유도의 신이라 불린 무사이다.


## 사상 최강의 유도가(柔道家) **기무라 마사히코**(木村正彦)


일본 유도 선수 중에 사상 최강이라고 불리는 사나이가 있다. 다름 아닌 기무라 마사히코 7단이다. 그의 전적을 보면 전일본유도선수권 13년 연속 우승에 덴란시합(天覽試合)[47]을 합쳐 총 15년간 무패로 은퇴했다. 그래서 "기무라 앞에 기무라 없고, 기무라 뒤에 기무라 없다.(木村の前に 木村なく、木村の後に木村なし)"라고 찬양받았다. 지금까지도 사상 최강의 유도가로 칭송받고 있다. 거칠고 난폭한 그의 유도 스타일에서 "괴물 기무라(鬼の木村)"라는 별명도 얻고 있다.

그는 역도산과도 인연이 있다. 유도계를 은퇴한 후 프로레슬링 선수로도 활약했기 때문이다. 그에 대해서는 2011년에 나온 마스다 도시나리(增田俊也)의 『기무라 마사히코는 왜 역도산을 죽이지 않았는가?(木村

---

47 일본 천황이 관전하는 무도나 스포츠 시합.

正彦はなぜ力道山を殺さなかったのか)』에 잘 나와 있다.

기무라는 1917년 9월 10일, 구마모토현(熊本県)에서 태어났다. 어려서부터 아버지의 일을 도와 격류가 흐르는 강에서 소쿠리로 자갈을 채취하는 일을 했다. 그 덕에 다리와 허리가 강인해졌다고 한다. 10살 때 고류유술(古流柔術)인 다케우치 산토류(竹内三銃流)를 배웠다. 그리고 다른 도장에 출장도 하며 하루에 5시간을 연습하여 대일본무덕회(大日本武徳会) 유도 4단을 땄다. 그 후 구제 진서중학(旧制鎮西中学) 4년 때 고도칸 유도 4단을 취득했다. 이때 주장으로 중학팀을 전국우승으로 이끌어 일찍부터 '구마모토의 괴동(熊本の怪童)', '규슈의 괴물(九州の怪物)'이라고 전국에 그 이름을 떨친다.

1935년, 같은 중학 선배이며 다쿠쇼쿠대학(拓殖大学) 사범인 우시지마 다츠쿠마(牛島辰熊)의 우지시마쥬쿠(牛島塾)에 입문했다. 여기서 하루에 10시간 이상 혹독한 훈련을 한다. 1936년, 학생유도 단체전 최고의 레벨인 고센유도(高専柔道)에 주장으로 출장해서, 다쿠쇼쿠대학 요카(豫科)를 전국우승으로 이끈다. 이때 '상대의 팔을 따나 도복을 사용해 묶어 누르기'라는 기술을 개발한다. 이 기술은 현재도 세계적으로 활용되고 있다. 그 후에도 기무라는 연구에 몰두하여 여러 가지 기술을 개발한다.

기무라의 무패 행진에는 이유가 있었다. 그것은 남보다 연습량을 3배로 매일 10시간 이상 했다는데 있다. 그 중에는 다른 대학이나 최고로 강하다는 경시청, 황궁경찰 등을 돌며 란도리(乱取り : 자유대련)를 100회 이상 하는 것을 포함하고 있다. 또 밤에는 큰 나무에 띠를 묶고 1,000회 이상 메치기 연습을 했다. 그래서 곧 나무가 말라죽었다고 한다. 그리고 수면

시간도 아까워 하루 3시간만 자고 그 시간에도 자면서 이미지 트레이닝을 했다고 하니 참으로 유도에 미치고 유도에 바친 인생이다. 유도 외에는 고쥬류(剛柔流)와 쇼토칸(松濤館) 가라테(空手道), 그리고 복싱을 했다. 그리고 웨이트 트레이닝과 마무리 팔굽혀펴기를 매일 1,000회 이상 거르지 않고 했다고 하니 연습의 귀신이다.

기무라는 스승을 따라 프로 유도가가 된다. 그래서 고도칸에서 버림받아 7단 이상 승단을 못했다. 그리고 폐병에 걸린 부인의 병원비를 벌기 위해 하와이 순회시합을 결심한다. 3개월간 계약이 끝나고 돌아와서는 프로레슬링계에 뛰어들어 역도산과 한 팀이 되기도 하고 적이 되기도 해서 싸운다.

1961년, 다시 유도계에 돌아와 다쿠쇼쿠대학 유도부 감독으로 취임한다. 1966년에는 전일본학생유도우승대회에서 다쿠쇼쿠대학을 우승으로 이끈다. 이외에도 전일본유도선수권대회 패자를 길어내며 활약한다. 1983년, 다쿠쇼쿠대학 감독직을 사퇴한다. 1993년 4월 18일, 이 세상을 하직했다. 향년 75세였다.

기무라는 프로유도나 레슬링을 하며 외도를 했다는 이유로 사상 최강의 유도가(柔道家)이면서도 유도전당(柔道殿堂)에 들어가지 못했다. 그러나 부인을 위해서 자신을 버린 것 때문에 수많은 일본여성의 마음을 사로잡았다. 게다가 1951년, 부인 병원비 때문에 하와이에서 벌렸던 브라질의 에리오 그레이시(Helio Gracie)와의 혈전이 전화위복이 되어 현재 종합격투기의 선구자 대접을 받고 있다.

에리오 그레이시는 1999년, 85세의 고령에 일본에 와서 기무라의 영전 앞에서 눈물을 흘리며 다음과 같이 말했다고 한다. "일본에 오게 되어 정말 기쁘다. 나는 일생에 단 한 번 유술과의 시합에서 진 적이 있다. 그 상대는 일본의 위대한 유도가 기무라 마사히코였다. 그와의 싸움은 나에게 있어 생애 잊지 못할 굴욕이었다. 그러나 동시에 자랑이었다." 에리오 그레이시 박물관에는 기무라와 싸웠을 때 입었던 도복이 진열되어 있다고 한다. 에리오는 2009년에 죽었다.

이처럼 기무라는 부인의 병원비를 마련하기 위해서 해외에까지 나가 싸우다 많은 것을 잃었다. 그러나 더욱 위대한 것을 얻고 있다. 그는 지금도 유도가뿐만 아니라 많은 일본 여성들의 흠모와 사랑을 받고 있다. 기무라야말로 유도 실력만이 아닌 마음도 사상 최강의 무사라고 생각한다.

## 쇼와(昭和)의 검성(劍聖) 다카노 사사부로(高野佐三郎)

일본의 고류 검술이 검도로 전환되는 과정에 지대한 공헌을 한 인물이 있다. 바로 다카노 사사부로인데 그는 학교에 다니지 않았다. 그런데 오직 검 하나로 대학교수까지 되었다. 그리고 명실공히 당대 최고의 검성으로 불린 사람이다.

다카노 사사부로는 1862년 7월 9일, 무사시노구니(武蔵野国) 치치부군(秩父郡), 현 사이타마현(埼玉県) 치치부시(秩父市)에서 태어났다. 다카노는 유년기부터 오시한(忍藩: 行田市) 검술 지도자인 조부 다카노 사키치로(高野佐吉郎)에게 나카니시하잇토류(中西派一刀流) 검술을 배웠다. 5살 때는 한슈(藩主) 마츠다이라 다다자네(松平忠誠) 어전에서 나카니시하잇토류 구미다치(組太刀: 형) 56본을 연무했다. 이에 한슈로부터 격찬과 함께 '기동(奇童)'이라고 새긴 와키자시(脇差: 작은 검)와 은일봉을 받았다. 이에 조부는 너무 감격해서 오열을 터트렸다고 한다.

조부는 어린 다카노에게 도장에 콩을 뿌리고 조리(草履: 짚신)를 신게 하여 콩 위에서 검술을 수련시키거나, 무릎까지 빠지는 강물에서 스부리(素振り: 공베기), 천으로 눈을 가리고 하는 검술시합, 조석으로 태양을 마시는 신법 등 여러 가지 특훈을 시켰다. 그 결과 치치부에서는 그 이름을 날려 치치부의 작은 괴물(秩父の小天狗)로 불렸다.

그 후 상경해서 막신(幕臣) 겸 검술가인 야마오카 뎃슈(山岡鉄舟)에게 검술을 배운다. 야마오카의 검술 훈련은 혹독하기로 유명했다. 그래서 견디지 못하고 다음 날이면 안 보이는 사람이 많았다고 한다. 그러나 다카노는 혹독한 검술 훈련을 잘 견디어 야마오카에게 인정을 받았다.

1895년 10월, 대일본무덕회 주최 제1회 대일본무덕제대연무회(大日本武德祭大演武会)에서 우승한다. 그 이듬해인 1896년, 제2회 대회에서는 당시 검도계의 최고 표창인 세이렌쇼(精錬証: 정련증)를 받는다. 같은 해에 스승의 천거를 받아 경시청 순사로 임관, 혼죠모토마치서(本所元町署) 격검(撃劍) 지도자가 된다. 1888년, 사이다마현(埼玉県) 경찰본부 무술 교수로 임관, 경부(警部: 경위)로 승진한다. 1902년 5월, 대일본무덕제대연무회의 대가(大家) 43명의 고점시합(高点試合)에서 우승한다. 같은 해 10월에 메이신칸(明信館) 도장을 설립하여 39지부까지 넓히는 이례적인 인기를 얻는다.

다카노의 반생은 무라마츠 쇼후(村松梢風)에 의해 『치치부수호전: 秩父水滸伝』으로 소설화된다. 그 후 영화화되어 이를 본 젊은이가 메이신칸에 입문하여 관원 수가 6,000명에 경찰과 학생을 합하면 1만 명을 넘게 된다. 1903년 4월 20일, 오사카(大阪)에서 열린 제5회 간교박람회(勧業博覧会) 검도 대회에서 유명검사 100명 중 최우수검사로 선발되어 황태자로부터 금제 기념장과 부상을 받는다. 1905년 4월 교시(教士)[48]로 승진한다. 1908년, 도쿄고등사범학교(東京高等師範学校: 츠쿠바대학) 강사로 등용된다. 1912년 10월, 대일본제국검도형(大日本帝国剣道形)의 기초를 만든다. 1913년 4월, 60세가 넘어야 받는 검도가 최고위 한시(藩士) 칭호를 52세에 이례적으로 받는다. 1916년 4월 8일, 도쿄고등사범학교 교수로 승진한다.

검도 하나로 교수가 되고 서훈까지 받은 사람은 다카노가 처음이다. 이때 『검도: 剣道』라는 책을 써서 다이쇼(大正) 천황에게 헌상되고 지금의 검도에 지대한 영향을 끼친다. 다카노는 쇼와(昭和) 초기의 검도계에 있어 나카야마 하쿠도(中山博道)와 함께 최고 권위자가 되어 쇼와의 검성이라는 칭호를 받았다.

1918년 5월, 간다(神田)에 검도를 통해 인재를 양성하는 슈도학원(修道学院)을 설립한다. 그 후 덴란시합(天覧試合)의 심판원을 지낸다. 1938년, 도쿄고등사범학교 쵸쿠닌(勅任: 칙임)교수로 승진한다. 1950년 여름,

---

48 한시(藩士) 다음 두 번째로 높은 칭호로 7단이다.

가마쿠라(鎌倉) 이나무라가사키(稲村ヶ崎)로 이주한다. 동년 89세의 일기로 영면했다.

대개의 무술의 달인들을 보면 어려서부터 천재교육을 받은 경우가 많다. 그런데 다카노 사사부로의 경우 조부가 지금으로 말하면 태교까지 시켰다. 다카노의 어머니가 임신을 하자 조부는 며느리에게 도장에서 검술 연습을 견학하도록 명령한 것이다. 그래서 다카노는 태내에서부터 죽도(竹刀)의 부딪히는 소리를 들었다. 또 밤에는 역사상의 영웅호걸의 전기를 읽어서 들려주었다. 또 태어난 곳이 치치부 신사(神社) 내의 검술도장 안이었다고 하니 무사로 만들기 위해서 속된말로 조부가 별짓을 다한 셈이다.

그래서 남자 아이가 태어나자 조부는 너무 기뻐해서 마당에 풀무를 만들고 도공(刀工)을 불러 기념으로 대소(大小)의 검 두 자루를 만들게 했다고 한다. 그리고 다카노가 걷기 시작하자 오동나무 목검을 만들어 주고 3세부터 나카니시하 잇토류 형을 연습시켰다. 연습을 하면 상으로 과자를 주었으므로 어린 다카노는 솔선해서 검술을 연습했다고 한다.

이처럼 한 명의 천재는 저절로 만들어지지 않는다. 그야말로 할아버지로부터 온 집안이 전력으로 키워내는 것이다. 어떤 분야든지 최고의 자리를 차지하려면 남다른 노력이 있어야 함을 다카노의 인생 검술 수업과정에서 엿볼 수 있다.

## 무도(武道)의 신적(神的)인 전설, **나카야마 하쿠도**(中山博道)

쇼와(昭和) 초기에 다카노 사사부로(高野佐三郞)와 함께 검성으로 불린 무사가 있다. 나카야마 하쿠도인데 그는 검만의 달인이 아니었다. 검도(劍道)와 함께 이아이(居合)와 장술(杖術)의 한시고(藩士号)를 받았다. 또 궁술, 서양검술, 총검술, 창술을 수련했고 아이키도(合気道)와 가라테(空手道)까지 관심을 가지고 연구했다. 그래서 무도의 신이라고 불릴 정도로 무술이란 무술은 거의 다 통달한 인물이었다.

나카야마 하쿠도는 1872년 2월 11일, 이시카와현(石川県) 가나자와시(金沢市)에서 태어났다. 소년기에 도야마시(富山市)로 이주, 사이토 미치노리(斎藤理則)로 부터 야마구치 잇토류(山口一刀流) 목쿠로쿠(目録: 목록)[49]을 받았다. 14세 때에 무도는 아니나 바둑 단위를 땄다. 17세에 상경하나 그 목적이 바둑이었는지 검술이었는지는 확실하지 않다고 전해진다.

1890년 4월, 18세에 신도무넨류(神道無念流) 네기시 신고로(根岸信五郞)의 도장 유신칸(有信館)의 내제자가 된다. 1902년, 멘쿄가이덴(免許皆伝: 면허개전)을 받고 네기시의 양자가 되어 신도무넨류 유신칸을 계승한다. 1912년, 전국에 25명인 검도형제정위원(劍道形制定委員)의 한 사람으로 선발되어 주심사위원인 스승과 대일본제국검도형(大日本帝国劍道形) 제정에 진력한다. 그 후 쇼와초기(昭和初期)의 검도계에서 다카

---

**49** 스승이 문하생에게 예도·무예를 전수하고 그 명목을 적어서 주는 문서.

노 사사부로(高野佐三郎)와 어깨를 나란히 하는 권위를 얻고 덴란시합(天覧試合)에서 검기를 피로한다. 태평양전쟁 후 전범용의자로 일시 수감된다. 1957년, 전일본검도연맹으로부터 검도 10단 수여를 타진받으나 이 제도에 반대하여 거절한다. 나카야마는 현대검도의 성립에 강한 영향을 끼친 지도자이다. 그러나 스포츠화 되어가는 현대검도에는 비판적이었다.

선사(選士)들의 죽도 다루는 것을 보면 재주는 있으나 어차피 죽도다. 기탄없이 말하자면 급제점(及第点)을 딸 수 있는 자는 현재 한 명도 없다. 따라서 검도선수권대회(劍道選手權大會)를 죽도선수권대회(竹刀選手權大會)로 개칭하라고 말하고 싶다. 저런 공방은 일본도(日本刀)로는 상상도 할 수 없는 짓이며 비상식적이다. 검도가 죽도처럼 유희화(遊戱化) 되지 않기를 바란다. 내가 죽도 경기에 조금도 도움이 안되는 어려운 말을 한다고 일부에서는 말한다. 그러나 원래 죽도 연습과 형 연습은 하나였다. 이 하나가 무도인 것이다. 이를 분리한 것은 원래 잘못된 것으로 죽도 즉 검도도, 고무도(古武道) 즉 각 유파의 형도 모두 하나인 것이 당연하다. 아마 지금의 젊은 수업자들은 죽도와 형이나 이아이(居合) 등 각 유파의 가르침이 별개라고 생각할 것이다. 이것은 나를 포함한 초기 검도 제정자들의 중대한 과실이다. 깊이 책임을 느끼고 사과하는 바이다.

라고 나카야마는 말했다.


나카야마는 이아이(居合)도 범인의 실력을 넘어선 달인이었다. 나카야마의 실력을 보고 게이오기쥬쿠대학(慶応義塾大学) 검도부 사범을 맡긴 후쿠자와 유키치(福沢諭吉)도 굉장한 이아이의 달인이었다. 달인이 달인을 알아보고 맡긴 것이다. 그 후 도사한(土佐藩) 출신의 정치가 이타가키 다이스케(板垣大輔)의 소개로 무소신덴에이신류(無双神伝英信流)의 호소카와 기쇼(細川義昌)에게 입문해서 면허를 받는다. 그리고 모리모토(森本兔久身)에게 무소쵸쿠덴에이신류(無双直伝英信流)도 배운다. 이 두 유파는 현대 이아이도의 모태가 된다. 나카야마는 이아이 수행자가 빠지기 쉬운 자기만족에 대해서 다음과 같이 경고하고 있다.

이아이 자체는 하나의 동작도 상대를 예상하지 않는 형태가 없다. 그러나 보통 혼자의 기술처럼 주객(主客) 공히 자연스럽게 생각하기 쉽다. 기술도 간단하다고 생각되어 안이한 마음이 발생, 단지 검을 빼서 베고 넣기에 익숙해진다. 그래서 3, 40번 횟수를 외운 정도로 이것이 이아이라고 생각하는 사람이 많다. 더구나 혼자 하는 수행이므로 우열이나 승패를 목적으로 하지 않는다. 소위 경쟁적 자극이 없으므로 일촌(一寸) 정도 익숙해지면 마치 자신이 달인이라도 된 것처럼 우쭐해한다. 그래서 자신의 도법을 자랑까지는 하지 않더라도 그에 가까운 생각에 기우는 자가 상당히 많다.

장술(杖術)도 신도무소류(神道夢想流)를 우치다 요시고로(内田良五郎)에게 배웠다. 장술을 배움으로 해서 검도의 속을 알게 되고 장의 기술이 검에 크게 도움이 되었다고 한다. 나카야마는 현대의 검도, 이아이, 그리고 장술 보급의 서장을 연 인물이다.

도쿄도 이아이도 심사

나카야마는 9세부터 17세까지 다카야마 가츠요시(高山勝吉)에게 유술도 배웠다. 그러나 유술을 사람들 앞에서 보인 적은 없다.

아이키도(合気道)의 우에시바 모리헤이(植芝盛平)와도 친교가 있어 제자를 우에시바의 고부칸(皇武館) 도장에 보내 검도를 지도하기도 했다. 나카야마의 제자인 나카구라 기요시(中倉清)는 우에시바의 양자(婿養子)가 되었다.

당시 세간에서는 가라테에 대해서 저급한 무도로 보는 무도가가 많았다. 그러나 나카야마는 "가라테는 맨손으로 하는 검술이다."라고 평가했다.

이외에도 나카야마는 궁술, 서양검술, 총검술, 창술을 수련했다.

1950년부터 뇌경화증으로 병원에 입퇴원을 반복한다. 그 와중에도 1952년에는 전일본검도연맹을 결성했다. 1958년, 86세의 일기로 영면했다.

나는 일본에 와서 아이키도 검술과 장술을 배울 때 나카야마 하쿠도의 이아이 연무를 처음 보았다. 나의 첫 스승인 미국인 여 사범님이 비디오 테이프를 선물로 주셔서 보게 되었다. 그때 나는 검술의 초보자였으나 그의 연무를 보고 숨이 멎을 정도였다. 동작이 무술이라기보다는 예술에 가까웠다. 초보자에게 그만큼 기를 느끼게 연무하려면 같은 동작을 수만 번 해야 한다고 한다. 보통 사람으로서는 감히 상상도 할 수 없다. 그래도 그 정도 연습해야 그 분야의 달인이 되는 것이고 또 후세에까지 존경을 받게 된다.

나카야마는 자는 시간은 4시간으로 깎아 죽으면 거기까지라는 각오로 혹독한 훈련을 하며 실력을 닦았다. 몸은 신장 160cm에 체중이 60kg밖에 안되는 빈약한 체격이었다. 무도가나 스포츠 선수로나 대성하기에는 적합하지 않은 몸이다. 오로지 뼈를 깎는 연습을 해서 달인이 된 것이다. 나카야마는 보통 사람이라면 하나도 받기 어려운 무도의 한시를 세 개나 받았다. 한 사람이 세 가지 무도의 최고위를 받은 예는 전무후무하다. 게다가 일본에 있는 거의 모든 무도에 서양 검술까지 통달하고 있다. 나카야마 하쿠도야말로 현대 무도의 신적인 전설, 그 자체인 것이다. 나카야마는 노력을 하면 보통보다 못한 몸이라도 신의 경지에 다다를 수 있다는 희망을 보여준다.

# 가라테(空手道)의 흐름과 **후나고시 기친**(船越義珍)

가라테가 일본 본토에 처음 공개된 것은 1922년이다. 그때까지는 오키나와현(沖繩県)에서 수백 년이라는 세월 동안 비밀리에 수련되어 왔다. 그러던 것이 후나고시 기친(船越義珍, 1870~1957)이라는 인물에 의해 처음으로 일본 본토에 전해졌다. 그럼 왜 가라테는 비밀리에 수련했어야만 했을까? 거기에는 오키나와와 일본의 역사적 관계가 얽혀 있다.

긴 세월 동안 일본과 중국이나 동남아시아와의 중개무역으로 성황을 누리던 작은 섬나라 오키나와가 일본의 속국이 된 것은 1609년의 일이다. 당시 일본 사츠마한(薩摩藩 : 가고시마현)의 한시(藩士 : 영주) 시마즈(島津)에 의해 정복된 것이다.

그때까지 류큐왕국(琉球王国)으로서 독특하고 찬란한 문화를 갖고 있던 오키나와는 이때부터 사츠마한의 식민지 감시 하에 놓이게 된다. 그와 함께 활이나 창, 칼 등 무기를 모두 몰수당했다. 그래서 "동방에 무기 없는 평화스런 작은 섬나라가 있습니다."라고 프랑스의 영웅 나폴레옹에게까지 전해지게 된다. 이 이야기를 전해들은 나폴레옹은 "아니 그런 파라다이스가 이 세상에 정말 존재하고 있단 말이냐?"라고 부하에게 되물으며 놀랐다고 한다. 그도 그럴 것이 정복 전쟁으로 평생을 보내다시피한 사람으로서 칼 한 자루 없는 나라가 있다는 말이 도저히 이해가 되지 않았던 것이다. 이 이야기를 전한 영국군함 알세스트(Alcest)호와 라이라호(Lyra)가 나하(那覇)에 기항한 것이 1816년이므로 오키나와 사람들의 무기 없는 세월은 실로 길다. 200년이 넘게 무기가 없었다는 것이 실제로 확인된 것이다.

그러나 당시의 류큐, 즉 오키나와 사람들은 무기 없이 자신을 보호할 수 있는 방어수단으로서 가라테(空手道)라는 맨손 무술을 개발했다. 가라테가 류큐 독자적인 것인지 타국의 영향을 받았는지에 대해서는 확실한 문헌이 없다. 한반도에서 건너갔다는 일설도 있다. 그러나 지리적으로 제일 가까운 중국의 영향을 받았을 것이라는 추측이 유력할 뿐이다.

실제로 오키나와는 문헌상 1373년부터 소국이 대국에 대하는 예를 다해 자국의 안전한 보호를 보장받는 「책봉사」라는 문관을 정기적으로 받아들이고 있다. 그러나 도요토미 히데요시(豊臣秀吉)가 정명(征明)을 이유로 임진왜란을 일으킨 것에 의해 중국의 책봉사가 문신에서 무신으로 변한다. 이 무관 중에는 당연하게 중국 권법을 몸에 익힌 자가 다수 있었다고 한다.

가라테에 관한 최고의 문헌이라는 오시마필기(大島筆記)에는 시나(支那)의 고쇼쿤(公相君)이 제자 수명을 데리고 류큐에 와서, 일종의 권법을 전했다는 기록이 있다. 그 밖에 책봉사와 동행해서 온 무관 아송이 류큐 사람들에게 권법을 가르쳤다는 기록도 있다.

그렇다면 가라테라는 것은 전부 중국이 전한 권법이 원류인 것일까? 그러나 현대의 중국권법과 가라테를 비교해 보면 너무나도 그 차이가 눈에 띈다. 그도 아니라면 오키나와에 원래부터 존재한 무술이 있었다는 것인데 이를 증명할 만한 문헌은 남아 있지 않다. 류큐섬에 테(手)라고 불리던 격투기가 존재했다는 설이 있으나 근거가 없는 주장이다. 류큐 가라테술(唐手術)의 경우도 체기(体技)나 구전기(口傳技)로서 혈족 간에 전승되어 온 것이므로 일본의 검술(劍術)이나 유술(柔術)처럼 전서(傳書)가 전혀 보이지 않고 그 결함을 보충할 기구나 유적도 남아 있지 않다.

어쨌든 수백 년간 무기 없는 조건의 오키나와는 도수공권(徒手空拳)의 무술이 발달하기에 최적의 환경이었다. 그러나 긴 세월 동안 시마즈가(島津家)의 감독 하에 있던 오키나와에서는 이 최고의 도수공권의 가라테도 그다지 발달할 수 없었다. 당연한 일이지만 오키나와 사람들은 식민지 신민인 관계로 숨어서 비밀리에 연습했기 때문이다. 우리가 일제의 식민지하에서 무술 연습이 금지되었던 것과 같다.

따라서 일반인은 거의 가라테를 알지 못했다. 단 '찌르면 돌이 무처럼 깨지고, 차면 소를 한 방에 죽이며, 뛰면 천정을 부수는 굉장히 공포스러운 무술이 있다.'라는 소문이 있을 뿐이었다.

가라테가 일본 본토에서 첫 공개 연무를 한 것은 메이지(明治 : 1868~1912) 말기의 일이다. 이 가라테를 처음 공개하고 오늘의 기초를 쌓은 인물로서 후나고시 기친(船越義珍)이라는 사람이 있다. 그는 당시의 상황에 대해 다음과 같이 회고하고 있다.

메이지시대가 되어 징병령이 떨어지고 학교에서 체력검사가 행하여졌다. 그런데 가라테를 수련한 생도가 일견에도 다른 생도보다 두드러지게 전신의 균형이 잡히고 발달해 있어 교의(校醫)나 군의(軍醫)를 놀라게 했다. 그 후 메이지 34, 5년 경 오키나와현립(沖縄県立) 사범학교와 동 현립 제일 중학교에서 정과(正課)로 가라테가 채용되었다. 이것이 가라테가 세상에 선을 보인 최초의 일이었다. 1905년 9월, 러·일전쟁 직후 나는 동지를 규합해 오키나와현 가라테 순회연무를 돌았다. 가라테의 공개 연무는 필시 이것이 최초였을 것이다. 그 후 다이쇼(大正 : 1912~1926) 초기에 다수의 동지들과 함께 슈리(首里)나 나하(那奈)에서 종종 공개 연무를 하고 그 소개와 보급에 힘썼다. 그 때문에 적어도 오키나와에서나마 가라테라는 것이 드디어 세상에 알려지게 되었다.

여기서 후나고시 기친이 어떤 사람인지 그의 생애에 대해서 알아보자. 후나고시 기친은 1868년 12월 23일, 오키나와현(沖繩縣) 나하시(那霸市)에서 태어났다. 집안은 슈리왕부(首里王府)에 종사한 하급사족이었다. 그러나 아버지가 술로 가산을 탕진하여 몰락했으므로 후나고시가 태어났을 때는 셋방살이의 곤궁한 생활을 해야 했다. 후나고시는 조산(早産)으로 태어나 어려서 병약했다. 그 때문에 외갓집에서 성장했다. 의학교에 입학하려고 했으나 사족의 상징인 머리를 잘라야 하는 조건이 있어 포기하고 오키나와 사범학교 속성과에 입학했다. 속성과 1년을 졸업하고 준교사 검정시험에 합격했다. 그 후 21세에 정교사로 승격했다.

가라테(唐手)는 16살에 나하테(那霸手)의 대가 고죠 다이요시(湖城大禎)에게 처음 배웠다. 그러나 5척도 안 되는 체격으로 주로 상업가에서 연마하던 과격한 나하테는 맞지 않아 3개월 만에 그만둔다. 그 후 후나고시는 주로 귀족들이 연마하던 슈리테(首里手)의 대가 아사토 안코(安里安恒)에게 가라테를 본격적으로 배우기 시작한다. 슈리 귀족인 아사토에게 하급사족의 후나고시가 슈리테를 배우게 된 이유가 있다. 바로 아사토의 장남과 각별한 친분이 있었기 때문이었다. 그러한 인연으로 안코의 유일한 제자가 되어 특히 고쇼쿤(公相君:観空) 형을 철저하게 배웠다.

후나고시는 초등학교 교편을 잡는 한편 학생들에게 가라테를 지도했다. 형은 나이판치(鉄騎)나 핑안(平安)을 주로 가르쳤다. 이때 '핑안선생'이라고 불릴 정도로 후나고시의 주특기가 핑안형이었다고 한다. 그 후 30년의 교원생활을 마치고 선배, 친구들과 오키나와학생후원회(沖縄学生後援会)와 오키나와상무회(沖縄尚武会)를 설립하여 학생지원과 가라테 보급에 힘쓴다.

1916년, 교토부토쿠덴(京都武徳殿)에서 가라테를 연무했다. 1917년, 마부니 겐와(摩文仁 賢和)가 자택에서 연 오키나와가라테연구회(沖縄唐手研究会)에 참가했다. 1919년, 오키나와사범학교(沖縄師範学校) 요카(豫科)의 학생들에게 과외수업으로 가라테를 지도했다. 1921년 3월, 나중에 쇼와천황(昭和天皇)이 되는 황태자 앞에서 중학교, 사범학교 학생들의 슈리성 가라테 어전연무 지도를 맡았다.

1922년 5월, 상경하여 문부성 주체 '제1회 체육전람회'에서 가라테의 형과 구미테(組み手:약속대련)의 사진 판넬을 전시한다. 같은 해 6월에는 유도의 고도칸(講道館)에 초청되어 가노 지고로(加納治五郎)와 유단자들 200명 앞에서 당시 도쿄상대(東京商大:一橋大学) 학생인 기마 신킨(儀間真謹)과 둘이서 가라테의 연무와 해설을 한다. 이때 후나고시는 핑안(平安)을, 기마는 나이판치(鉄騎)를 연무했다. 이후 그대로 도쿄에 머물면서 가라테를 지도하게 된다. 11월에는 가라테 사상 첫 책인『류큐권법가라테(琉球拳法唐手)』를 출판했다.

고도칸에서의 연무가 형만의 단독이어서 자유대련 중심의 연습을 하는 유도가들에게는 그리 강한 인상을 주지 못했다. 가라테의 연습이 형 중심인 것이 문제가 되어 그 후에도 유도가들에게는 불만의 대상이 되었다. 자유대련에 상당하는 연습을 하지 않는 가라테는 진짜 실력을 알 수 없다는 것이 불만의 가장 큰 이유였다. 후나고시의 초기 제자인 오츠카 히로노리(大塚博紀)나 고니시 야스히로(小西康裕)에 의하면 후나고시는 15개의 형만 알고 상경해서 구미테는 그리 알지 못했다고 한다. 그래서 1924년, 오츠카가 중심이 되어 신도요신류(神道揚心流)와 다케우치류유술(竹内流柔術)을 참고로 구미테를 만든다. 그 후 곧 본토에서 처음 약속대련이 탄생하게 된다. 더욱이 오츠카는 자유대련을 가라테에 도입하려고 했으나 후나고시의 반대로 뜻을 이루지 못한다. 고니시도 형을 중시하는 후나고시가 석연치 않아 후나고시를 떠나 모토부 쵸키(本部朝基)에게 제자 입문한다. 옛날 무도의 세계에서라면 이는 용납할 수 없는 일이었다. 배반하는 제자는 다른 제자들이 모두 달려가 죽였다. 그런 전통이 있어 후나고시는 격노한다. 그러나 시대는 점점 바뀌어 가고 있었다.어쩔 수 없는 일이었다.

1924년, 후나고시는 자신의 이름으로 가라테의 단위(段位)를 발행한다. 수여자는 가스야 마히로(粕谷真洋), 오츠카 히로노리(大塚博紀), 고니시 야스히로(小西康裕), 기마 신킨(儀間真謹) 등이었다. 1924년 10월에는 게이오기쥬쿠대학(慶応義塾大学), 1925년 10월에는 도쿄제국대학(東京帝国大学)에 가라테연구회가 발족되어 초대사범으로 취임한다. 이때 후나고시는 두 번째 책 『연단호신 가라테술(錬胆護身 唐手術)』을 출간한다. 첫 책은 간단한 일러스트에 의한 거동해설인데 비해 두 번째 책에서는 자세한 형의 해설과 사진이 채용되었다. 이 책은 지금처럼 형이 바뀌기 전 후나고시의 형 사진을 확인할 수 있다. 그래서 본토 가라테 형의 변천을 알 수 있는 귀중한 자료라고 평가되고 있다.

자유대련과 시합화의 실현문제는 후나고시의 골칫거리였다. 1927년, 도쿄대학 가라테연구회가 방구가라테(防具唐手)를 고안하고, 가라테의 시합화를 모색하자 후나고시는 이에 항의하고 사범직을 사임한다. 같은 해 게이오기쥬쿠대학 가라테연구회가 기관지에 가라테(唐手 : 당수)를 가라테(空手 : 공수)로 바꾼다고 발표한다. 가라테(空手)의 표기는 하나시로 쵸모(花城長茂)가 1905년에 이미 사용했으나 도쿄에서 사용하게 됨에 따라 급속하게 전국적으로 퍼지기 시작한다. 1936년, 후나고시는 세번째 책 『가라테교본(空手道教本)』을 낸다. 이 책에서 일본의 다른 무도처럼 '道'를 사용하여 '가라테술(唐手術)'이 '가라테도(空手道)'로 호칭이 바뀌게 된다. 이름이 바뀐 이유는 우선 가라테(唐手)에 중국의 옛명인 당(唐)이 들어가 있는 것이 일본 국민의 정서에 맞지 않았기 때문이었다. 또한 가라테가 맨손 무술이므로 공수(空手)가 적합하다고 생각했을 것이다. 일본말로 읽는 법은 같다.

1940년, 분쿄구(文京区)에 있던 도장을 도시마구(豊島区)로 옮겨 쇼토칸(松濤館) 도장을 건설한다. 그러나 쇼토칸은 1945년, 도쿄대공습(東京大空襲)으로 소실된다. 게다가 자신의 후계자로 자타가 공인했던 3남 기고(義豪)가 병으로 죽어 후나고시에게 연거푸 슬픔을 안겨 주었다.

1946년, 와세다대학(早稲田大学) 가라테부에서 전후 활동을 재개한다. 1948년, 일본가라테협회(日本空手道協会)가 결성되어 초대최고사범에 취임한다. 1953년에는 간다공립강당(神田共立講堂)에서 후나고시의 상경 30주년을 기념하는 가라테 보급 30주년 기념식전(空手道普及30周年記念式典)이 개최되었다. 1955년, 일본가라테협회본부도장(日本空手道協会本部道場)이 완성되어 출석했다. 1956년 4월, 협회의 최고기술고문을 사임했다. 1957년 4월 26일, 90세의 나이로 영면했다.

가라테는 일본 본토에 전해지면서부터 일본의 전통 무도와 함께 비약적인 발전을 하게 되었다. 후나고시 기친에 의해 게이오(慶応), 와세다(早稲田), 다쿠쇼쿠(拓殖), 니혼대학(日本大学) 등 각 대학에 가라테부가 줄줄이 생겨났다. 그와 함께 지도 이론도 확립되고 기술도 합리적으로 발달하여 다시 태어나게 되었다.

후나고시 기친은 우리의 태권도와도 깊은 관계가 있다. 태권도의 원로들 중에 그에게 직접 혹은 간접적으로 가라테를 배운 사람이 있기 때문이다.

가라테(空手道)가 도쿄에 처음 공개된 다이쇼(大正, 1912~1926) 시대 초기는 일본이 한국을 병합해서 얼마 되지 않은 때이다. 따라서 자의든 타의든 많은 한국인이 일본에 건너가게 되었다. 그리고 가라테의 자유대련 시대라고 불리는 쇼와(昭和, 1926~1989) 초년에서 쇼와 20년에 걸쳐서는 더욱 많은 한국인이 일본에 입국했다. 그때는 태평양전쟁이 한창일 때였다. 그래서 강제 징용된 사람도 있으나 일본의 신문명이나 학문을 배우려고 간 유학생도 많이 있었다.

한국에서 태권도의 주 원류의 하나인 청도관(青涛館)도장의 창시자인 이원국도 일본 유학생의 한 사람이었다. 그는 19세 때인 1926년에 일본에 건너가 중학교와 고등학교를 거쳐 츄오대학(中央大学) 법학부에 입학했다. 그때 그는 일본 카라테의 본관인 쇼토칸(松濤館)에 입문, 후나고시 기친(船越義珍)에게 직접 가라테를 배웠다. 1944년에 귀국한 그는 서울 서대문구에 청도관이라는 도장을 열고 당수도(唐手道)라는 이름으로 가르쳤다.

창무관의 창시자 윤병인은 어릴 때 중국권법 주안파를 배웠다. 그리고 광복 직전에 일본에 건너가 니혼대학(日本大学)에 유학하면서 가라테를 배웠다. 당시 니혼대학의 가라테부에는 소토야마 간겐(外山かんげん)이라는 가라테의 고수가 있었다. 그와 윤병인은 가라테와 중국무술을 교류하면서 친해진다. 윤병인은 무술의 성취도가 빨라 가라테 5단을 따고 주장 다나카(田中)와 경쟁해서 니혼대학(日本大学) 가라테부 주장이 되었다. 귀국한 그는 경성농업학교에서 체육교사로 있으면서 무도를 가르쳤다. 그 후 1946년 서울 종로에 YMCA 권법부(창무관: 彰武館)를 설립했다.

송무관(松武館)을 설립한 노병직은 1946년 개성에서 정식으로 도장을 열었다. 그는 니혼대학(日本大学)에 다닐 때 쇼토칸의 후나고시 기친에게 직접 이원국과 같이 가라테를 배웠다. 1944년에 귀국해서 고향인 개성으로 돌아간 그는 관덕정이라는 곳에서 젊은이들에게 가라테를 가르쳤다. 이것이 송무관을 창설하게 된 계기이다.

오도관을 창설한 최홍희는 태권도라는 이름을 만든 장본인이기도 하다. 그는 자신의 회고록에서 고향에서 싸움한 선배가 무서워서 돌아갈 수 없어 가라테를 배웠다고 고백하고 있다. 교토에서 가라테 연습에 시간을 너무 빼앗겨서 중학교 시험에 떨어진 그는 도쿄로 옮긴다. 그리고 도아상업학교(東亜商業学校) 4학년에 편입하여 졸업한 후 츄오대학(中央大学) 법학부에 입학한다. 그 후 귀국할 때까지 약 5년간 가라테를 배웠다.

지도관은 1946년, 전상섭이 창립했으나 최초의 이름은 조선연무관이었다. 청소년 시절에 유도를 배운 그는 일본 유학 때 가라테를 배웠다. 1943년에 귀국한 후 서울 소공동에 있는 유도 학교 조선연무관에서 유도와 가라테를 동시에 가르쳤다. 그러나 광복 후에는 가라테만 간판을 내걸고 가르치게 된다. 한국전쟁 중 행방불명이 되었다.

우리의 태권도 원로들 중에 후나고시 기친의 가라테를 배운 사람이 있다는 데는 좀 놀라움을 감출 수 없다. 내가 초등학교 때 태권도를 배울 때는 우리의 반만년 역사의 전통무술이라고 배웠기 때문이다. 여하튼 가라테는 오키나와에서 탄생했으나 후나고시 기친에 의해 일본 본토에 건너갔다. 그리고 우리나라 유학생들에 의해 한국에까지 건너와 태권도에 영향을 미친 것이다. 청도관(靑濤館)과 송무관(松武館)의 이름도 쇼토칸(松濤館)에서 따왔다고 하니 그 영향은 실로 크다고 말할 수 있겠다.

최홍희가 만든 ITF태권도 시범을 보이는 일본 대학생들

1970년에는 제1회 세계가라테선수권대회가 열렸다. 또 1981년에는 일본 국민체육대회의 정식종목이 되었다. 그리고 오는 2020년 개최되는 도쿄올림픽에서 가라테는 정식종목 채택을 노리고 세계적인 비약을 향해 분발하고 있다.

후나고시 기친의 가라테 실력은 그리 대단하지 않았다고 평하는 사람도 있다. 그러나 그는 교원 출신으로 문무양도를 겸비하고 가라테의 보급에 선견지명을 갖춘 무사였다. 그로 인해 대학에 빨리 뿌리를 내릴 수 있게 되었고 그것이 기반이 되어 세계적으로 확산되게 된 것이다. 후나고시 기친의 생애를 보면서 문무양도의 절심함을 다시 한번 느낀다.

## 궁성(弓聖)이라 불린 전설의 궁도가(弓道家) **아와 겐조**(阿波研造)

일본의 궁도는 우리의 국궁에 비하면 상당히 크다. 전차에서 학생들이 궁도복을 입고 활을 들고 타는 것을 가끔 목격한 적이 있는데 자기들 키보다 큰 것을 들고 있었다. 나는 이를 보고 '과거 왜구의 약탈이나 임진왜란 같은 전쟁에서 쓰기에는 좀 불편했을텐데… 기동력도 없을 저런 활에 우리가 당했단 말인가?'라는 생각을 한 적이 있다.

일본의 궁도는 일본 무도의 하나이다. 활을 쏘아 과녁을 맞추는 일련의 동작을 통해 심신 단련하는 것을 목적으로 한다. 경기 인구는 2005년에 약 12만 6,000명으로 남녀 비율은 거의 같다. 이는 검도 경기 인구를 능가하며 일본 경기 무도 인구 중에 제일 많은 수이다. 물론 경기를 하지 않는 수련자 수를 합하면 더욱 많다.

현재에도 일본 궁도의 유파는 오카사와라류(小笠原流), 헤키류(日置流), 혼다류(本田流), 야마토류(大和流) 등 많이 이어지고 있다. 그러나 대다수의 궁도인은 유파에 소속하지 않고 일본궁도연맹(日本弓道連盟)의 사법(射法)을 따른다. 각 유파도 일본궁도연맹의 규칙을 따르며 유파와 연맹의 대립은 없다.

궁도의 옛말인 궁술은 에도막부(江戸幕府)가 끝나고 메이지시대(明治時代)에 들어서면서 쇠퇴했다. 왜냐하면 신식무기가 도입되었기 때문이다. 총 앞에서 활은 그리 쓸모가 없다고 판단했던 것이다. 그 후 궁술은 오락화, 유희화되어 일반인들에게 보급되었다. 그리고 환락가 도박장에서 풍속영업의 도구로 크게 유행하게 된다. 이런 와중에 사설도장을 열어 궁술 고래의 전통을 바르게 계승하려는 진지한 궁술가들이 있었다. 이들에 의해 일본 궁도는 그 명맥과 전통문화를 보지하게 된다.

그 궁술가 중에 궁성(弓聖)이라고 불린 전설의 궁도가 아와 겐조(阿波研造)가 있다. 그에 대해서는 나의 첫 작인 『무도의 세계에서 바라본 일본』에서 잠깐 소개한 적이 있다.

독일의 철학자 오이겐 헤리겔(Eugen Herrigel)은 일본에 와서 아와 겐조에게 궁술 수업을 받았다. 그리고 귀국하여 1936년, '기사적 궁술'이라는 주제의 강연을 한다. 그 후 이 원고를 토대로 1941년에 『일본의 궁술』과 1948년에 『궁술에 있어서의 선(禅)』이 출판된다. 이로 인해 일본의 궁도가 서양에 알려지게 된다.

아와 겐조는 1880년 4월 4일, 이시카와현(石川県) 가와기타마치(川北町)에서 태어났다. 궁술은 헤키류(日置流) 세츠카하(雪荷派)를 기무라 도키다카(木村時隆)에게 배워 멘쿄가이덴(免許皆伝)을 받았다. 1910년, 스승의 뒤를 이어 제2고등학교(東北대학의 원류) 궁도사범이 된다. 1913년, 혼다 도시미(本多利實)에게 헤키류(日置流) 다케바야시하 궁술(竹林派弓術)을 전수받는다. 1927년, 대일본무덕회(大日本武德会) 궁도 한시(藩士)를 받는다. 그 후 대일본사도교(大日本射道教)를 창교하여 자신이 교주가 된다. 1939년, 사망했다.

아와 겐조는 술(術)보다는 도(道)를, 즉 테크닉보다는 정신수양으로서의 궁(弓)을 탐구하는 종교적 요소가 강한 교수법을 행했다. "눈을 거의 감은 상태에서 시위를 당기면 과녁이 자신에게 가까이 와서 이윽고 일체화됩니다. 그때 화살을 놓으면 겨누지 않고 적중시킬 수 있게 됩니다." 이 말에 대해서 합리적인 사고방식을 가진 서양의 철학자 오이겐은 도저히 납득할 수 없었다. 그래서 스승에게 "그것이 정말 가능합니까? 믿을 수 없어요."라고 말했다. 이에 대해 아와는 밤 9시에 자기 집으로 오라고 오이겐에게 말했다. 컴컴한 밤에 자택도장에 오이겐은 두근거리는 마음과 함께 모종의 기대감을 안고 갔다. 집에 들어가자 스승은 모기향만 한 개 피우고 3촌의 작은 과녁 앞에 섰다. 모기향불만 작게 보이고 과녁은 전혀 보이지 않았다. 그 상태에서 스승은 화살을 두 개를 연달아 쏘았다. 처음에는 화살이 보통 과녁에 맞는 소리가 났다. 그리고 두 번째 화살은 나무를 찢는 듯한 작열음이 났다. 불을 켜고 보니 첫 번째 화살이 오늬의 정 중앙부터 반으로 쪼개져 두 개 모두 과녁의 정중앙을 꿰뚫고 있었다. 이때 아와는 "먼저 맞은 화살은 그리 대단한 것도 아니지요? 수십 년간이나 익숙해져 있으니까 과녁이 어디에 있는지 안다고 생각할 것입니다. 그러나 앞의 화살을 반으로 쪼갠 두 번째 화살, 이것은 어떻게 생각하시겠습니까?"

이 일에 감명을 받은 오이겐은 기념으로 두 개의 화살이 꼽힌 과녁을 스승에게 받아 가지고 갔다. 그리고 궁도의 수행에 전념해서 5단을 습득했다.

이 이야기는 합리적인 사고를 가지고 있다는 서양의 유명한 철학자가 쓴 책 속에 있으므로 신빙성이 있다. 3촌의 과녁은 달인이라고 불리는 궁도가도 맞추기 어렵다. 그래서 보통은 여흥으로밖에 사용되지 않는다. 일반적으로 사용하는 과녁은 직경이 36cm인 12촌이다. 그런 과녁의 정중앙에 맞춘 직경 5mm 정도의 화살의 오늬를 맞추어 반으로 쪼갰다는 것은 가히 신이 내린 기예다. 아와는 궁성이라는 칭호에 걸맞는 궁도가임에 틀림없는 것 같다.


## 사람의 기예를 뛰어넘은 궁도가(弓道家) 우메지 겐란(梅路見鸞)


일본의 궁도는 다른 무도에 비하여 정신적인 수양을 중시하는 것 같다. 그래서 선(禪)과 같이 수양하는 유파도 많다. 그 선과 궁도에 뛰어난 무사가 있다. 우메지 겐란이다.

우메지 겐란은 1892년에 태어났다. 본명은 야마모토 쥬로쿠(山本寿六)로 9살에 엔가쿠지(円覚寺)에 들어가 동자승이 된다. 24살에 선을

'ZEN'으로 서양에 알린 임제종(臨濟宗)의 승려 샤쿠 소엔(釈宗演)에게 인카(印可: 인하)를 받는다. 1909년부터 1916년까지 7년간, 유술(柔術), 검술(劍術), 이아이(居合), 마술(馬術) 등 무술과 서도(書道), 죠루리(淨瑠璃), 하이쿠(俳句), 차도(茶道) 등 예도를 수행한다. 어느 것이나 다 걸출했다고 한다.

우메지 겐란

수행을 마친 1916년, 다치바나류 궁술(橘流弓術) 32대 종주 하가 이와쥰(羽賀井和順)을 만나 2년간 수업한다. 그 후 33대를 계승하나 자신이 무요신게츠류(無影心月流)를 창시하여 개조가 된다. 1926년, 히메지무선도장(梅路武禅道場)을 오사카부(大阪府) 미노오시(箕面市)에 연다. 1934년『무선 : 武禅』을 창간하여 궁도계에 파문을 일으킨다.

우메지 겐란의 궁도실력은 27간(二十七間 : 약 50m)이나 떨어진 3촌(三寸 : 약 9cm)의 과녁을 2번 연속 쏘아 맞출 정도였다고 한다. 이를 본 사람들이 '이건 인간의 기예가 아니다.'라고 말하자 본인도 '물론이지!'라고 대답했다고 한다. 오만함을 느낄 정도의 상당한 자신감이다.

또 제자가 겨울날 아침 밖에서 활을 쏘는 연습을 하다 추우니까 류기(流儀 : 유파의 독특한 방법)를 하나 생략하고 활을 쏘았다. 그러자 방에서 문을 덧문까지 2중으로 닫고 자고 있던 우메지가 벌떡 일어나 "바보 같은 놈! 지금 뭐하는 거야?"라고 일갈했다. 즉 밖의 제자가 동작을 생략한 것을 알고 있었다는 이야기이다. 또한 화살 봉으로 도망가는 쥐를 반 토막을 냈다고 한다. 검술 실력은 받침대도 없이 통대나무를 세우고 사면으로 베어 마츠도(門松 : 문앞 장식)를 만들 정도였다고 한다.

우메지 겐란이 만든 무요신게츠류는 현재의 스포츠화된 궁도가 아니다. 활을 당김으로서 도(道)를 닦아 간다는 교의를 가진 궁도이다. 그러므로 대회나 시합은 없다. 선과 궁을 일체화하는 궁선일여(弓禪一如)를 수행의 기본으로 한다.

우메지 겐란은 쇼멘우치오코시(正面打起)라는 궁도 기술을 배우기 위해 혼다류(本多流) 궁도의 혼다 도시자네(本多利実) 밑에서 아와 겐조(阿波研造)와 함께 수행한 적이 있다. 이때 혼다에게 각각 우메지 '겐란(見鸞)'과 아와 '겐호(見鳳)'라는 이름을 받았다고 한다. 이는 뛰어난 인물을 비유하는 난봉(鸞鳳)에서 따온 글자다. 스승도 두 사람의 실력을 진작부터 인정했다는 것을 뒷받침하는 일화이다. 실제로 두 사람은 그 후 우메지무선도장에서 몇 번 같이 연습하고 토론하며 교류했다고 한다.

우메지는 어려서부터 무술이나 예도의 기린아 같은 수재성을 보였다. 특히 일본 서도에는 한계성을 느끼고 중국까지 수업하러 다녀왔다고 하니 보통 사람에서 벗어난 행동임에 틀림없다.

선이란 쉽게 이야기하면 '올바른 답을 얻어내기 위한 방법'이라고 한다. 그러므로 우메지의 궁도는 과녁을 맞히는 기술만이 아닌 올바른 답을 얻기 위해 화살을 당기는 궁도였던 것이다. 그와 함께 무도의 추구하는 이념을 대변해 주는 참으로 오묘한 깊음이 있는 궁도였던 것 같다.


## 스모(相撲) 사상 최강의 역사 **라이덴 다메에몬**(雷電為右衛門)


일본의 스모(相撲)는 우리나라의 씨름과 비슷하다. 단 씨름은 처음부터 샅바를 잡고 시작하는데 비해 스모는 조금 떨어져서 시작한다. 스모는 일본 무도의 하나이나 신을 모시는 의식이기도 하다. 또한 고대부터 현상금을 걸고 행한 홍행으로 대중에게는 볼거리를 제공했다. 지금도 연 6회 일본 전국을 돌며 스모 경기를 하여 대중에게 오락적인 즐거움을 준다.

영어로는 스모(sumo) 혹은 스모 레슬링(sumo-wrestling)이라고 표기한다. 비슷한 형태의 격투기로는 우리나라의 씨름, 중국의 슈아이쟈오, 오키

나와(沖縄)의 가쿠료쿠(角力), 몽골의 부후, 터키의 야루규레시, 세네갈의 람이 있다. 이들을 일본에서는 'ㅇㅇ스모'라고 부른다. 즉 '간코쿠즈모(韓国相撲)', '몽고루즈모(モンゴル相撲)'라는 식이다.

또한 일본에서는 서로 얽혀 싸우는 격투기적 경기를 스모라고 부르기도 한다. 가령 우데즈모(腕相撲 : 팔씨름), 아시즈모(足相撲 : 발씨름), 유비즈모(指相撲 : 손가락씨름), 겐즈모(拳相撲 : 권씨름), 구사즈모(草相撲 : 풀씨름), 곤츄즈모(昆虫相撲 : 곤충씨름), 로봇토즈모(ロボット相撲 : 로보트씨름)가 있다. 또 스모를 흉내 내서 하는 가미즈모(紙相撲 : 종이씨름)도 있다.

스모는 메이지(明治) 중기까지 여인금제(女人禁制)였다. 그러므로 여성은 시합은 물론 관전도 할 수 없었다. 현시대에 여성에 대한 제한은 없다. 성차별이 되기 때문이다. 선진국에서 있을 수 없는 일이다. 그러나 씨름판(土俵) 위에 여성이 올라가는 것은 암묵리에 기피하고 있다.

스모 고쿠기칸

스모 사상 최강의 역사가 있다. 라이덴 다메에몬인데 그의 전적이 참으로 경이롭다. 현역생활 21년, 에도 본경기(江戸本場所) 재적 36경기에서 통산 승률 9할 6푼 2리이다. 이 기록은 스모 사상 미증유이다. 그래서 라이덴은 역대 최강의 역사로 인정받고 있다.

라이덴은 1767년, 시나노노구니(信濃の国) 현 나가노현(長野県)에서 태어났다. 그는 어려서부터 거구에 괴력을 가지고 있어 여러 가지 전설이 남아 있다. 예를 들면 우스이 고개(碓氷峠)를 짐을 가득 실은 말을 끌고 가는데 정면에서 다이묘(大名: 영주) 행렬이 나타났다. 길이 좁아 피하거나 말이 돌아설 수도 없었다. 할 수 없이 짐을 실은 말을 손으로 번쩍 들어 올려 다이묘에게 길을 피해주었다고 한다. 그 후 스모를 좋아하는 옆 마을의 우에하라 겐고에몬(上原源五右衛門)의 눈에 띄어 그의 시쥬쿠(私塾: 사숙)에서 스모 외에 읽기, 쓰기와 산수 지도를 받는다.

1784년, 시나노노구니에 순회 온 우라가제 린에몬(浦風林右고門)의 눈에 들어 같이 에도(江戸)로 향한다. 에도에서는 당시 스모 제1인자인 다니가제 가지노스케(谷風梶之助)의 제자가 되어 6년간 수업한다. 이 기간에 장래의 유망성을 보여 마츠에한(松江藩) 한슈(藩主) 마츠다이라 하루사토(松平治郷)가 스폰서가 된다. 이때부터 봉록을 받기 시작하는데 첫 시합도 하기 전에 급료를 받은 역사(力士)는 라이덴이 사상 처음이라고 한다. 그만큼 장래성도 보였고 기대감이 컸다는 이야기이리라.

1790년 11월, 에도에서 첫 경기를 한다. 1793년 7월부터 출장한 11시합(場所)을 전부 우승한다. 그 후 은퇴할 때까지 7연속, 9연속 우승을 기록하고 통산 28승한다. 연간 2경기 제도인 당시로서는 엄청난 기록이다. 연간 6경기제에서는 2015년 7월까지 하쿠호 쇼(白鵬翔)가 35회, 다이호 고키(大鵬幸喜)가 32회, 치요노후지 미츠구(千代の富士貢)가 31회 우승으로 수적으로는 상회한다. 그러나 실질적으로는 라이덴이 3배 정도 많은 격이다.

라이덴의 전승 우승은 7회인데 연 2경기제에서 후타바야마 사다시(双葉山定次)가 8회, 연 6경기제에서 다이호 고키가 8회, 하쿠호 쇼가 11회, 기타노우미 도시미치(北の湖敏満)와 치요노후지 미츠구가 각 7회이다. 연패(連覇) 기록은 아사쇼류 아키노리(朝青龍明憲)와 하쿠호 쇼가 각 7번이다.

1811년 2월 경기를 라이덴은 전휴(全休)하고 현역을 은퇴한다. 그리고 마츠에한의 스모 감독(相撲頭取)으로 임명된다. 감독으로서도 제7대 요코즈나(横綱) 이나즈마 라이고로(稲妻雷五郎)를 키워낸다. 1825년 4월 9일, 영면했다. 만 59세였다.

라이덴은 신장 197cm에 체중이 172kg인 근육질의 거한이었다. 보통 스모 역사들이 글은 문외한인데 비해 상당한 교양을 가지고 있었으며 쇼코쿠스모히카에쵸(諸国相撲控帳)라는 일기와 만스모히카에쵸(萬相撲控帳)를 남겼다. 이는 스모뿐만 아니라 에도의 풍습을 알려주는 귀중한 자료가 되고 있다.

라이덴은 사상 최고의 승률을 가지고 있다. 연승기록도 44연승으로 사상 8위이다. 그러나 이는 당시 너무 혼자만 이긴다고 재미없다는 여론이 있어 양보한 기록이라고 한다. 1경기에서 2번 패한 적은 한 번도 없고 같은 상대에게 2번 패한 것은 딱 한 번이었다고 한다. 또 적이 없어 라이덴만 몇 가지 기술은 금지했는데도 그러한 기록들이 나왔다고 하니 라이덴이야말로 스모 사상 최강의 역사임은 틀림없는 사실인 것 같다.

## 소림사권법(少林寺拳法)을 창시한 **소 도신**(宗道臣)

일본 무도 중에 소림사권법(少林寺拳法: 쇼린지켄뽀)이 있다. 일본에 유학할 때 대학 아이키도부(合気道部) 도장 옆에 소림사권법 도장이 있었다. 나는 처음에 소림사권법부라고 해서 중국무술인 줄 알았다. 그런데 일본 무도의 하나라고 해서 고개를 갸우뚱한 적이 있다. 알고 보니 소림사권법의 창시자는 소 도신이라는 일본 사람인데 그가 중국에 가서 여러 가지 무술을 배워왔다고 한다. 그리고 일본 무술과 섞어서 자신의 이상에 맞게 재창조했다고 한다.

대학 3학년 때 내가 소속한 무도론(武道論) 세미나 교수님은 "중국권법은 중국영화와 올림픽 종목 채택을 위한 세계화로 많이 현대화되었어요. 그래서 상당히 변형되어 옛모습을 찾기 어려워요. 오히려 일본 소림사권법에 중국 정통 기예가 더 많이 남아 있을 수도 있어요."라고 말한 적이 있다. 나는 아이키도부 주장이었으나 여러 가지 무술을 체험하고 싶어 소림사권법부에도 입부해서 한동안 배운 적이 있다. 그때 '일본 사람들은 다른 나라의 문화도 좋으면 기탄없이 받아들여 자기 것으로 만드는 능력이 뛰어나구나!'하고 감탄한 적이 있다.

소 도신은 1911년 2월 10일, 오카야마현(岡山県)에서 태어났다. 어려서 양친을 잃은 그는 검술가이자 유술가인 조부 소 시게도(宗重遠)를 따라 만주로 이주한다. 이미 후센류(不遷流) 유술과 검술을 몸에 익힌 그는 만주와 중국 각지에서 중국무술에 관심을 가지고 열심히 배운다. 당시의 중국은 의화단사건(義和團事件)으로 무술훈련이 금지되어 있어 무술가들은 각지에서 은둔생활을 할 수밖에 없었다. 그 때문에 그들은 제자는커녕 후계자조차 구할 수 없었다. 그래서 스스로 배우러 오는 소 도신에게 기쁜 마음으로 기예를 가르쳤다고 한다. 이때 소 도신은 일본군 공작원 일을 했다고 한다.

소 도신

태평양전쟁 직후인 1947년 10월, 만주에서 귀국하여 가가와현(香川縣)에 선(禪)의 정신수양과 호신을 목적으로 하는 무도 유파 겸 종교단체인 소림사권법을 창시한다. 종교단체로 발족한 것은 당시 GHQ(연합국 최고사령관 사령부)에서 무도를 금지하였으므로 그것을 회피하려는 가면도 있었다. 소림사권법은 별파를 인정하지 않고 결속력이 강하다. 중국의 소림사와 혼돈하기도 하나 전혀 관계가 없는 별도의 무술이다. 단 쇼와(昭和) 초기에 소도신이 중국 하남성(河南省)에 있는 숭산(崇山) 소림사(少林寺)를 방문하기는 했다. 마침 그때 소도신이 수행 중이었던 의화문권(義和門拳)의 법문 승계식이 소림사에서 행해졌다. 그와 함께 소 도신은 백의전북벽(白衣殿北壁)의 나한연권도(羅漢練拳圖)에 그려진 상대연련(相手演練)을 보고 깊은 감명을 받았다. 그리고 달마(達磨)가 선(禪)과 역근행(易筋行)을 숭산 소림사에 전했다는 것을 회상하는 의미로 소림사권법이라는 이름을 붙였다고 한다. 그러므로 무술은 소림사와 전혀 관계가 없다고 한다. 소도신은 1980년, 심부전으로 이 세상을 떴다. 69세였다.

소 도신은 소림사권법을 창시한 과정에 대해 자신의 저서 『소림사권법 교범 : 少林寺拳法教範』에서 다음과 같이 말하고 있다.

나는 유도, 가라테(空手道), 복싱, 스모(相撲) 등 여러 무술을 연구했다. 그 기예의 원칙을 분석해 보니 어느 것도 원리는 같다는 것을 확인할 수 있었다. 귀국 후 나는 전혀 새로운 관점에서 중국의 권기(拳技)와 파식(把式)을 재편하였다. 그리고 호신술도 되고 보건체육법도 되며 그 위에 인격완성에 공헌할 수 있는 정신수양법도 되는 심신일여(心身一如)의 수도법을 창설할 뜻을 품었다. 그리고 중국 숭산 소림사 백의전 벽화에 남아있는 인도 전래의 아라한권(阿羅漢拳)을 현시대에 어울리는 형식으로 개조했다. 그 속에 조사의 계시와 선사의 가르침을 기초로 전시 중에 얻은 귀중한 실전 경험과 나의 창안을 첨가했다. 그와 함께 사랑으로 일본 정통 소림사권법을 엮어내었다.

소 도신은 이 책 외에도 『비법 소림사권법 : 秘法少林寺拳法』, 『소림사권법 그 사상과 기법 : 少林寺拳法その思想と技法』, 『소림사권법 입문 : 少林寺拳法入門』, 『소림사권법 오의 : 少林寺拳法奧義』 등 많은 저서를 남겼다. 그의 이야기는 1975년에 「소림사권법 : 少林寺拳法」이라는 타이틀로 영화화도 되었다.

소 도신의 소림사권법 창시 과정을 보면 문화의 흐름에 대해 다시 한 번 생각하게 된다. 문화란 흘러 전달되는 것이고 어느 나라나 그 고장에 정착하면 그 풍토에 맞게 토착화된다. 그리고 재탄생되어 그곳의 전통문화가 된다.

소림사권법은 일본의 어느 대학이나 중고등학교에서도 수련하는 무도가 되었다. 나는 처음에 '그게 무슨 일본 무도야? 중국 무술이지.'라고 생각한 적도 있다. 그러나 문화란 한 나라에 정착하면 그 나라 것이다. 소림사권법은 이름만 중국식일 뿐 이제 자타가 공인하는 일본 무도로 정착되었다고 생각한다.

# 나기나타(薙刀) 사상 최고의 여성 명인 **소노베 히데오(園部秀雄)**

나기나타는 보통 여성들이 하는 무도로 인식될 정도로 여성 수련 인구가 많다. 그러나 남성 수련자도 있다. 나기나타는 우리말로 언월도나 왜장도라고도 한다. 긴 창과 비슷한 자루 끝에 날이 초승달처럼 휘어져 있다. 날 부분은 약 30~60cm로 긴 것은 90cm도 있다. 손잡이인 봉 부분은 약 90~180cm이다.

나기나타는 전일본나기나타연맹(全日本薙刀連盟)이 많은 유파를 통합하여 경기화한 무도이다. 그 역사의 시작은 가마쿠라시대(鎌倉時代)에서 무로마치시대(室町時代)에 걸쳐 나기나타가 보병의 주무기였던 시대로 올라간다. 그러나 전국시대(戰國時代)에는 전술이 발달한 결과, 개인의 무용보다 집단의 효율성이 중시되었다. 그래서 휘두르는 나기나타보다 경량이며 부대별로 일제히 돌격하여 찌르는 창으로 교체되게 된다. 그래서 나가나타는 전장에서는 사용하지 않게 되었다.

에도시대(江戶時代)에 들어서자 평화가 계속되어 유효성이 더욱 없어졌다. 그러자 여성들의 호신 무술로 발달하여 그 지위를 확립하게 된다. 연습용 방구도 제작되고 검술의 죽도와같은 훈련(稽古)도 하게 된다. 메이지시대(明治時代)에는 격검흥행(擊劍興行)이나 이종시합(異種試合: 다른 무기와의 시합)에서 인기를 얻었고, 다이쇼(大正)에서 쇼와(昭和)에 걸쳐서는 경기무도 나기나타로 발전하여 지금에 이르고 있다.

이 나기나타 경기에서 일생에 단 두 번밖에 패한 적이 없는 전설의 여성 명인이 있다. 바로 소노베 히데오인데 지키신가게류(直心影流) 제15대 종가(宗家)로 대일본무덕회나기나타술(大日本武德会薙刀術)의 한시(藩士)이다.

소노베 히데오는 1870年 4月 18日, 미야자키현(宮崎県)에서 태어났다. 아명이 '다리타(たりた : 족하다)'인데 6번째 아기도 딸이 태어나자 부친이 '이제 여자는 족하다!'라고 말하며 한탄해서 그렇게 지었다고 한다. 다리타는 어릴 때부터 부친의 말을 마음대로 타고 돌아다닐 정도로 활발한 소녀였다.

1886년, 지키신가게류 검술의 사카기바라 겐키치(榊原鍵吉)의 문인인 사타케 간류사이(佐竹鑑柳斎)가 다리타가 사는 마을에서 격검흥행을 했다. 이를 보고 매료된 다리타는 부친의 맹렬한 반대를 물리치고 일행을 따라가 행동을 같이 한다. 격검흥행에서는 '미인 검사'로서 그 인기가 대단했다고 한다. 격검흥행에 참가하면서 간류사이와 그의 처에게 지키신가게류 나기나타술을 배웠다. 연습(稽古)에 열심인 다리타는 조석으로 천 번의 휘두르기(素振り)를 일과로 해서 실력이 눈에 띄게 향상되었다. 그래서 배운 지 2년 만인 1888년에 지키신가게류 나기나타술의 인카죠(印可状 : 인하장)를 받는다. 그와 동시에 스승에게 '히데오(秀雄)'라는 이름을 받아 '구사카 히데오(日下秀雄)'로 개명한다. 1891년, 같은 격검회의 검술가 요시오카 고사부로(吉岡五三郎)와 결혼하여 딸을 낳으나 남편과 사별한다. 어린 딸을 데리고 순회공연을 할 수 없어 양녀로 보내는 쓰라림을 겪는다.

1896년, 지키신가게류 나기나타술의 종가를 계승한다. 같은 해, 지키신류 검술(直猶心流劍術)과 쇄겸술(鎖鎌術 : 쇠사슬낫술)의 소노베 마사토시(園部正利)와 재혼하여 소노베 히데오(園部秀雄)로 개명한다. 1897년, 혼죠에코인(本所回向院) 경내에서의 격검흥행을 마지막으로 대일본무덕회 활동만 한다.

1899년, 제4회 부토쿠사이 대연무회(武德祭大演武会)에 유일하게 여성무도가로 출장한다. 여기서 검술가 와타나베 노보루(渡辺昇)와 이종시합(異種試合)을 하여 상대를 압도, 기권승한다. 그 후 남편이 운영하는 도장 고부칸(光武館)에서 나기나타를 가르치는 한편 히메지사범학교(姬路師範学校)와 오사카여자사범학교(大阪女子師範学校)에서 나기나타 교사로 근무한다. 1918년, 검도가 다카노 사사부로(高野佐三郎)가 도쿄(東京) 간다(神田)에 슈도학원(修道学院)을 열자, 그 낙성기념대회에 초청된다. 이를 계기로 여자 가쿠슈인(学習院 : 학습원)에서 지도하게 된다. 1926년, 대일본무덕회로부터 나기나타술 한시(藩士) 칭호를 수여받는다. 1930년, 궁중에 있는 황실도장 사이넨칸(済寧館)에서 벌어진 다이란시합(台覧試合 : 황실이 관전하는 시합)에서 황족인 야마우치 사다코(山内禎子)와 함께 형을 연무한다. 1936년, 나기나카술 도장 슈토쿠칸(修得館)을 오픈한다. 1963년 9월 19일 영면했다. 향년 93세였다.

소노베가 이종시합(異種試合)을 펼친 상대는 거의 다 그 종목의 명인들이었다. 와타나베 노보루는 신센구미(新選組)도 두려워한 검의 달인이었다. 그런데 그가 기권하게 만들었다. 와타나베의 제자 호리다에게는 졌다고 하나 그것은 불분명했다. 본인은 후에 기자의 질문에 패한 적이 없다고 말했다. 사이무라 고로(斎村五郎)10단에게는 무승부였다고 전해진다.

소노베 히데오

나기나타는 실로 무서운 무기이다. 무패의 검성 미야모토 무사시(宮本武蔵)가 유일하게 패한 무기가 나기나타라는 말도 있다. 임진왜란 때 조선의 병사는 일본의 사무라이(侍)의 검술에는 속수무책이었다. 그러나 승병이 사용한 나가나타와 비슷한 월도로는 크게 적을 무찔렀다고 전해진다. 소노베가 나기나타에서 거의 무패의 기록을 한 것은 무기의 우월함과 함께 그 기예를 몸에 수족처럼 익힌 노력에 있다.

한편 소노베는 제자들에게 '무도의 생활화'를 강조했다. 너무 나가나 타만 집중해서 여자로서의 소양인 가사를 소홀히 해서는 안 된다는 의미다. 소노베 자신도 매일 청소를 하고 걸레를 새것처럼 깨끗하게 빨았다고 한다. 무도의 기본은 청소라는 말도 있다. 검도 도장에 입문하면 걸레질부터 시킨다. 중국무술 영화나 무협지를 보면 제자에게 무술은 전혀 가르쳐 주지 않고 3년 이상 청소, 빨래만 시키는 이야기도 많이 등장한다. 청소는 마음도 깨끗하게 해 주며 무도의 기본자세를 만들어 준다. 소노베는 그런 면에서도 모범이 되는 무도의 명인이었다.

## 총검도(銃劍道) 8단에 무도 총 40단의 무신
# 요시자와 가즈키(吉澤 一喜)

일본 무도 중에 총검도가 있다. 이는 다른 무도처럼 고래의 일본 무술에서 발달한 것은 아니다. 구(舊) 일본군이 훈련하던 총검술을 태평양전쟁 후에 경기무도화한 것이다. 목총(木銃)으로 상대의 목과 동체 등을 찌르는 창술에서 발달한 경기이다.

총검술이 전래된 것은 에도막부(江戶幕府) 말기이다. 1841년, 포술가(砲術家)인 다카시마 슈한(高島秋帆)이 도쿄(東京) 다카시마다이라(高島平)에서 처음으로 서양식 총진(銃陳)의 공개 연습을 했다. 이때 총검조련(銃劍操練)도 실연했다. 그러나 본격적으로 군에 채용된 것은 메이지유신(明治維新) 이후이다.

1874년, 프랑스 육군에서 체조교관으로 초빙된 쥬크로 군소(軍曹 : 중사)가 프랑스식 검술과 총검술을 처음 소개한다. 그러나 본인이 전문가가 아니어서 전군에 보급까지 미치지는 못했다. 1884년, 프랑스 육군에서 육군도야마학교(陸軍土山學校)에 검술교관으로 초빙된 도비라레 중위(中尉), 키에르 군소가 펜싱의 프루레를 본딴 정검술(正劍術)과 펜싱의 사브로를 본딴 군도술(軍刀術)을 총검술로 정해 본격적으로 지도했다. 1887년, 프랑스교관이 해고되어 귀국하자 서양식 총검술을 그만두고 일본의 전통적 검술과 창술을 기본으로 독자적인 군도술과 총검술을 연구했다.

1890년, 도야마학교장 오쿠보 하루노(大久保春野)는 프랑스식 총검술의 폐지와 함께 일본식 총검술의 제정을 결정한다. 그 후 도야마학교 체조과장인 검술가 츠다 이치덴류(津田一伝流)의 종가(宗家)인 츠다 교슈(津田教修) 대위(大尉)를 중심으로 호조인류창술(宝蔵院流槍術) 전서 등이 연구된다. 1894년, 일본 독자의 총검술이 제정된다.

1921년, 착검하지 않은 상태의 단검도(短劍道)도 일본 전통의 소태도술(小太刀術)을 기본으로 제정된다. 1940년, 명칭이 '총검도(銃劍道)'로 개정된다. 1941년, 대일본총검도진흥회(大日本銃劍道振興會)가 설립된다. 1945년, 패전과 함께 GHQ의 지령에 의해 무도가 폐지된다. 1956년, 전일본총검도연맹(全日本銃劍道連盟)이 결성되어 자위대원(自衛隊員)을 중심으로 훈련되어 오늘에 이르고 있다.

군국주의 시대의 군복.
총검도는 군국주의 시대의 군인들이 행하던 무도이다.

총검도는 군에서 사용하는 무도라는 특성이 강해 일반에게는 그리 보급되지 않았다. 그러나 총검도 8단에 다른 무도의 단을 합하면 총 40단으로 일본 최고인 무사가 있다. 바로 요시자와 가즈키(吉澤 一喜)이다.

요시자와는 1886년 4월 28일, 구마모토현(熊本県)에서 태어났다. 어려서부터 검도, 유도를 배운 그는 러·일전쟁 후에 지원으로 1905년, 육군보병제13연대에 입대했다. 그 후 육군도야마학교에 입교했다. 1908년 졸업할 때는 우수한 성적으로 메이지천황(明治天皇)으로부터 은시계를 하사받는다. 준위(准尉)로 진급한 후 구마모토(熊本) 육군유년학교(陸軍幼年學校) 조교로 근무한다. 호키류(伯耆流)의 호시노 류타(星野竜太)가 같은 학교의 검도 사범으로 근무하고 있는 인연으로 호시노(星野)도장에 입문하여 이아이(居合)를 배운다.

1911년, 구마모토 시내의 시노노메자(東雲座)에서 미국인 복서의 흥행이 있었다. 그들과 이종시합(異種試合)을 하던 일본인 유도선수가 연달아 패했다. 관전하던 사람들이 요시자와에게 출전할 것을 권하나 제국군인의 신분으로 구경거리에 나설 수 없어 무시했다. 그러나 관중의 흥분으로 동석한 유년학교장이 요시자와에게 출장을 명했다. 그래서 복서 일행 중 최강자와 결투를 하게 되었다. 요시자와는 업어치기로 승리했다. 관중의 함성이 터졌다. 같은 자리에 있던 구마모토 검도계의 중진인 노다 쵸자부로(野田長三郎)는 너무 기뻐서 요시자와를 즉시 양자로 삼았다.

1913년, 교토(京都) 대일본무덕회(大日本武德會) 본부 강습생이 된다. 1914년, 무덕제대연무회(武徳祭大演武會)에 검도(劍道), 이아이(居合), 유도(柔道)를 전부 출장한다. 그 후 교토제1상업학교(京都第一商業學校) 교사로 재직한다.

1935년에는 전시 무드(戰時 mood)로 총검술이 성황이었다. 요시자와는 검도대회에 목총을 들고 출장해 강적 미야자키 기사부로(宮崎茂三郎)를 찌르기로 쓰러트려 장내를 열광시킨다. 1940년, 총검술의 한시(藩士)로 승진한다. 1972년, 86세에 이 세상을 떴다.

총검도를 보면 일본 사람들이 얼마나 빨리 외국문화를 자기화하는지 새삼 감탄하게 된다. 서양에서 받아들인 총에 단검을 달아 무도화 한 것이다. 무도는 평화시에 정신수양과 건강을 위한 신체단련을 목적으로 수련한다. 그러나 막상 생사를 건 싸움이나 전쟁이 일어나면 개인의 신체는 물론 국가적인 승리도 가져다주는 막강한 병기가 된다. 어느 무도나 달인이 있게 마련이다. 요시자와 가즈키(吉澤 一喜)는 역사도 짧은 총검도를 확고부동한 일본무도로 만드는데 크게 공헌한 인물로 평가된다.

# 4장

## 일본인이 좋아하는 외국 무사들

 일본 사람들은 자기나라 무사는 물론 좋아하지만 외국 무술가라고 해서 그리 경원하지는 않는다. 그런 면에서 보면 무는 국적을 떠나 실력으로 인정받는 것 같다. 한 예로 일본의 국기인 스모(相撲)를 보면 최근 십팔 년째 최고장사인 요코즈나(横綱)에 일본인이 없다. 거의 다 몽골인이다. 그래도 몽골인 요코즈나의 인기는 과거 일본인 요코즈나와 거의 다름이 없이 높다.

극진 가라테(空手道)를 창시한 최영의도 한국 사람이지만 일본인에게 인기가 대단했다. 그러나 그는 일본으로 귀화해서 일본 사람이 되었다. 일본에서는 귀화하면 과거는 거의 문제 삼지 않고 차별은 없어진다.

역도산은 차별 때문에 처음에 한국 사람인 것을 감추었다. 나중에 20년 만에 한국을 방문하는 바람에 들통이 났으나 인기에 그리 지장이 있지는 않았다. "작은 덩치로 큰 미국인 레슬러들을 때려눕히는 장면은 같은 동양인으로서 속이 다 후련하고 눈물이 나올 지경이었어요."라고 아이키도(合気道)의 동료가 말한 적이 있다. 일본인들은 감추고 있었지만 태평양전쟁에서 미국에 패한 것을 분통해 하고 있었던 것이다.

홍콩 무협스타들의 인기도 우리나라 못지않게 높다. 우리나라에 이름이 알려진 이소룡, 성룡, 이연걸, 견자단 등은 일본에서도 유명하다. 홍콩 스타들의 경우 일본 TV에서 심심치 않게 볼 수 있다. 이 장에서는 일본에서 활약했거나 인기가 있는 외국무사들에 대해서 알아보자.

## 세계 무술인(武術人)의 영원한 우상 **이소룡**(李小龍)

이소룡을 일본 사람들은 부루스리(Bruce Lee : ブルースリー)라고 부른다. 현시대에 전 세계의 남자들, 특히 무술에 관심이 있는 사람 중에 그를 모르는 사람은 아마 거의 없을 것이다. 그가 죽은 지 벌써 43년이라는 세월이 흘렀는데도 아직 전설의 무인으로 기억되고 있다.

나는 중학교 2학년 때 그를 알게 되었다. 이름은 잊었으나 1년 선배가 쌍절곤을 가방에 가지고 다니며 자랑삼아 휘두르는 것을 보았는데 그게 그리도 멋있어 보였다. 그래서 선배를 졸라 조금 배웠다. 그는 아까웠는지 많이는 가르쳐 주지 않았다. 그래서 서울 갔을 때 큰 서점에서 『쌍절곤 독습법』이라는 책을 사서 혼자 연습했다. 그리고 쇠파이프와 개줄을 사서 내가 직접 쌍절곤을 만들어 휘둘렀다. 그때 무게를 달아보았는데 무려 3.75kg이나 되었다. 나는 그것을 휘두르다 뒤통수와 무릎을 쳐서 다친 적도 많았다. 그래도 정말 꾸준히 연습했다.

그리고 사춘기 때는 이소룡의 영화를 몇 번이고 반복해서 보거나 그가 쓴 『절권도』라는 책을 사서 연습했다. 그러나 혼자 했으므로 그리 성취하지는 못했다. 무술은 역시 좋은 선생님에게 배워야 효율적으로 빨리 익힐 수 있다.

이소룡 마니아는 우리나라에만 있는 것이 아니었다. 아이키도(合気道)를 하는 일본 친구 중에 이소룡을 모르는 사람은 거의 없었다. 아오야기(青柳) 상은 고등학교 때 비디오 테이프가 귀한 시절이었는데 용돈을 절약해 그의 영화를 다 샀다고 했다. 그리고 매일 영화를 보며 연습했다고 했다. 남자는 역시 국적에 관계없이 강해지고 싶은 욕망이 있는 것 같다.

그런데 이소룡의 무술 중 발차기는 우리나라의 태권도에서 배웠다. 원래 중국무술인 쿵후에는 태권도처럼 화려한 발차기 기술이 없었다. 이소룡의 절친한 친구인 아메리카 태권도의 아버지라고 불리던 이준구가 전수했다. 이에 대해서는 이준구의 자서전인 『Joon Lee』에 자세하게 소개되어 있다.

내가 이준구를 좋아하게 된 추억도 있다. 사춘기 때 상경하여 충무로에서 전기기사로 일하고 있을 때였다. 쉬는 날 하루는 남대문시장을 지나가는데 남대문극장에서 '흑권(黑拳)'이라는 영화를 상영하고 있었다. 걸음을 멈추고 포스터를 보니 주연 배우인 듯한 배우의 발차기가 너무 멋있었다. 그래서 표를 사서 들어갔다. 아니나 다를까 영화 속 주인공의 발차기는 너무나 환상적이었다. 뒤돌아차기로 상대가 피는 담뱃불만 끊는다거나 뺨을 발로 손보다 빨리 때리는 장면은 정말 태권도의 진수였다. 나중에 주인공이 이준구라는 것을 알게 되었다. 그리고 그 영화가 이소룡의 소개로 홍콩에서 만들어진 영화라는 것도 알게 되었다.

그 후 나는 발을 단련하려고 가까이 있던 서울 남산 순환도로를 돌아 정상까지 매일 아침 뛰었다. 그리고 팔각정에서 발차기 연습과 스트레칭을 했다. 그리고 강원도 산속에 들어가서 약 1년간 책을 보며 쌍절곤과 여러 가지 무술을 단련했다. 무협지 흉내를 낸 것이다. 그러나 도장에 다닌 것이 아니고 혼자 연습했으므로 큰 성취를 얻지는 못했다.

이소룡의 인기는 왜 장수하는 것일까? 우선 그가 작은 동양인으로서 할리우드 무술영화에 처음 진출해 성공했다는 점을 꼽을 수 있다. 동양에서는 당시 홍콩 무술영화가 유명하기는 했다. 그러나 세계적인 명성을 얻으려면 할리우드 영화가 아니고서는 불가능했다. 그것은 지금도 마찬가지다.

그리고 쿵후에 태권도의 발차기를 넣어 절권도(截拳道)를 창시했다는 점이다. 거의 손만 쓰는 쿵후는 그리 위력이 없어 보인다. 영화에서 보면 적이 그렇게 맞고도 또 일어나니 어딘가 좀 답답하다. 아이키도(合氣道)를 배운 스티븐 시걸(Steven Seagal)의 영화가 인기를 얻은 것은 한 번에 꺾거나 비틀어 끝내는 동작이 많기 때문이다. 이는 보는 사람의 속을 후련하게 한다. 발이 손보다 느리지만 파워는 몇 배 강하고 동작도 시원스럽다. 절권도는 쿵후의 약점을 크게 보완했다고 해도 과언이 아니다.

마지막으로 이소룡은 자기만의 카리스마가 강했다. 파이트 할 때의 야생동물의 울음소리 같은 독특한 괴성과 완벽에 가까운 근육에서 나오는 파워는 보는 이로 하여금 통쾌감마저 준다. 정말 오래 쌓인 스트레스가 다 풀릴 정도다. 그러나 평상시의 온화한 미소는 너무도 인간적이다. 이는 그만의 독특한 무기이다. 이런 점들이 그를 앞으로도 일본인뿐만이 아닌 세계인에게 사랑받는 무술인으로 기억되게 할 것이라고 생각한다.


## 스턴트맨을 쓰지 않기로 유명한 세계적인 액션스타 **성룡**(成龍)

성룡은 우리나라 못지않게 일본에도 많이 알려져 있다. 일본에서는 작키 첸(Jackie Chan)이라고 부르는데 인기는 데뷔 당시부터 지금까지 변함없이 높다. 그 이유 중 하나가 환갑이 넘은 나이에도 불구하고 위험한 액션을 직접 했다는데 있다. 즉 성룡은 스턴트맨을 쓰지 않고 거의 직접 연기를 한 것으로 유명하다. 또 무술도 직접 배워서 한 것으로 소문나 있다. 환상적인 그의 몸의 근육이 그것을 대변해 주는 것 같다.

내가 성룡 영화를 처음 본 것은 1979년에 나온 취권이다. 서울 시내의 어느 개봉관에서 보았는데 한창 운동에 빠져 있던 사춘기 때라 정말 가슴 뜨겁게 본 기억이 있다. 그래서 액션스타를 꿈꾸기도 했다.

그때 하루는 친구가 바텐더로 일하고 있는 충무로 3가의 어느 바에 놀러 갔다. 그런데 친구가 유명한 스타가 와 있다며 눈짓으로 구석을 가리켰다. 바로 성룡의 히트작 취권에서 마지막 씬의 악당 역을 한 배우였다. 그런 대 스타를 옆에서 보다니 정말 영광이었다. 그날 이후로 나는 성룡에게 관심을 더 갖게 되었다. 그리고 그의 영화를 나오는 것은 다 보며 무술을 연구했다.

성룡은 중국 쿵후 영화뿐만 아니라 현대 액션영화도 많이 찍었다. 물론 그의 무술의 기본은 쿵후이다. 쿵후는 중국무술의 대명사로 동양무술을 세계에 알리는데 큰 역할을 했다. 가장 공헌을 한 것은 세계로 진출한 쿵후 도장도 있겠으나 뭐니 뭐니 해도 홍콩영화다. 그 시발점은 앞에서 이야기한 이소룡이다. 이소룡이 죽은 후 성룡이 그의 뒤를 잇는 스타라고 주목 받았다.

성룡은 1954년 4월 7일, 홍콩에서 태어났다. 아버지 진지평(陳志平)은 국공내전(國共內戰)을 피해 중국대륙에서 홍콩으로 피해온 사람이었다. 성룡은 7세부터 10년간 중국극 극학원에서 경극과 중국무술을 배웠다. 그리고 학원이 끝나면 영화의 엑스트라나 스턴트맨 아르바이트를 하며 실전을 익혔다. 1972년에는 이소룡의 영화 『정무문』에서 문하생역이나 절정에서 중요한 액션 장면을 맡았다. 또 1973년, 『용쟁호투』에서 이소룡에게 목을 베이는 역으로 출연한다. 그 후 양친이 사는 오스트레일리아에 가서 다른 일을 하며 배우 수업을 쉰다. 그러나 1976년에 이소룡 주연의 『당산대형』 감독인 로웨이(羅維 : 나유)에게 캐스팅되어 홍콩으로 돌아온다. 이때 이름을 진원룡(陳元龍)에서 성룡(成龍)으로 바꾸고 『신정무문』으로 재데뷔한다.

성룡은 이소룡의 후계로서 카리스마 넘치는 진지한 복수극에서는 성공하지 못했다. 그러나 성룡에게는 나름대로의 무기가 있었다. 그것은 코믹한 무술이었다. 그래서 스스로 제작진에게 주문해서 스토리와 무술 액선에 코믹을 섞은 것이다. 이것이 그때부터 성룡 무술의 캐릭터가 되고 그를 세계적인 스타로 탈바꿈시키게 된다.

1978년에 『사형도수』와 『취권』의 주연으로 발탁된다. 1979년에는 감독으로 진출해서 『소권괴초』를 만든다. 같은 해에 이소룡의 영화 『당산대형』을 만든 골든 하베스트사로 이적해서 1980년, 『사제출마』를 주연 겸 감독해 히트시킨다.

1983년에는 『프로젝트A』, 1985에는 『폴리스 스토리』를 자신이 감독 주연 스턴트까지 직접 해서 대 히트, 아시아 최고의 스타가 된다. 그러나 1986년, 『용형호제』의 촬영 중 큰 부상을 입어 그 후유증으로 귀가 거의 들리지 않게 된다.

할리우드 진출의 꿈을 이루기 위해 1980년, 『살수호(The Big Brawl)』와 1985년에 『성룡의 프로텍터(The Protector)』를 출품하여 두 번이나 도전하나 별로 호응을 얻지 못했다. 그러나 1995년 『홍번구(Rumble in The Bronx)』가 전미흥행수입 1위를 차지하면서 성룡의 할리우드 영화 진출의 길이 열린다. 그 후 1998년에 공개된 『러시 아워(Rush Hour)』에 이어 2001년에 『러시 아워 2(Rush Hour2)』가 대 히트를 하면서 미국뿐만 아니라 세계적으로 지명도가 높아진다. 그래서 미국 아카데미상 수상식의 프레젠터로 출연하기도 한다.

2004년에는 『뉴 폴리스 스토리(New Police Story)』가, 2007년에는 일본인 사나다 히로유키(真田広之)와 공연한 『러시 아워 3(Rush Hour3)』가, 2008년에는 이연걸과 공연한 『포비든 킹덤(The Forbidden Kingdom)』이 공개되었다. 그리고 2012년에는 자신이 직접 액션과 스턴트를 하는 작품의 마지막이라는 『차이니스 조디악(Chinese Zodiac)』이 공개되었다. 2015년에는 자신이 제작, 주연한 『드레곤 블레이드(Dragon Blade)』가 대히트한다.

성룡은 100개가 넘는 영화에 출연했으며 가수활동도 왕성하게 했다. 자신이 제작한 영화 주제곡은 대부분 스스로 부를 정도로 노래에도 재능을 발휘한다. 그래서 홍콩은 물론 일본에서 가수로도 활약하는데 유명한 곡으로 1980년의 『사제출마』를 시작으로 1983년에는 이츠와마유미(五輪真弓)에 의해 발표된 싱글 「마리안느」가, 1985년에는 『라스트 미션』이 있다. 성룡은 일본에서 액션 배우뿐만 아닌 가수로서의 활동으로 인해 더욱 유명하게 된다. 또 1995년에 기관지 천식으로 사망한 일본에서 유명한 타이완 가수 테레사텐(鄧麗君 : 덩리쥔)의 옛 애인이기도 해서 화제가 되기도 했다. 성룡이 일본에서 유명한 만큼 그가 출연한 CM은 기린 맥주(麒麟ビール), 아사히 구두(朝日靴), 오츠카 제약(大塚製薬), 미쓰비시 자동차(三菱自動車) 등 수십 개가 넘을 정도다.

성룡은 이소룡 영화의 엑스트라와 스턴트 연기로 무술 감각을 익히며 컸다. 그런 가운데 이소룡과 볼링장에도 같이 갔다는 일화가 있을 정도로 그에게 사랑을 받기도 했다. 이는 일본의 레슬링계의 스타 이노키(猪木)가 역도산의 그늘에서 큰 것과 같다. 이처럼 대스타는 하루아침에 만들어지지 않는다. 어려서부터 피나는 노력과 좌절을 맛본 후에야 성공하는 것이다. 또 다른 분야도 마찬가지이겠지만 특히 무술스타는 정말 대 선생님이나 톱스타 밑에서 배워야 한다는 것을 성룡의 일대기가 다시 한번 확인시켜주는 것 같다.

# 중국전국무술대회 5년 연속우승자 출신 무인

## 이연걸(李連杰 : Jet Li)

홍콩무술 영화에서 이소룡, 성룡의 뒤를 잇는 무인으로 이연걸이 있다. 그는 실제 중국전국무술대회(中國全國武術大會)에서 5번이나 우승한 실력자이다. 이 기록은 아직 깨지지 않고 있다. 그런 초인적인 실력을 인정받아 영화에 데뷔했으므로 그의 무술은 촬영기술에 의한 액션이 아니다. 대역도 안 쓰는 진짜 무술인 것이다.

이연걸은 1963년 4월 26일, 중국 요령성 선양시에서 5형제 중 막내로 태어났다. 1971년, 8살 때 북경업여체육학교(北京業余體育學校)에 입학해서 중국무술을 배우기 시작한다. 1974년, 중국전국무술대회에서 개인 종합우승을 차지한 후 연속 5년을 우승하는 신기록을 달성한다. 1979년, 16세 때 영화 『소림사』로 무술영화에 데뷔한다. 이후 홍콩으로 건너가 1991년, 서극 감독의 『황비홍 : Once Upon a Time in China』 시리즈에 4편이나 주연하면서 스타덤에 오른다.

1998년, 멜깁슨(Mel Gibson)과 같이 『리셀 웨폰 4 : Lethal Weapon 4』로 할리우드에 데뷔한 후, 『키스 오브 더 드래곤 : Kiss of The Dragon』, 『더 독 : Unleashed』이 차례차례 공개되어 세계적인 액션 스타가 된다. 2006년에는 『무인 곽원갑』이, 2008년에는 성룡과 같이 공연한 『포비든 킹덤 : Forbidden Kingdom』과 『미이라 3 : The Mummy』가, 그리고 2012년에는 『익스펜더블 2 : The Expendables 2』가 히트하면서 할리우드의 주연급 배우로 확실한 자리매김을 한다.

이연걸의 무술은 장권, 번자권, 팔괘장, 태극권, 형의권, 취권, 응조권, 당랑권 등 중화권의 무술을 망라하고 있다. 그래서 역사에 실제로 등장하는 무술가의 연기가 많다. 1993년, 『태극권』에서는 장삼풍(張三豊) 역을, 같은 해 『방세옥』에서는 방세옥(方世玉) 역을, 1994년의 『소림오조』에서는 홍희관(洪熙官) 역을, 1995년부터 나온 『황비홍』시리즈에서는 황비홍(黄飛鴻) 역을, 2006년에 공개된 『무인 곽원갑』에서는 곽원갑(霍元甲) 역을 훌륭히 해냈다. 이처럼 이연걸은 외국 무술을 하지 않는 극히 중화적인 무술을 하는 무인이다.

2004년, 이연걸은 스마트라 지진을 가족과 함께 겪고 구사일생한다. 이를 계기로 2007년 「원 기금」이라는 단체를 설립해 자선사업에 적극 참여하고 있다. 2008년의 사천(四川) 대지진 때는 1년 동안 영화촬영을 금하면서까지 이재민을 도왔다고 한다. 개런티로 환산하면 150억 원이 넘는 돈을 포기했다고 하니 참으로 범인으로서는 용단하기 어려운 일을 했다.

일본 사람들은 자기들 무술을 사랑하면서도 외국무사라면 자기나라 것을 지키는 무인을 좋아한다. 그리고 인간적으로 볼런티어 하는 사람을 좋아한다. 이연걸이 일본에서 사랑받는 것은 이 두 가지를 겸비한 무인이기 때문이기도 할 것이다.

# 이소룡이 배운 영춘권의 천재무사 **견자단**(甄子丹 : Donnie Yen)

　　이연걸이 중국 정통파 무술을 한다고 하면 견자단은 중국무술에 자기류를 더한 무술을 하고 있다. 그런데 이것이 세계적으로 먹히고 있다. 견자단은 어려서부터 무술을 배웠으나 대기만성을 한 무술스타다. 무술스타는 공부를 하는 학자와 달리 체력이 있는 젊은 시절이 전성기다. 그런데 그는 30세가 넘어서 히트작을 내기 시작하고 있다. 같은 학교에서 배운 이연걸이 대 스타일 때 그는 거의 무명이었다. 견자단이 무술을 못한 것이 아니라 이연걸의 그늘에 가려 있었던 것이다. 무술대회에서도 이연걸이 우승할 때 준우승을 했다고 한다. 그러나 이연걸이 무술계를 떠나 영화계로 진출하자 우승도 했다. 무술이 실제로 정상급 수준이었던 것이다. 그러나 견자단의 무술은 중년에 더욱 무르익는다.

　　견자단은 1963년 7월 27일, 중국 광동성에서 태어났다. 2살 때 홍콩으로 이사한 후 11살 때 미국 보스턴으로 이주한다. 무술가인 어머니와 언론인인 아버지를 두어 어려서부터 어머니에게 무술을 배운다. 청소년기에는 이소룡을 흠모하여 항상 검은 옷에 쌍절곤을 가지고 다니며 싸움만하는 불량소년이었다. 이를 걱정한 양친에 의해 17세에 미국을 떠나 북경업여체육학교(北京業余體育學校)에 입학해서 2년간 다닌다. 같은 학교에 나이는 같으나 선배인 이연걸이 있었다.

　　1982년, 무술대회 우승 후 무술잡지「INSIDE KUNG-HU」에서 그해 최고의 무술가로 뽑힌다. 1984년, 원화평 감독의『소태극』으로 데뷔하나 그리 주목받지 못한다. 그래서 미국에 수년 간 갔다 온 후 홍콩에서 주로 TV에 출연한다. 영화로는 『황비홍2』와 『철마류』에 출연하며 스타덤에 오른다. 그후 『칠검』, 『살파랑』, 『도화선』, 『엽문』이 히트하면서 스타의 자리를 확고부동하게 굳힌다. 2000년에는 『엔드 오브 게임(Highlander: Endgame)』으로 할리우드에 진출했다.

견자단은 무술가인 어머니에게 어린 시절부터 혹독한 훈련을 받았다. 주로 태극권을 배웠으며 성장하면서 태권도, 이종격투기, 레슬링, 유도 등 여러 가지 다양한 무술을 접했다. 또 실존했던 무인을 연기할 때는 홍가권과 영춘권을 수련했다. 특히 영춘권은 엽문의 장남인 엽준에게 9개월 간 특훈을 받았다. 그는 어떤 무술이든 자기 것으로 소화하는 능력을 지녔다. 영화 속에서 보면 그것이 녹아있는 듯 자기 스타일의 무술을 선보이고 있다.

견자단은 여성 팬을 사로잡는 무술인의 한 사람이다. 그의 영화를 보면 연인이나 부인을 위해 목숨을 아끼지 않고 보호하는 장면이 많이 등장한다. 다른 무인들이 대부분 벽창호 같은 역을 하는데 비해 견자단은 여인에게 상냥하고 자상한 역을 잘한다. 이는 어려서부터 어머니에게 혹독한 무술 수련과 함께 사랑을 받아서이다. 그래서 여인에 대한 자상함과 배려가 자연스럽게 몸에 녹아있는 것이다. 그러면서도 무술은 천하무적이다. 그런 면이 그가 여성 팬을 사로잡는 매력이 아닌가? 생각한다.

# 극진가라테의 창시자 천하무적 **최영의**(大山倍達: 오야마 마스다츠)

최영의는 최배달로 우리에게 더 잘 알려져 있다. 배달민족이라는 긍지를 가지고 일본 이름을 그렇게 지어서이다. 최영의의 정식 일본 이름은 오야마 마스다츠(大山倍達: 대산배달)이다. 그의 무협지적인 활약상은 우리나라뿐만 아니라 일본, 미국 등 세계적으로 유명하다. 왜냐하면 그가 주인공인 작품이 너무 많기 때문이다.

1971년에 최영의의 일대기를 그린 만화 『空手馬鹿一代: 무한의 파이터』가 일본의 주간 매거진에 연재되었다. 이 작품은 1973년에 47부작으로 애니메이션화된다. 영화로는 1954년, 맹우와 싸우는 가라테(猛牛と戦う空手)를 시작으로 겐카 가라테 교쿠신켄(喧嘩空手極真拳: Champion of death 1975), 겐카 가라테 교쿠신 부라이켄(喧嘩空手極真無頼拳: Karate bearfighter 1975), 가라테 바카 이치다이(空手馬鹿一代: Karare for life 1977)가 있다. 또 SNK 비디오 게임 '킹 오브 파이터'와 '용호권'시리즈의 캐릭터 역도 했다. 그 외 우리나라에서 1989년에서 1992년까지 스포츠신문에 연재된 '바람의 파이터'가 있다. 이는 2004년 양윤호 감독에 의해 영화화되었다. 저서도 많은 그는 이제 세계 무술사에 길이 남는 전설적인 위인이다.

나는 앞에서도 말한바 있으나 18세에 강원도 산골에서 약 1년 간 무도 수련을 한 적이 있다. 다름 아닌 최영의가 3년간 일본의 산속에서 무술 수련한 것을 일본 책에서 보고 흉내 낸 짓이었다. 당시 나는 정권과 수도를 굳은살이 배일 정도로 단련했다. 그리고 책의 내용대로 그를 흉내 내서 차돌을 깨려고 수도 없이 시도해 보았다. 그러나 성공하지는 못했다. 수도로 병목을 날리는 것은 할 수 있었다. 물을 반쯤 넣고 병 두개를 세워 놓고서였다. 그러나 최영의는 빈 병을 한개만 놓고도 목만 날렸다. 숙달된 무술가도 하기 어려운 신기이다. 스피드와 파워가 인간을 벗어나 신의 경지에 다다랐다고 본다. 그 정도였으므로 최영의는 수도로 들소의 뿔만 날리는 괴력을 보일 수 있었던 것이다.

정권으로 촛불을 끄는 연습도 많이 했다. 이것은 촛불의 10cm 앞에서 멈춰 권풍으로 끄는 것인데 좀처럼 쉽게 되지 않았다. 또 손가락으로 10원 동전을 구부리기 위해 손가락 팔굽혀펴기를 수도 없이 했다. 그러나 나는 이도 성공하지는 못했다. 고작 병마개 정도 휠 수 있었다. 스피드와 체력, 순발력을 단련하기 위해 계곡을 뛰거나 톱질, 도끼질을 땡볕 밑에서 하루 종일 했다. 지금 생각하면 참으로 무모하기 짝이 없었다는 생각이 든다.

최영의는 1923년 7월 27일, 전라북도 김제에서 태어났다. 16세에 일본에 건너와 야마나시 항공기술학교(山梨航空技術學校)에 입학한다. 이때 아르바이트를 하면서도 1938년 9월부터 후나고시 기친(船越義珍)에게 쇼토칸(松濤館) 가라테를 배운다. 그 후 겸해서 야마구치 고겐(山口剛玄)과 재일교포 무술가 조영주(曹寧柱)에게 고쥬류(剛柔流)를 주로 배운다. 야마나시 항공기술학교를 졸업한 후 육군사관학교에 응시하나 실패하여 좌절한다. 그 후 당시 다쿠쇼쿠대학(拓殖大学)의 기무라 마사오(木村政彦)가 유도계의 최고 영예인 덴란시합(天覧試合)에서 우승한데 자극받아 같은 대학에 들어간다. 그러나 재학 중 태평양전쟁이 발발하여 학병으로 입대한다. 그 후 와세다대학(早稲田大学)을 중퇴한다. 1946년 6월, 실업가이자 정치활동가인 다나카 기요하루(田中清玄)의 중매로 배우 후지마키 준(藤巻潤)의 누나 치야코(智弥子)와 결혼하여 딸 3명을 둔다. 1947년 교토(京都)에서 개최된 가라테 선수권에서 우승한다. 1952년, 프로 유도 선수인 엔도 고키치(遠藤幸吉)와 도미, 1년 정도 전국을 돌며 프로 복서, 프로 레슬러와 시합을 벌였다. 귀국 후에는 맨손으로 소와 싸워 47두를 거꾸러트린다. 이 중 4두는 즉사했다고 한다.

그 후 여러 무술가와 교류하며 또한 세계 각국을 돌며 격투기를 연구, 슨도메(寸止め)[50] 형식이 아닌 직접 타격제 극진 가라테(極真空手道)를 만들어 낸다. 1956년에는 요시다 고타로(吉田幸太郎)에게 다이토류아이키쥬즈츠(大東流合気柔術)와 반봉술(半棒術)을 배운다. 그 밖에 소네 고조(曽根幸藏) 9단에게 유도를, 피스톤 호리구치(ピストン堀口)에게 복싱을 배운다. 그리고 보디빌딩도 단련한다.

자신의 무술을 확립한 초창기에는 자택에서 노천도장을 여나 1964년, 국제 가라테연맹 극진회관을 설립한다. 이 도장에서 세계적으로 이름 높은 명선수가 많이 탄생했다. 1994년 4월 26일, 폐암으로 별세했다. 만 70세였다.

---

50 가격점 바로 앞에서 멈추는 기술.

나는 어릴 때 '싸움을 하면 태권도가 셀까? 유도가 셀까? 권투가 셀까?'하는 의문을 가지고 친구들과 격론을 벌인 적도 있다. 그런데 이는 어른들도 마찬가지 같다. 그래서 지금도 각종 격투기 간의 이종격투기전(異種格鬪技戰)이 이루어지고 있는 것이다. 그 원조 격으로 역도산의 스모(相撲)와 기무라 마사오의 유도가 세기의 대결을 펼쳤다. 그 후 이노키의 레슬링과 알리의 복싱 대결이 있었고 지금까지 수많은 격투기가 애들 호기심 같은 의문에 의해 대결을 했다. 흥행은 얼마나 대중의 관심을 불러일으키느냐에 의해 성공과 실패가 좌우된다. 장난같은 호기심이 대중의 관심을 불러일으켜 흥행과 더불어 격투기의 발달을 가져온 것이다.

최영의는 수많은 무술과 대결을 했다. 심지어는 곰이나 황소 같은 동물과도 사투를 벌였다. 그는 위에서 살펴보았듯이 수많은 무술을 배웠다. 최영의는 미야모토 무사시를 존경했다고 한다. 그래서 미야모토처럼 여러 곳을 다니며 각종 무술과 겨루었다. 무대가 일본 국내뿐만이 아닌 세계로 넓어진 것이다. '도장깨기'도 미야모토 무사시의 트레이드마크였다. 그에게 진 도장은 많이 문을 닫았다. 그래서 '도장깨기'라는 말이 붙었다. 이와 같은 실전을 통해 자신이 창시한 극진 가라테를 최영의는 사상 최고의 무술이라고 공언했다. 그러나 나의 생각은 다르다. 그것은 무술자체가 센 것이 아니라 최영의 자신이 강해서 그가 하는 무술이 센 것처럼 보이는 것이다.

최영의는 한국인이면서도 일본인들에게 존경을 받았다. 그리고 일본에 귀화했다. 일본에서 한국인은 차별을 많이 받는다. 한민족에게 있어 최영의는 자랑이자 정신적인 수호신이었다. 일본인이 한국인을 감히 무시

할 수 없게 공헌한 면도 있다. 너무 세기 때문이다. 그를 사랑한 사람은 무술가만이 아니었다. 정치가, 경제인 등 다양했고 심지어 타 무술가들도 그를 사랑했다. 실력으로나 인품으로나 최영의는 무술계에 있어 길이 남을 것이다.


## 전후 일본인의 영웅 레슬링의 **역도산**(力道山 : 리키도잔)


일본 프로레슬링의 기초를 쌓은 것은 다름 아닌 우리나라 사람 역도산이다. 그의 특기는 가라테춉(空手チョップ)이라는 기술이었는데 다름 아닌 수도치기다. 나는 어렸을 때 텔레비전에서 레슬링의 천규덕 선수가 수도로 황소의 등뼈를 쳐서 거꾸러트리는 것을 본 적이 있다. 수도는 매력 있고 주먹보다 어딘가 멋있어 보일 때가 있다.

그때는 박치기로 유명한 김일(大木金太郎 : 오키 킨타로) 선수가 한창 인기가 있을 때였다. 그래서 나도 친구들과 머리에 혹이 나도록 흉내를 내며 박치기 연습을 했다. 그런데 정말 머리가 어지럽고 아팠다. '김일 머리는 철판이라도 들어있나? 아프지도 않나봐.'라고 친구들과 호들갑을 떨며 신나게 떠들기도 했다. 그런데 박치기를 많이 하면 머리가 둔해져 공부를 못한다는 말을 들었다. 또 알고 보니 뇌를 다치면 위험하기 때문인지 다른 선수들은 별로 사용하지 않고 꺼리는 기술이었다. 실제로 김득구 선수가 1982년 11월 13일, 미국 라스베이거스에서 열린 프로 복싱 WBA 라이트급 세계 챔피언 매치에서 레이 맨시니 선수에게 턱을 맞고 쓰러졌다. 곧바로 병원으로 실려 갔으나 뇌사로 판정되었다. 이처럼 머리에 충격을 받으면 생명을 잃거나 세계 헤비급 전 챔피언인 알리처럼 파킨슨씨 병으로 불구가 될 수도 있다.

그러나 박치기는 다른 부위에 비해 보기에는 마음이 상당히 후련하고 통쾌하다. 한국 사람은 원래 박치기를 좋아하는 민족이라고 한다. 서민이든 건달이든 박치기가 센 사람은 다 두려워한다. 동네싸움에서는 박치기를 잘하면 대장이었다. 박치기에는 싸움에서 머리로 받는 의미도 있으나 장사에서 일대일의 맞흥정한다는의미도 있다. 또 이마로 세게 받아치듯이 굽히지 않고 저돌적으로 밀어붙이는 성격을 의미하기도 한다. 일본에서는 이즈츠 가즈유키(井筒和幸) 일본인 감독이 '박치기(パッチギ)'라는 영화를 만들어 히트하기도 했다. 영화에서는 재일조선인 학생과 일본인 학생과의 갈등, 사랑을 그리고 있다. 박치기라는 타이틀 자체가 조선인을 의미하는 말이다.

일본인 레슬러로는 이노키(猪木)가 유명했는데 김일과 시합을 많이 했다. 김일이 한참 불리하다가도 특기인 박치기가 나오면 상대는 얼굴이 피투성이가 되어 전의를 상실했다. 너무도 흥분했던 기억이 지금도 생생하다. 이 선수들이 모두 역도산의 제자이다. 또 이노키와 함께 일본 레슬링계의 양대 산맥이라는 자이언트 바바(ジャイアンツ馬場)도 역도산의 제자이다.

역도산의 본명은 김신락(金信洛)으로 1924년 11월 14일, 함경남도 홍원군 신풍리에서 태어났다. 어려서 일본에 건너간 그는 스모(相撲)에 입문해서 1940년 9월, 첫 시합을 하며 데뷔한다. 그리고 1950년 5월, 은퇴할 때는 세키와케(関脇)까지 승급하며 좋은 성적을 보인다.

역도산

1952년 2월, 미국 호놀룰루에 건너가 레슬링 특훈을 한다. 이듬해 귀국한 그는 전 스모 후원자인 닛타 신사쿠(新田新作)와 흥행사 나가타 사다오(永田貞雄)의 협력을 얻어 '일본프로레슬링협회'를 설립한다. 그리고 캐나다 출신의 샤프형제를 초청해 1954년 2월 19일부터 전국순회 14연전을 한다. 이때 역도산은 일본의 사상 최강이라는 전설적인 유도가 기무라 마사히코(木村正彦)와 한 조가 되어 태그매치를 한다. 마침 1953년부터 시작된 텔레비전 방송의 순풍을 타고 전 국민의 지지를 얻어 레슬링 대 붐을 일으킨다.

1954년 12월 22일에는 같이 싸우던 기무라의 도전을 받았다. 그리고 "스모가 셀까? 유도가 셀까?"라며 떠들썩한 가운데 전 국민적인 관심 하에 시합을 벌인다. 야오쵸(八百長: 짜고 하는 경기)라며 말이 많은 시합이었으나 결과는 역도산이 KO승 한다. 이 시합을 소재로 한 소설이나 에세이도 있으나, 2011년에 마스다 도시나리(增田俊也)의 『기무라 마사히코는 왜 역도산을 죽이지 않았는가?』라는 책이 베스트 셀러가 되었을 정도로 일본인에게는 아직도 관심이 많다. 이때 스모 출신 역도산이 레슬링으로 천하를 제패했다고 해서 각계에서 프로레슬링에 입문하는 사람이 속출했다. 프로레슬링에 스모처럼 급이 높은 선수를 수건이나 물을 들고 따라다니며 종노릇하는 츠키비도(付き人)가 생긴 것은 이때부터라고 한다. 물론 역도산의 영향을 받은 것이다.

1955년, 킹콩(King Kong Czaya)을 눕히고 아시아 헤비급 챔피언이 된다. 1958년, 루테스(Lou Thesz)를 눕혀 인터내셔널 헤비급 왕좌를 획득했다. 1959년, 월드 대리그전에서 첫 우승 후, 1963년까지 연속으로 왕좌를 지킨다. 그 후에도 역도산은 세계적인 스타들과 싸워 이긴다. 대체로 악역이나 괴물 타입 선수들을 통쾌하게 이겨서 폭발적인 인기를 얻는다. 특히 1963년 5월 24일, 도쿄 체육관에서 벌어진 WWA 세계 헤비급 선수권 더 데스트로이어(The Destroyer) 전은 평균 시청률이 64퍼센트였다고 한다. 이는 일본 역대 TV 시청률 4위이다. 이 경기는 역도산이 4자 굳히기(四の

字固め)에 완벽하게 걸렸으면서도 항복을 하지 않았고 상대도 다리를 못 써 일어나지 못해 무승부로 처리되었다. 얽힌 다리는 가위로 신발을 잘라 겨우 뺄 정도였다고 한다.

그만큼 역도산은 특수 체질의 괴인이었다. 뼈가 하얗게 보이는 깊은 상처가 나도 피가 바로 멎고, 병원에 가지 않아도 며칠이면 거짓말같이 낫는 체질이었다고 한다. 그래서 자신을 너무 과신한 나머지 치료를 등한시해 나중에 생명을 잃게 되는 원인이 되기도 한다. 바로 1963년 12월 8일, 아카사카(赤坂)의 한 나이트클럽에서 폭력단원과 시비가 붙어 등산용 칼에 찔린 사건이다. 병원에 가서 치료를 받았으나 더 큰 병원에 가라는 의사의 권유를 역도산은 무시한다. 결국 12월 15일에 화농성 복막염으로 사망하고 만다.

역도산은 조선 사람이라는 것을 철저하게 숨겼다. 그때의 시대적 상황이나 일본 국기인 스모 선수 생활, 레슬링의 흥행을 위해서는 어쩔 수 없었으리라. 그것을 증명하는 것이 1958년 4월에 일어난 김일의 밀항 사건이다. 역도산은 자기를 흠모해서 레슬링을 배우러 밀항해서 일본에 입국하다 체포된 김일을 친한 정치가에게 부탁해 구해준다. 그리고 제자로 받아 극진히 대우하며 가르쳐 준다.

당시 이노키는 허구한 날 험하게 맞았다고 한다. 심지어는 골프채를 가지고 풀스윙으로 머리를 칠 정도로 심하게 대했다고 한다. 그게 다 훈련이라는 이유였다. 그런 훈련을 받아서인지 이노키는 70살이 넘은 노구에도 얼음탕 속에서 매일 목욕을 한다. 그 모습을 얼마 전에 텔레비전에서 본 적이 있다. 아직 젊은이처럼 강인하고 건재하다는 것을 과시하는 듯했다.이노키는 역도산이 죽은 후 일본 레슬링계의 영웅이 되었다. 그래서 그 인기에 힘입어 일본 국회의원도 되었고 북한에서는 국가적인 행사 때마다 이노키를 국빈으로 초청한다.

역도산에게 비교적 좋은 대접을 받았다는 쟈이언트 바바는 "제자들에게 혹독할 정도로 엄한 선생이 김일 선수만큼은 구타 없이 특별대우를 했다."라고 증언하고 있다. 조선인(朝鮮人)을 차별하는 일본에서 얼마나 고국동포가 그립고 사랑스러웠으면 그리했을까? 가히 짐작이 간다.

일본 프로레슬링계에 있어서 역도산은 신화적인 존재다. 한국 프로레슬링계도 역도산의 영향을 많이 받았다. 또 역도산은 그 특이한 체질과 지칠 줄 모르는 인내력으로 미국의 유명한 레슬링 선수들을 때려 눕혔다. 이는 태평양전쟁에 져서 의기소침해 있는 일본인뿐만 아니라 서양인에게 당하기만 하고 지내온 아시아인에게 꿈과 희망을 안겨준 구세주적인 역할을 한 의미도 있다. 좀 더 활약했으면 좋았겠으나 좋아하는 술과 성질을 절제하지 못해 너무 허무하게 박명했다는 점이 너무 아쉬울 따름이다.

### 아이키도(合気道) 7단의 침묵의 무도인
# 스티븐 시걸(Steven Seagal)

일본 사람들이 좋아하는 외국무사 중에 스티븐 시걸이 있다. 그는 서양인이면서도 동양무도의 고수가 된 사람이다. 또한 자신이 어려서 꿈꾸던 대로 세계적인 액션스타가 되었다. 그에 대해서는 나는 첫 작품인 『무도의 세계에서 바라본 일본』에서 이야기한 바 있다.

스티븐 시걸 영화에서의 무술을 보면 아이키도(合気道) 동작이 많다. 자신은 아이키도뿐만 아니라 다른 무술도 많이 수련했다고 말한다. 그러나 스티븐 시걸 액션의 기본은 아이키도이다. 대부분의 무술 영화를 보면 중국의 쿵후가 압도적으로 많다. 그것은 동양인으로서 할리우드 영화에 처음 등장한 이소룡이나 성룡이 쿵후를 썼기 때문이다. 그 다음으로 많이 쓰는 무술이 일본의 닌자(忍者)가 쓰는 인술(忍術)이나 사무라이(侍)의 검술, 그리고 유술(柔術)이다. 그 뒤를 이어 글로벌 시대가 된 현대에는 우리나라의 태권도나 일본의 가라테(空手道), 타이의 무에타이, 브라질의 카포에이라, 이스라엘의 크라브마가 등 세계 각국의 무술이 영화에 등장했다. 그런데 이들은 거의 타격 중심의 무술이다.

아이키도에서 타격은 거의 없다. 아테미(当身 : 급소 찌르기)라고 해서 상대의 공격을 끌어내기 위한 찌르기나 손칼 베기는 있다. 그러나 직접 타격을 가하지는 않는다. 아이키도의 기술의 중심은 관절을 꺾거나 비틀거나 조이고, 혹은 상대의 힘을 이용해 던지는 것이다. 이런 무술이 소재가 된 액션영화는 스티븐 시걸이 선보이기 전까지는 거의 없었다.

꺾기 중심의 기술은 보는 사람으로 하여금 마음을 후련하게 한다. 인간의 본성은 잔인한 폭력을 좋아하는 것일까? 상대가 팔이나 다리뼈가 부러지거나 빠져 전의를 상실하면 왜 기분이 통쾌해 지는 것일까? 희열마저 느낀다. 그래서 스티븐 시걸이 인기를 얻은 것이라고 본다. 다른 무술에 식상한 사람이 많아 새로운 무술을 추구하게 된 사람들에게 새로운 흥미를 준 것이다. 나도 같은 생각이었다. 아무리 때려도 또 일어나는 타격중심의 무술은 이제 답답하다. 그런데 팔이 꺾여 '뿌직'하고 관절이 빠지거나 부러지면 대항할 능력을 잃는다. 그런 장면을 보면 마음 한구석에서 통쾌함과 함께 안도감마저 든다.

스티븐 시걸은 어려서 미국에서 가라테를 배웠다. 그리고 17살 때 일본에 가서 아이키도를 배웠다. 다니던 오사카(大阪)의 도장장 딸과 결혼도 하고 자기가 직접 도장도 운영했다. 그 후 중국무술이나 다른 무술도 배웠다. 그러나 그의 무술은 아이키도가 기본이다. 손을 쓰는 관절 꺾기 중심의 기술을 많이 쓰고 화려한 발차기는 거의 없다. 그래도 재미있다.

스티븐 시걸이 출연했던 주요 영화 타이틀을 우리말과 영어, 일본어, 연대순으로 표기하면 다음과 같다.


『형사 니코 (Above The law: 刑事ニコ) 1988』

『복수무정 (Hard To Kill: ハード・トゥ・キル) 1990』

『죽음의 표적 (Maked For Death: 死の標的) 1990』

『언더시즈 (Under Siege: 沈黙の戦艦) 1992』

『죽음의 땅 (On Deadly Ground: 沈黙の要塞) 1994』

『언더시즈2 (Under Siege2: 暴走特急) 1995』

『글리머 맨 (The Glimmer Man:グリマーマン) 1996』

『파이어 다운 (Fire Down Below: 沈黙の断崖) 1997』

『패트리어트 (The Patriot: 沈黙の陰謀) 1998』

『액시트 운즈 (Exit Wounds: 電撃) 2001』

『씨커(Ticker: 沈黙のテロリスト) 2001』

『하프 패스트 데드(Half Past Dead: 奪還) 2001』

『포리너(The Foreigner: 撃鉄ワルシャワの標的) 2002』

『아웃 포 킬(Out For a Kill: 沈黙の標的) 2003』,

『벨리 오브 비스트(Belly Of The Beast: 沈黙の聖戦) 2003』

『아웃 오브 리치(Out Of Reach: 一撃) 2004』

『인투더썬(In To The Son: イントゥ・ザ・サン) 2005』

『함정(Today You Die: 沈黙の脱獄) 2006』

『정의의 용병(Mercenary For Justice: 沈黙の傭兵)) 2006』

『쉐도우 맨(Shadow Man: 沈黙の奪還) 2007』

『블랙 스텔스(Flight Of Fury: 沈黙のステルス) 2007』

『어택 포스(Attack Force: 沈黙の激突) 2007』

『어반 저스티스(Urban Justice: 沈黙の報復) 2007』

『양파 무비(The Onion Movie: 鉄板ニュース伝説) 2008』

『더 키퍼(The Keeper: 沈黙の逆襲) 2009』

『드리븐 투 킬(Driven To Kill: 沈黙の鎮魂歌) 2010』

『위험한 남자(A Dangerous Man: 沈黙の鉄拳) 2010』

『본 투 레이즈 헬(Born to Raise Hell: 沈黙復讐) 2010』

『비밀경찰(True Justice Part1~6: 沈黙の宿命~) 2011』

『비밀경찰2(True Justice2 Part1~4: 沈黙の嵐~) 2012』

『비밀경찰2(True Justice2 Part5~6: 沈黙の刻~) 2013』

『맥시멈 컴빅션(Maximum Conviction: 沈黙の監獄) 2013』

『포스 오브 익스큐션(Force of Execution : 沈黙の処刑軍団) 2014』

『거트 샷 스트레이트(Gutshot Streight : 沈黙の進撃) 2014』

『엡솔루션(Absolution : 沈黙の制裁) 2015』


이렇게 많이 스티븐 시걸의 영화를 나열한 것은 그의 영화를 선전하려는 의도가 아니다. 주목시키고 싶은 점은 스티븐 시걸의 일본 영화제목이다. 거의 「침묵(沈黙) ○ ○」라고 쓰고 있다. 이를 보고 "스티븐 시걸은 일본에만 가면 침묵을 지킨다!"라고 우스갯소리를 한 사람도 있다. 원래 침묵 시리즈는 『언더시즈(Under Siege : 沈黙の戦艦) 1992』와 『언더시즈 2(Under Siege2 : 暴走特急) 1995』뿐이었다. 다른 영화의 제목에 침묵을 인용한 것은 시걸 영화의 일본 배급사가 마음대로 정했다고 한다. 그 이유는 확실하게 밝혀져 있지 않다. 그러나 일본의 무도가 대부분, 특히 아이키도는 침묵의 무도이기 때문에 영화사측이 그것을 부각시킨 것이 아닌가? 하는 생각이 든다. 일본에서 흥행시키려면 일본인의 취향이나 정서에 맞는 타이틀을 찾아야 한다. 그런데 스티븐 시걸의 캐릭터로서 침묵은 상당히 어울리고 일본에도 맞을 것이라고 판단했을 것이다.

원래 무도는 기합소리도 일부러 내지 않는다. 기가 들어가면 자연스럽게 바람을 가르는 숨소리가 나온다. 소리로서 일부러 기합소리를 내는 무도는 서양 스포츠화된 무도에서 많이 보인다. 스티븐 시걸이야말로 서양인으로서 특히 할리우드 스타 중에서는 드물게 동양무도를 평생 연마한 사람이다. 무도정신을 세계에 알리는 모델로는 더없이 알맞은 인물이라고 생각된다.

# 5장

## 사무라이(侍 : 무사), 무도(武道) 이야기

사무라이는 이제 일본을 대표하는 수식어가 되었다. 그 1등 공신은 미국의 할리우드 영화이다. 지금까지 사무라이를 주제로 한 영화가 많이 제작되어 세계적으로 널리 알려졌다. 그리고 최근에는 사무라이를 소재로 한 게임이나 애니메이션이 인터넷을 통해 전 세계에 퍼졌다. 그래서 이 단어는 일본을 상징하는 고유명사가 되었다. '스시'가 세계 공통어가 된 것과 마찬가지 단어가 된 것이다. 또 사무라이는 일본 야구팀의 애칭이 되어 일본 팀의 결속과 응원단의 단결을 상징하는 단어가 되었다.

이처럼 무사의 다른 말인 사무라이는 이제 추상적인 말이다. 앞에서도 말했듯이 현대에 칼을 차고 거리를 활보하는 사무라이는 없기 때문이다. 사무라이 제도는 메이지유신(明治維新)과 함께 폐지되었다. 그 후 역사적인 옛이야기가 되었으나 영화나 드라마, 소설, 만화, 애니메이션, 게임 등에서 끊이지 않고 소재로 쓰이고 있다.

무도는 메이지유신 이후에 일본의 고무도(古武道)에서 발전한 것이다. 무도는 원래 사람을 살상, 제압하는 기술이었으나 현대에서는 그 기예를 연마하는 수련 과정을 통해 인격의 완성도를 높임을 목적으로 한다. 무사 즉 사무라이들이 쓰던 무술을 현대판으로 바꾼 것이다. 지금같은 시대에 과거 전쟁 때 쓰던 기예를 그대로 쓸 수는 없다. 그래서 진검 대신 목검을 들거나 직접 때리는 대신 슨도메(寸止め)나 형(形)으로 연습을 대신한다. 또 심신 단련을 주목적으로 한다.

현대의 무도는 변형되었다. 무협지나 게임에 적용되어 스트레스를 풀어준다던가 마사지나, 몸의 통증 치료에 활용되기도 한다. 또 문화의 교류에 따라 다른 나라에도 전파되어 호신술이나 군 무술, 격투기로 발전되기도 한다.


## 톰 크루즈(Tom Cruise)의 『라스트 사무라이(Last Samurai)』


2003년도에 미국에서 제작되어 2004년도 초에 한국과 일본에서 공개된 『라스트 사무라이(Last Samurai)』라는 영화가 있다. 에드워드 즈윅(Edward Zwick) 감독이 메가폰을 잡았는데 메이지(明治) 초기의 일본을 무대로 사라져 가는 사무라이(侍)들의 마지막 삶을 그린 영화이다. 미국 영화이면서도 일본을 무대로 일본인의 무사도(武士道) 정신을 편견 없이 보여주고 있다. 주인공인 네이든 알그렌(Nathan Algren) 대위 역은 미션 임파서블(Mission Impossible) 시리즈로 우리에게도 그 이름이 익숙한 톰 크루즈가 맡았다. 알그렌 대위는 에도막부(江戶幕府)의 군사 고문단으로 1867년, 프랑스가 파견한 군 장교 쥘 부르네(Jules Brunet)라는 실존 인물이다. 영화는 그의 일본에서의 활약을 토대로 하고 있다. 그는 실제로 에노모토 다케아키(榎本武揚)가 이끄는 구 막부군에 참가, 하코다테 전쟁(箱館戰争 : 보신전쟁의 하나)에 종군했다.

라스트 사무라이의 수장인 가츠모토(勝元) 역은 일본의 명배우 와타나베 켄(渡辺謙)이 맡았다. 가츠모토는 세이난 전쟁(西南戰争)으로 자결한 메이지유신(明治維新)의 주역인물 사이고 다카모리(西郷隆盛)의 이야기에 바탕을 두고 있다.

시작은 남북전쟁 시대의 미국이다. 북군의 사관으로 참전한 알그렌 대위는 남군과 인디언과도 싸운다. 전쟁영웅이었으나 전쟁 중에 관계없는 인디언 부족과 인디언 어린이를 공격한 것에 대한 양심의 가책을 느낀다. 이에 트라우마에 빠진 알그렌은 위스키에 젖은 생활에 빠진다. 이때 일본인 실업가로부터 신식 일본군 교수직을 위탁 받는다. 일본은 메이지유신 후 근대 국가건설을 위해 근대식 군비 증강에 박차를 가하고 있을 때였다. 현실 탈피와 큰돈의 유혹에 친구와 일본에 건너간 알그렌은 군대 훈련을 지휘한다.

얼마 후 불평사족의 수장인 가츠모토가 철도를 습격했다는 소식을 듣는다. 어쩔 수 없이 아직 훈련도 안된 병사들을 이끌고 참전하나 참패한다. 가까스로 살아남은 알그렌은 사무라이들의 포로가 된다. 적이지만 무용이 뛰어난 알그렌을 가츠모토는 죽이지 않고 여동생 다카(小雪 : 고유키 분)로 하여금 치료하게 한다. 회복한 알그렌은 마을을 거닐다 옛 모습 그대로의 일본인들 생활에 매료된다. 그리고 사무라이들의 정신세계에 감동받아 검술을 배우게 된다. 산골마을 생활을 하면서 사람들에게 점점 마음을 열어가나 사무라이들이나 다카는 불신감을 가지고 경원한다. 그녀의 남편이 알그렌에게 죽음을 당했기 때문이다. 그러나 알그렌이 진심으로 사무라이들의 생활에 경의를 표하고 검술수업에 전념하는 것을 보고 그를 용서하게 된다. 알그렌이 사과를 하자 다카는 "두 사람은 서로의 임무에 충실했을 뿐입니다."라고 대답한다. 그리고 둘은 서로 사랑하게 된다.

검술 훈련과 다카의 아이들이나 가츠모토의 아들과의 담소의 생활 중 알그렌은 마음의 평정을 찾고 사무라이들의 생활에 신성함을 느낀다. 또한 알그렌의 진실함과 검술 숙성도와 함께 마을 사람들도 차츰 그를 신뢰하게 된다. 더욱이 마을에서 축제 때 나타난 닌자(忍者 : 첩자)를 물리치는 데 공헌한 일로 인해 신뢰감은 완전히 굳어진다. 닌자 중 한 명은 죽으면서 "사무라이는 끝났다!"라고 외친다.

정부의 부름에 의해 도쿄에 가는 가츠모토를 따라 나선 알그렌은 훌륭하게 훈련된 정부군을 목격한다. 알그렌을 처음 초청한 오무라(大村)는 그를 죽이려고 자객을 보내나 실패한다. 그리고 오무라는 가츠모토에게 폐도령에 따라 칼을 버릴 것을 종용한다. 가츠모토는 메이지 천황에게 판단을 직언하나 외면당한다. 이에 가츠모토는 도쿄에 근신하게 된다.

오무라는 알그렌에게 불평사족 토벌군 지휘관으로 취임할 것을 부탁

한다. 그러나 알그렌은 모든 것을 정리하고 귀국하려고 한다. 그 후 알그렌은 가츠모토를 탈출시키나 그 과정에서 가츠모토의 아들이 죽는다. 이에 정부군과 가츠모토의 라스트 사무라이들인 반란군과의 충돌은 피할 수 없게 된다. 결심한 알그렌은 반란군의 일원으로 정부군과의 전투에 참여하나 최신 대포와 기관총 앞에 아군은 전멸하고 혼자 살아남는다. 이 과정에서 정부군은 더 총을 쏘라는 오무라의 명령에도 불구하고 가츠모토의 죽음에 경의를 표한다. 대장이 모자를 벗은 후 무릎을 꿇고 머리를 숙이자 모두 따라한다. 메이지유신 이래 잊혀가는 무사도정신을 가츠모토의 사무라이다운 장엄한 죽음으로 인해 군인들이 깨달은 것이다. 혼자 살아남은 알그렌은 천황을 배알하고 가츠모토의 검을 돌려준다. 마지막 신 (scene)은 다카가 있는 산골 마을로 돌아가 재회하는 것인데 잔잔한 감동과 함께 깊은 여운을 남겨준다.

이 영화는 물론 허구이다. 실존 역사적 인물들의 이야기를 소재로 하고 있으나 앞뒤가 맞지 않는 내용이 많다. 예를 들면 알그렌의 모델인 쥘 부르네가 하코다테 전쟁에 종군하기는 했지만 가츠모토가 모델인 사이고 다카모리의 세이난전쟁과는 무관하다. 또 영화 속에서는 칼과 총이 무모하게 격돌하고 있으나 실제로 세이난전쟁에서는 양쪽 다 최신 무기로 싸웠다. 영화에서는 사무라이를 과도하게 부각시키려 하고 있으나 너무 허무맹랑하다. 그리고 아무리 영화가 흥미를 위주로 로맨스를 빠트릴 수 없다지만 남편 겸 아이들의 아버지를 죽인 철천지원수와 사랑에 빠진다는 것은 너무 터무니없는 이야기이다.

영화가 꼭 역사적 사실과 일치하지는 않는다. 그러나 이 영화에서 주목해야 할 것은 "미국이 일본의 사무라이와 무사도정신을 얼마나 동경하는가?" 하는 점이다. 세계적인 스타 톰 크루즈를 캐스팅해서 일본의 사무라이 영화를 만든 것 하나만 보아도 알 것이다.

미국도 무시하지 못하는 일본의 무사도정신을 우리는 그동안 너무 깔보고 등한시 해왔다. 그래서 당했다고 생각하지 않을 수 없다. 우리는 이 점을 직시해서 일본의 무사도정신을 무시만 할 것이 아니라 깊이 연구해서 대처해야 할 것이다.

## 일본 무술을 세계적으로 유명하게 만든 **닌자**(忍者)

닌자는 가마쿠라시대(鎌倉時代)부터 에도시대(江戶時代)에 걸쳐 일본에서 영주를 받들거나 독립하여 첩보활동, 파괴활동, 침투전술, 암살 등을 직업으로 한 개인이나 단체의 명칭이다. 그 이름은 세계적으로 유명하다. 그 이유 중 하나가 할리우드 영화로 많이 제작되어 세계적으로 히트했기 때문이다. 나도 어려서 닌자 영화를 보고 열광하고 동경한 적이 있다. 그때는 우리나라에서 일본영화는 수입이 금지되었던 시기여서 미국영화로 들어왔다. 영화에 보면 닌자는 가히 당할 자가 없다. 높은 나무나 건물 벽을 평지처럼 뛰듯이 오르거나 절벽을 뛰어내리기도 하고 폭약을 터트리고 귀신같이 사라지기도 한다. 게다가 물속에서도 고기처럼 숨도 안 쉬고 오래 있거나 수리검 같은 무기를 자유자재로 구사한다. 그래서 어린 마

음에 "닌자와 사무라이(侍)가 싸우면 누가 이길까?"하고 궁금해 하기도
했다.

도쿄외국어대학(東京外国語大学)에서 무도론(武道論) 수업을 받을
때 프랑스에서 온 체격이 좋은 남자 유학생이 있었다. 그는 처음에 프랑
스에서 닌쥬츠(忍術)를 배우는 도장에 다녔다고 했다. 그러다 보니 그 매
력에 빠져서 본고장에서 직접 배우고 싶어 일본에 왔다고 했다. 그리고 프
랑스에 있는 선생님의 소개로 치바현(千葉県)에 있는 닌쥬츠도장에 내제
자(内弟子)로 입문해 숙식을 하며 훈련을 받고 있다고 했다. 또 학문적으
로도 배우고 싶어 대학에 입학해서 일본 무도론 수업에 참가하게 되었다
고 말했다. 무도론 수업을 받으러 원래 츠쿠바대학(筑波大学)에 가고 싶
었으나 거리가 멀어 가까운 도쿄외국어대학에 오게 되었다고 했다.

어느 날, 하루는 그가 도장장님에게 빌렸다며 옛날 닌자들이 직접 사
용했다는 무기인 수리검(手裏剣), 단도(短刀), 차검(車剣), 여궁(旅弓)
등을 수십 점이나 들고 왔다. 그래서 박물관에나 있는 닌자가 사용한 무기
들을 직접 만져본 적이 있다. 들어보니 무겁고 날카로워 맞으면 목숨이 보
장 안 되는 흉기들이었다.

일본에는 닌자마을이 아직 많이 있다. 지금은 모두 관광지가 되었는
데 그 대표적인 곳이 이가(伊賀), 고가(甲賀), 교토(京都), 야마나시(山
梨), 사가(佐賀), 미에(三重), 가가(加賀), 후쿠오카(福岡) 등이다. 이 중
에 제일 유명한 곳이 이가와 고가이다. 이 두 곳에서 닌자가 성업하게 된
이유는 교토(京都)에서 가깝기 때문이다. 닌자의 주 업무인 첩보활동의
고객은 당시 수도인 교토의 주민들이었다. 그래서 이가와 고가에 닌자가

많이 생겨났다고 한다. 그리고 이 두 곳은 험한 산악지대이다. 그러므로 빨리 도망가서 숨기에는 적합한 장소였다.

닌자라는 이름이 생겨난 것은 그리 오래지 않다. 그렇다고 해서 같은 일을 하는 사람들이 옛날에 없었다는 것은 아니다. 특히 전국시대(戰國時代)에 닌자가 필요하지 않았을 리가 없다. 그때는 시노비(忍び), 사이사쿠(細作), 노키자루(軒轅), 구사(草), 가기(嗅ぎ), 슷파(透派), 돗파(突破), 랏파(乱破), 닌페이(忍兵)라는 이름으로 불렸다. 에도시대(江戸時代)에는 이가(伊賀) 외에 닌자(忍者)를 못쓰도록 도쿠가와 막부(德川幕府)의 엄한 지시가 있었다. 그래서 활동하지 못했다.

닌자라는 이름이 유명해진 것은 일본이 패전한 후 야마다 후타로(山田風太郎)의 소설 닌뽀쵸(忍法帳) 시리즈와 요코야마 미츠테루(横山光輝)의 닌자 만화가 히트하면서부터이다. 그 외 애니메이션과 영화도 닌자가 국제고유명사가 되는데 많은 공헌을 했다. 영화배우로는 쇼 고스기(ショコズギ: 小杉正一)가 유명한데 그의 장남인 케인 고스기와 차남인 쉐인 고스기도 배우이다. 닌자 영화배우 가족이다. 닌자 붐을 일으킨 그의 작품으로는 『불타라 닌자(Enter The Ninja) 1981』 시리즈와 『지옥의 격선(Nine Deaths Of The Ninja) 1984』, 『복수의 맹세(Pray For Death) 1985』 등이 있다.

나는 젊었을 때 쇼 고스기의 닌자 영화를 보았다. 그때 나는 닌술은 사술이라고 생각되어 좀 꺼리고 배우고 싶다고 생각하지는 않았다. 기회가 있다면 정통파 검술을 배우고 싶었다. 양상군자(梁上君子)처럼 천정이나 타고 비겁하게 뒤에서 급습을 하는 것은 아무래도 무사(武士)의 도리가 아니라고 생각했다. 그러나 지금 생각해 보니 전쟁이나 전투 중 생사의 갈림길에서 수단과 방법을 가릴 필요는 없을 것 같다. 일단 이겨서 내가 살아남아야 하는 것이다.

닌자는 첩보전의 원조이다. 현시대는 무기보다 정보의 전쟁이다. 지금처럼 첨단 과학적인 무기가 발달해도 정보전쟁에 이겨야 진정으로 승리한다. 그런 면에서 보면 닌술은 현재나 미래에도 주목받고 연구될 것이라고 생각한다.

## 사무라이재팬(さむらいジャパン)

사무라이재팬은 일본 국가대표 야구팀의 애칭이다. 2009년, 제2회 WBC(World Baseball Classic) , 야구 세계 1위 결정전에서 나온 말이다. 이때 결승전에 맞붙은 팀은 우리 대한민국이었다. 그러나 안타깝게도 우리나라는 연장전에서 일본에 5:3으로 패하여 준우승에 머물렀다. 우리가 과거 역사문제 때문에 일본에게는 절대 질 수 없다고 생각하는 것만큼 일본도 마찬가지다. 식민지 지배했던 나라에게 지고 싶지는 않을 것이다. 그래서 정신무장으로 일본은 사무라이재팬이라는 슬로건을 내걸었고 마침 승리를 걸머쥐었다. 그 후로 이 말은 일본 국가대표 야구팀의 애칭으로 정착했다.

그러나 사무라이재팬은 일본 국가대표 야구팀만의 애칭은 아니다.

2008년도 일본 국가대표 남자하키팀의 애칭이기도 했고, 2007년에 신일본 프로레슬링에서도 썼다. 또한 경주마의 이름도 있다. 일본국민들에게 야구팀의 애칭으로 정착한 것은 세계대회에서 한국을 이기고 우승하는 좋은 성적을 냈고 또 우승하기를 바라는 마음에서 비롯된 것이다.

일본인들이 외국과 비교해서 일본류라는 것을 상징하는 말로 야마토 다마시(大和魂 : 야마토 혼)라는 말이 있다. 이는 일본의 정신, 지혜, 재치, 기지를 나타내는 용어이다. 출전은 일본의 고전 겐지모노가타리(源氏物語)이다. 역사적으로 야마토시대(大和時代 : 4~6세기)도 있다. 또 태평양전쟁 때는 침몰된 야마토라는 전함도 있었고, 같은 이름으로 미래의 우주전쟁을 그린 애니메이션도 유명하다. 그러나 주로 이 말은 태평양전쟁에서 병사들에게 조국을 위해서 돌격하여 목숨을 버리라는 선동어로 많이 쓰였다.

또 가미가제(神風)특공대라는 말도 있다. 가미가제란 신풍이라는 뜻으로 주로 겐코의 가미가제(元寇の神風 : 원구의 신풍)를 의미한다. 1274년과 1281년, 당시 세계를 정복한 몽골은 고려군과 함께 일본을 침공했다. 그러나 두 번 다 태풍으로 인해 일본땅에는 상륙도 못하고 실패했다. 그래서 일본 사람들은 신이 태풍을 불게 했다고 해서 신풍이라고 부른다. 가미가제 특공대도 신이 돕는다고 말은 붙였으나 자폭부대이다. 비행기에 폭탄을 가득 싣고 가는 연료만 주고 항공모함에 돌진해 자폭하는 부대의 이름이었다.

야마토 다마시나 가미가제는 전쟁 때 쓰던 용어이다. 지금 스포츠 경기에서 그런 말을 쓸 수는 없다. 그래서 일본을 상징하는 말로 또는 일본

선수들의 정신을 고취하는 말로 사무라이재팬이 만들어진 것이다.

사무라이란 무사이다. 무사는 칼만 휘두르는 사람이 아니다. 무사도 정신이 있다. 이것이 없으면 망나니나 백정과 다름없다. 무사도정신은 앞의 라스트 사무라이에서 말했듯이 이미 세계가 인정하는 일본을 상징하는 말이다.

스포츠대회는 현대에서 국위선양의 가장 빠른 지름길이다. 일본이 자국 선수들의 정신을 고취시키는 용어로 사무라이재팬을 고안해 낸 것은 참으로 훌륭하다. 그에 대한 대책이 지금 우리에게는 시급하지 않을까?


## 무도(武道)와 마사지


일본에서는 유도(柔道)나 아이키도(合気道) 가라테(空手道) 같은 무도를 하는 사람들이 마사지점이나 접골원(接骨院)을 운영하는 사람이 많다. 이를 보고 나는 일본이라는 나라는 무도나 스포츠전문가가 평생 밥을 먹고 살 수 있게 배려한다는 느낌을 받았다. 그런 생각을 하게 된 이유는 다음과 같은 일이 있었기 때문이다.

중학교 1학년 때의 일이다. 입학 후 나는 기계체조부에 들어갔는데 하루는 체육선생님이 가정방문을 오셨다. 그리고 아버지에게 "자제분이 운동을 잘해 장래성이 있으니 잘 키워서 체육고등학교에 보내는 것은 어떻습니까? 제가 열심히 지도하여 적극적으로 추천하겠습니다."라고 말했다. 그러자 아버지는 "우리는 가난해서 애가 얼굴에 버짐이 필 정도로 못 먹이고 있습니다. 운동을 시키는 것은 무리입니다. 그리고 우리 애는 공부를 시킬 것입니다. 공부는 전국에서 만 등을 해도 먹고 삽니다. 그러나 운동은 전국에서 동메달 이상 즉 3위 안에 들지 못하면 먹고 살기 힘듭니다."라고 말하고 체육선생님의 제의를 거절했다. 당시 어린 마음에도 실망을 하고 돌아가시는 체육선생님께 너무나 죄송했다.

그만큼 운동선수는 평생 일자리의 폭이 좁다는 것을 우리 아버지는 당시에도 간파한 것이다. 사실 그렇다. 운동전문가들은 선수생활이 끝나면 자기 분야의 후학을 양성하는 코치나 선생님밖에 거의 일자리가 없다. 그러나 그 문은 정말 좁다. 요즘은 경호원이나 경비회사도 생겨 일자리는 늘어났다고 한다. 그래도 아직도 턱없이 적은 편이다. 그래서 아닌 말로 깡패의 길로 가는 사람도 많다. 실제로 체육대학을 나와 나이트클럽에서 영업부장을 한 친구가 있었다. 그의 이야기를 들으니 주변에서 같은 일을 하는 사람 중에 대학 때 무도나 스포츠를 전공한 사람이 많다고 했다.

일본의 경우 쥬도세이후쿠시(柔道整復師 : 유도정복사)라는 직업이 있다. 유도를 하게 되면 몸에 대해서 공부를 많이 하게 된다. 그래서 몸의 뼈가 틀어져 통증이 있는 사람들을 치료할 수 있는 국가자격증 제도가 생겼다고 한다. 이 자격증을 따면 접골원(接骨院)이나 마사지점을 오픈할 수 있다. 그리고 의료보험 적용도 받는다. 대회에서 메달을 따거나 코치로 활약을 못하는 선수도 평생 직업을 가질 수 있는 길이 열린 것이다. 물론 일본에도 무도나 스포츠선수 출신이 야쿠자(ヤクザ : 폭력배)의 길로 가는 경우는 많다. 그러나 그들의 직업 선택의 폭을 넓혀 주었다는 것은 바람직한 일이다.

아이키도(合気道)를 수련하는 사람들 중에도 원래 부자가 취미로 하는 경우가 아니면 마사지점이나 접골원을 경영하는 사람이 많다. 아이키도나 유도는 유술(柔術)에서 온 기술이므로 뿌리는 비슷하다.

스모선수(相撲取り)의 경우 운동을 그만두면 정말 먹고 살기 힘들다. 체중이 보통 사람의 두 세배 이상 되므로 몸이 둔해 마땅한 직업이 없다. 우리의 천하장사급인 요코즈나(横綱)나 그 다음 장사인 오제키(大関)는 은퇴하면 관장(親方)을 할 수 있다. 이는 수입이 안정되어 있다.

그러나 그 밑의 인기가 없는 사람들은 정말 밥 먹고 살 일이 캄캄하다. 그런데 그 큰 덩치를 유지하려면 식대 등 생활비도 많이 든다. 그래서 은퇴하면 쨩코나베야(ちゃんこ鍋屋)[51]를 하는 사람이 많다. 그 다음의 말단 선수들은 스모협회에서 채용해 준다. 스모경기장인 고쿠기칸(国技館)에 가면 음식을 나르는 점원이나 요리사, 청소부, 경비 등의 일을 하는 사람들이 모두 전직 스모선수 출신이다. 스모선수는 덩치가 커서 자격증을 따서 접골원을 하기에는 좀 맞지 않는다. 스모협회에서 채용해 평생 일자리를 주는 것은 참으로 좋은 제도라고 생각된다.

일본의 유술(柔術)은 고무술이다. 유술이 원류인 현대 무도는 유도, 아이키도, 검도, 궁도 등을 들 수 있다. 물론 현대 일본 무도 중에 가라테(空手道)도 있다. 그러나 가라테는 일본의 고무술로 보지 않는다. 20세기 초에 오키나와(沖縄)에서 건너온 무술이기 때문이다. 앞에서 말한 스모

---

51 생선·고기, 야채 등을 큼직하게 썰어 큰 냄비에 넣고 끓여 먹는 스모 선수들의 독특한 요리를 만드는 음식점.

는 일본 고래의 무도이나 마사지를 하는 스모선수는 드물다. 몸의 특성상 어쩔 수 없기 때문이리라.

현대 무도가 중 마사지점을 하는 사람이 많은 것은 유도와 아이키도, 가라테이다. 이들 무도는 동작 자체가 스트레칭이고 관절을 꺾는 기술이 많다. 그러다 보니 고단자가 되면 우리 몸의 뼈에 대해서 잘 알게 된다. 이들 무도들이 사람의 몸의 통증을 없애는데 활용되는 것은 참으로 바람직한 일이라고 생각한다.

## 무협지(武·誌)에 대하여

우리나라 남자들은 무협지를 좋아한다. 무협지의 발상지는 중국이지만 어쩌면 중국 사람보다 우리나라 사람들이 무협지를 더 좋아할지도 모른다.

내가 무협지 이야기를 처음 들은 것은 초등학교 4학년 때이다. 그때 담임선생님은 방과 후에 무협지 이야기를 많이 들려주셨다. 그게 그렇게 신이 나고 재미있어 집에 가기가 싫었다. 공부보다 선생님의 무협지 이야기가 좋아서 학교에 빨리 가고 싶었다.

그런데 무협지를 내가 직접 많이 읽은 것은 사춘기 때였다. 그때 나는 강원도 산골에서 상경하여 서울 오류동 친구 누나 집에 신세를 지고 있을 때였다. 친구는 매일 아침 일찍 일을 나갔다. 그럼 나는 정말 할 일이 없었다. 그래서 하루는 동네를 걷다 만홧가게에 가게 되었다. 처음에는 만화를 보았다. 그런데 너무 빨리 읽으니 시간 때우는 데 돈이 너무 헤프게 나갔다. 그래서 경제적인 면을 생각해 무협지를 뽑아 들었다.

사무라이(サムライ) 만화

그런데 이게 웬일인가? 너무 재미있었다. 어려서 선생님 이야기처럼 흥미진진했다. 그래서 밥을 거르고 날을 새며 보는 날도 허다하게 되었다. 정말 그 동네 만홧가게에 있는 무협지는 거의 다 읽었을 정도다. 그때 '이렇게 법전을 읽었으면 고시란 고시는 다 붙었을 것 아닌가?'라는 생각을 했을 정도다.

참 이상하다. 같은 책이라도 학교 책은 보기 싫고 무협지는 왜 재미있어 놓기 싫은지 모르겠다. 사람은 재미있거나 빠지면 며칠 밤을 끄떡없이 샌다. 그건 화투 같은 노름을 해보면 금방 알 수 있다. 요즘은 컴퓨터 게임에 빠져 며칠 밤을 새다 죽은 사람도 있다고 한다.

그러나 재미는 있지만 무협지를 보는 것은 사실 창피했다. 그래서 무협지를 빌려오면 친구에게도 감추고 보거나 만홧가게에 가는 것을 숨겼다. 그러나 알고 보니 숨길 필요가 없었다. 친구도 보고 있었다. 바빠서 많이 안 볼 뿐이었다. 친구뿐 아니라 우리나라 남자들은 무협지를 싫어하는 사람이 별로 없는 것 같았다. 무협지는 공부를 잘하는 친구도 못하는 친구도 관계없이 보는 것 같았다.

서울대학교의 모 교수님이 쓴 태권도 관련 책에서 '한국 사람들은 무협지적인 발상을 많이 한다.'라는 글을 읽은 적이 있다. 공감이 간다. 그게 다 남자라면 한 번쯤은 무협지에 심취한 영향 때문이 아닐까?

지금 생각해보니 무협지를 읽던 시절이 참으로 좋았다. 무협지는 나에게 꿈을 키워 주었다. 또한 스트레스를 해소해 주었다. 그리고 특히 고마운 점은 평생 무도를 하여 자신감과 건강을 유지할 수 있게 만들어 준 데 있다.

무협지에 대한 유감이 있다면 중국에 대한 사대주의(事大主義)가 너무 깊게 배어있다는 점이다. 무협지는 중국을 너무 크고 거대하게 표현한다. 중국이 발상지여서 그런가? 무협지를 읽으면 괜히 우리는 왜소해진다. 중국의 태산이나 숭산, 무당산 등을 너무 거대하게 표현하니 우리의 백두산이나 설악산, 지리산이 너무 초라해 보인다. 그게 아주 정신에 배여 버리니 문제다.

그리고 유교적인 사상인 일부다처(一夫多妻), 남존여비(男尊女卑) 등 너무 진부한 표현이 문제다. 남성들은 좋을지 모르나 여성들은 싫을 것이다. 무협지도 이젠 여성 팬을 생각해서 써야할 때가 아닐까? 그러나 무협지의 하이라이트인 권선징악(勸善懲惡)은 예나 지금이나 통쾌하고 도덕적으로 좋은 면이라고 생각한다.

그런데 우리나라 남자들은 왜 무협지를 좋아하는 것일까? 고려시대와 조선시대에 우리나라는 숭문천무(崇文賤武) 정책을 썼다. 그래서 무가 발달하기는커녕 쇠퇴하였다. 우리 민족의 무가 발달했던 시기는 삼국시대이다. 그때는 고구려, 백제, 신라 모두 나름대로 무의 기상이 왕성한 시기였다. 그 무의 기상이 DNA로 지금의 한국 남아들에게 남아 있는 것일까? 무협지는 이제 우리 문화의 한 장르다. 좋은 점만 받아들인다면 자식들이 읽는다고 결코 반대할 필요는 없을 것 같다.

일본에도 무협지는 있다. 일본에서는 무협지를 무협소설이라고 부른다. 그러나 소설보다는 대체로 무협만화가 많다. 일본에서 만화는 만홧가게가 아니더라도 쉽게 접할 수 있다. 목욕탕, 식당, 역대합실 등 조금이라도 사람이 기다리는 곳에는 거의 비치하고 있기 때문이다. 만화가 있으면 무협, 혹은 사무라이만화는 거의 있다. 그만큼 무협이야기는 재미있고 남자들의 꿈을 키워주는 역할을 한다. 그래서 우리나라와 마찬가지로 일본에서도 인기가 있는 것이라고 생각한다.

## 합기도(合氣道)와 아이키도(合気道)

우리나라 합기도의 유래를 보면 무협지 같은 이야기를 많이 한다. 즉 산속의 어느 동굴에서 노인에게 배웠다거나 심심산골 절간에서 스님에게 배웠다고 한다. 나는 어릴 때 강원도 산골 면 소재지에 살았다. 그곳은 5일에 한 번 장이 섰다. 나는 장날이 좋았다. 볼거리가 많았기 때문이다. 특히 약장사가 오는 날은 신이 났다. 차력이라는 것을 보여 주는데, 깨진 병이나 숯불 위를 걷는다거나 이마로 각목을 깨고, 배위로 자동차가 지나가는 묘기를 보여 준다. 그러면 사회자가 '이분은 태백산, 지리산, 계룡산 등 심산유곡 동굴에서 스승을 만나 10년간 수련한 무술의 달인입니다.'라고 소개한 말을 지금도 기억한다. 그때는 순진하게도 그 말을 모두 믿었다. 그런데 약 10년 전에 어느 책에서 우리나라 무술은 합기도에서 갈라진 것이 많다는 글을 보았다. 차력(借力)도 합기도의 분파의 하나라고 했다. 그러니 무협지에나 나오는 심산유곡 동굴 속에서 발견된 비급 속의 신비한 무술은 아니었던 것이다. 그런데 그 합기도가 일본에서 유래되었다는 말에는 더더욱 놀라움을 감출 수 없었다. 합기도의 도주 최용술이 일제 강점기에 일본에서 다이토류아이키쥬즈츠(大東流合気柔術)의 종주(宗主) 다케다 소카쿠(武田惣角)에게 배웠다는 것이다. 일본 아이키도의 개조(開祖 : 창시자) 우에시바모리헤이(植芝盛平)도 다케다 소카쿠에게 배웠으므로 최용술이 사형(師兄)이 된다고 한다. 최용술의 행적에 대해서 알아보자.

최용술은 충북 황간에서 태어났다. 1908년, 9세의 어린 나이에 일본인 야마다(山田)의 양자로 일본에 건너갔다. 그 후 야마다에게 버림받아 야마모토(山本)라는 무술인의 양자가 된다. 그와 함께 이름을 요시다 아사오(吉田朝男)로 개칭한다. 야마모토에게 4년간 무술을 배운 최용술은 야마모토의 소개로 다케다 소카쿠를 만나 내제자가 된다. 다케다 소카쿠는 앞에서 말한 대로 아이즈한(会津藩 : 후쿠시마현)의 선동유술인 나이토류 아이키쥬즈츠의 전인이었다. 그와 입산, 유랑 등의 동고동락 수업을 하던 최용술은 광복 이듬해인 1946년에 귀국한다. 그리고 제자를 양성하기 시작한다. 술기의 이름은 아이키쥬즈츠(合気柔術), 야와라(柔), 합기유권술(1951), 유단술, 합기술, 합기유술, 합기도(1958)로 변한다.

처음에 합기도는 손기술(手技)밖에 없었으나 최용술의 제자 지한재에 의해 발기술(足技)이 추가되었다. 합기도의 발기술은 택견과 비슷하다. 우리 민족의 전통문화를 가미하게 된 것이다. 또한 유래도 항간에서 이야기하듯 일본의 아이키도가 아니라 그 위의 다이토류아이키쥬즈츠가 뿌리이다. 즉 지금 일본 아이키도의 분파는 아닌 것이다. 최용술이 다케다의 제자가 된 해가 1912년이고 우에시바는 1915년이므로 신빙성이 있는 이야기이다.

일설에 다이토류아이키쥬즈츠가 오랜 옛날 신라에서 건너간 무술이라고 한다. 그러나 이에 대한 확실한 증거는 불충분하다. 그리고 최용술이 다이토류아이키쥬즈츠를 배웠다는 확실한 증거도 없다. 전란 때 면허 등 서류를 분실했다고 하니 믿기 힘들 수도 있다.

그러나 가만히 생각해 보면 그의 실력이 증명하고 있다. 그리고 경험담이 너무 구체적이다. 최용술의 무용담에 대해서는 쟁쟁한 제자들의 목격담이 대변하고 있다.

이제 합기도는 우리나라에 정착되어 독자적으로 발전하고 있다. 합기도와 아이키도는 서로 독자적인 문화를 꽃피우고 있는 것이다.


## 무도와 <u>스포츠</u>


무도(武道)의 무(武)는 장(丈)과 지(止)를 합해서 만든 글자이다. 장(丈)은 모「矛」와 같다. 도(道)는 우주 자연의 보편적 법칙과 근원적 실재, 도덕적 규범을 의미한다. 마땅히 지켜야 할 도리, 종교적 깨달음 등의 의미가 있다. 그러므로 무도는 '창을 막는 도덕적 규범'이라고 풀이할 수 있다.

일본무도협의회(日本武道協議会)가 제정한 무도의 정의는 "무사도(武士道) 전통에 유래하는 우리나라에서 체계화된 무기의 수련에 의한 심기일여(心技一如)의 운동문화이다. 심기체(心技体)를 일체로 단련, 인격을 갈고, 도덕심을 높여 예절을 존중하는 태도를 길러 국가, 사회의 평화와 번영에 기여하는 인간형성의 길이다."라고 규정하고 있다.

무도는 무사(武士)의 생업이었다. 즉 일이다. 영주에게 고용되어 월급을 받고 싸우는 것이 일이었다. 그래서 평상시에는 무술을 단련하고 정신수양을 하게 된 것이다. 항상 죽음을 앞에 두고 겸허하게 받아들여야 하는 무사들에게 있어 마음의 안정이 되는 정신수양은 필수라고 아니할 수 없다. 무도의 뿌리는 직업이었다.

이에 비해 스포츠의 어원을 살펴보면 라틴어의 'deportare'로 일에서 벗어난다는 의미이다. 즉 스포츠는 일과 생활에서 벗어나 즐긴다는 의미이다. 한 마디로 무도와 스포츠는 일과 오락이라는 정반대의 의미가 있다.

일본무도협의회에서는 무도의 종목을 유도(柔道), 검도(劍道), 궁도(弓道), 스모(相撲), 가라테(空手道), 아이키도(合氣道), 쇼린지겐뽀(少林寺拳法), 나기나타(薙刀), 쥬켄도(銃劍道)의 9개로 규정하고 있다. 이 중 스포츠화된 무도로서 우선 유도를 꼽을 수 있다. 유도는 이제 국제적으로 'JUDO'로 통하고 있다. 이는 말할 것도 없이 올림픽의 영향을 받은 단어다. 원래 무도였던 유도가 올림픽경기의 정식종목으로 채택됨으로서 스포츠화되어 간 것이다. 그러나 아직도 일본에서는 무도로서 유도를 지향하고 있다. 또한 서양에서도 무도를 통한 정신수양을 높이 평가하는 추세이다. 그러나 요즘 유도는 일단 시합에서 우승하고 보려고 스포츠적인 체력 단련과 스피드를 더욱 중시하는 경향이 있다.

전시가 아닌 평화시에는 무도도 시합을 채택해서 연습이나 훈련을 한다. 특히 검도가 에도시대(江戶時代) 말기부터 그랬다. 그래서 '검도도 언젠가는 올림픽 종목이 되지 않겠는가?'라고 생각하는 사람도 있다.

스포츠는 승패를 중시한다. 그래서 '무패라던가? 올림픽이나 세계대회 몇 연패를 했는가?'라는 전적에 따라 선수를 평가한다. 그래서 선수는 도덕적 길보다 승부에 연연하게 된다. 그래서 스포츠는 체력이 강한 젊은 이가 50년을 수련한 노인보다 유리하다.

다른 무도도 이제는 거의 시합을 채택하고 있다. 그러나 아이키도는 시합이 없다. 무도정신을 고수하겠다는 의지이다. 아이키도 유파 중에는 시합을 채택한 곳도 있다. 시합이 없이 형만 연습해서는 실전에 무용지물이라는 것이 그 유파의 지론이다.

동서양의 문화가 교류하고 융합되어가는 이 시대에 '무도가 좋다, 스포츠가 좋다.'라는 말은 의미가 없다고 본다. 문화는 흐르고 그 지역에 정착하면 재탄생하게 된다. 글로벌 시대에 무도든 스포츠든 자기에 맞는 것을 받아들이면 좋은 것이라고 생각한다.


## 백제(百濟) 무사와 왜(倭) 무사


일본과 우리는 지금 우호라기보다는 적대관계에 있다. 임진왜란과 일제의 식민지 통치가 제일 큰 원인이다. 그러나 적대관계의 역사는 그보다 훨씬 길다. 백제가 멸망한 이후로 왜는 한반도와 사실 멀어졌다. 그 이유는 무엇일까? 바로 백제와 일본의 관계가 깊기 때문이다. 즉 형제나 다름없는 사이였다.

요즘은 일본을 고대에 백제가 세운 나라라고 주장하는 학자도 있다. 신빙성이 있는 이야기이다. 일본의 고분에서 출토된 유물이 백제의 유물과 거의 똑같기 때문이다. 또 『일본어는 한국어다』라는 책을 쓴 작가도 있다. 나는 대학에서는 일본어를, 대학원에서는 언어사회학을 전공했다.

정말 일본어는 한국어와 비슷하다. 마치 사투리와 같다고 해도 납득이 갈 정도다. 그 이유는 백제사람이 한자를 일본에 처음 전해주고 백제식 발음으로 읽는 법을 가르쳐 주었기 때문이다.

백제와 왜는 정말 친선관계 이상이었다. 그래서 백제의 공주나 귀족 여인은 왜의 천황과 결혼을 많이 했다. 한 예로 일본의 수도를 헤이죠쿄(平城京: 나라)에서 헤이안쿄(平安京: 교토)로 천도한 제50대 간무천황(桓武天皇)의 어머니인 다카노 니가사(高野新笠)는 백제 여인이었다. 교토(京都)는 794년부터 1868년까지 1074년간이나 일본의 수도였다. 그래서 간무천황을 모르는 일본 사람은 거의 없다. 그를 낳은 어머니가 백제사람이었다는 점은 예사로운 일이 아니다. 한마디로 말해서 백제와 왜는 보통 친밀한 관계가 아니었다고 말할 수 있다. 이는 고려가 원의 공주를 마지못해 왕비로 받아들인 것과는 다르다.

그 예로 일본은 나·당 연합군에게 660년에 망한 백제 부흥을 위해 42,000명의 원군을 보냈다. 그래서 663년 8월, 금강하구에서 백·왜 연합군과 나·당 연합군은 격돌했다. 이를 일본에서는 '하쿠스키노에노다다카이(白村江の戦い: 백촌강의 전투)'라고 부른다. 당시 당의 병력은 130,000명이었고 신라군은 50,000명이었다. 이에 비해 망한 백제 부흥군은 고작 5,000명 정도였으니 일본의 원군을 합해도 중과부적이었다. 결국 백·왜 연합군은 패하여 백제부흥은 실패하고 만다.

이처럼 왜는 망한 백제를 위해서 대군까지 보냈다. 이만 보아도 보통 사이가 아니다. 예를 들어 친구나 먼 친척 정도가 부탁한다고 들어줄 정도로 간단한 일은 아닌 것이다. 백제와 왜는 아주 가까운 가족이나 마찬가지

관계였다고 볼 수 있다.

그렇게 친밀한 사이라면 그들의 무술은 어떠했을까? 바로 백제의 무술이 건너갔다고 해도 과언이 아니다. 일본에서는 백제와의 관계를 거의 모른 척 하거나 무시한다. 역으로 가야를 지배했다는 임나일본부(任那日本府)설을 주장한다. 그러나 이 말은 이치에 맞지 않는다.

우리 민족은 러시아의 우랄산맥에서 남하하여 부여를 거쳐 고구려를 세웠다. 그리고 소서노와 그의 아들 비류와 온조가 남하하여 백제를 세웠다. 그 후 백제사람들은 고구려의 침공이 있을 때마다 일본으로 피난을 많이 갔다. 그리고 그곳에 정착했다. 온조와 수도를 정하는데 의견이 맞지 않은 비류가 일본으로 건너갔다는 설도 있다.

그 증거로 일본의 고분에서 출토된 무기도 많이 있다. 우선 덴리시(天理市)의 이소노카미 신궁(石上神宮)에 전해져 오는 철제 칼인 칠지도(七支刀)가 있다. 그리고 1968년, 사이타마현(埼玉県) 이나리야마(稲荷山) 고분에서 발견된 철검도 있다. 그 외 긴키(近畿)와 규슈(九州) 지방에서도 무기가 출토되었다. 이들 무기에는 모두 글자가 새겨져 있는데 그 해독을 놓고 한 일간 학자들의 의견이 엇갈린다.

이와 같은 무기의 출토로 미루어 볼 때 일본 무사의 조상은 한반도에서 건너간 것이 확실하다고 볼 수 있다. 물이 거꾸로 흐르겠는가? 즉 고대 문화가 일본에서 한반도로 흘러왔다는 증거는 아무 것도 없다. 일본이 주장하는 임나일본부설은 식민지정책을 변호하려는 억지일 뿐이다.

일본에 건너 간 한민족은 백제사람만이 아니다. 고구려사람도 있고 신라사람도 있다. 다만 백제가 망했으므로 그 백성들이 제일 많이 건너갔

나라켄(奈良県) 호류지(法隆寺)에 있는 일본 국보 백제관음.

을 뿐이다. 고구려도 망했지만 지리적으로 머니까 백제사람보다는 많지 않다. 대신 발해의 건국과 함께 그리로 복속된 사람이 많다. 전쟁에 지면 왕족이나 귀족은 거의 다 죽임을 당한다. 그래서 윗사람일수록 먼저 도망간다. 그들이 건너가 일본의 서민인 백성이 되지는 않았다. 모두 일본의 상류사회 귀족이 되었다.

일본의 아스카시대(飛鳥時代)의 귀족 중에 후지와라노 가마타리(藤原鎌足)의 조상은 한반도에서 건너 간 사람이었다. 사이타마현(埼玉県)에는 고구려사람의 마을에 세워졌고 고마진자(高麗神社)가 지금도 남아있다. 나는 일본 유학 때 사이타마현 보이스카우트연맹에서 우리나라 문화에 대한 강연을 한 적이 있다. 그때 강연이 끝나고 학생들의 부모님과 회식을 했는데 한 분이 자기의 조상은 고구려사람이라고 했다. 그러면서 고마진자를 안내할테니 한번 놀러 오라고 했다. 그러나 아르바이트에 바빠 시간이 없어 못간 것을 지금도 아쉽게 생각하고 있다. 고려(高麗)라는 말을 쓰는 곳은 또 있다. 에도성문(江戸城門) 중의 하나가 바로 고려문(高麗門)이다.

후지와라노 가타마리

그 옛날 우리 조상들이 일본으로 이주할 때 그냥 갔겠는가? 몸을 보호할 무기와 밥그릇인 도자기는 필수였을 것이다. 그래서 나는 일본 무사의 조상은 한반도, 특히 백제 사람이 제일 많았을 것이라고 생각한다.

일본 아이키도(合氣道)의 조상이 신라사람일 것이라고 추측하는 사람도 있다. 다이토류아이키유술(大東流合気柔術)의 시조인 헤이안시대(平安時代, 794~1192)의 무장 미나모토노 요시미츠(源義光)의 다른 이름은 시라기 사부로(新羅三郞 : 신라삼랑)이다. 그래서 '신라와 관련도 없는데 그런 이름을 붙였겠는가?'라고 생각했을 것이다. 또한 '인간은 귀소본능이 있어 호를 정하거나 회사 이름을 시을 때도 자기 고향마을 이름을 붙여 짓는 경우가 허다하다. 그 옛날 이역만리 땅에 걷거나 배를 타고 몇 달에 걸쳐 이주했으니 오죽 조국과 고향이 그리웠으랴?'라고 생각되어 미나모토가 신라사람일 것이라고 유추했을 것이다. 그럴 수도 있다. 나도 한때 그렇게 생각한 적이 있다. 그러나 미나모토는 시가현(滋賀県)에 있는 온죠지(園城寺)의 수호신인 신라묘진(新羅明神 : 신라명신)에게 원복(元服)[52]해서 이름에 신라를 넣었다고 한다. 신라사람은 아니다.

그러나 우리 백제무사들이 일본에 많이 건너가 철기 무기를 전달하고 무술을 가르친 것은 사실이다. 그 후 일본은 무사들이 정권을 잡음으로 인해 나름대로 무술이 발달했다. 그래서 지금은 무도로서 꽃을 피워 세계적으로 유명해졌다. 일본이 인정하든 안하든 일본 무사의 뿌리에 우리 조상의 한 나라인 백제사람이 많았다는 사실에 자긍심을 느낀다.

---

52 남자가 성인의 표시로써 머리 모양과 옷을 바꾸고 머리에 관을 쓰는 일.

## 맺으며

현시대에 옛날처럼 칼이나 창을 들고 수련하는 무사는 없다. 무협영화 속에서나 볼 수 있는 장면이다. 그러나 지금 시대도 옛날 무사들이 전쟁하는 것과 다름없는 싸움을 하고 있다. 그것은 바로 생존경쟁의 전쟁이다. 이는 정치, 경제, 사회, 문화 등 모든 방면에서 살벌하게 이루어지고 있다. 쉽게 말하면 직장에 출근하는 것이 바로 전쟁터에 나가는 것이다. 그리고 전투에 임한다. 다들 경쟁업체에 이기려고 필사적으로 노력한다. 내 회사가 이겨야 내가 살아남을 수 있기 때문이다. 국가적으로도 마찬가지이다. 전쟁터가 바뀌었을 뿐 예나 지금이나 생존을 위해 싸우는 것은 같다. 그러므로 현대의 직장, 혹은 회사는 부대이고 그 소속인은 무사나 마찬가지이다.

일본이 지금의 경제 대국이 된 데는 바로 상사원들, 혹은 외교관들이 세계시장에서 무사도정신으로 싸워서 성공했기 때문이다. 그리고 국민들은 저마다 자기 일에 장인정신으로 최선을 다했기 때문이다. 태평양전쟁에 패한 일본은 다시 국제무대에 섰다. 기술을 개발하여 이번에는 무력이 아닌 무역의 전쟁터에 나간 것이다. 그리고 큰 성취를 얻었다. 그래서 지금의 경제대국을 이룩했다.

　일본인들은 메이지유신(明治維新)을 높게 평가한다. 메이지유신이
있었기에 지금의 일본이 있다고 해도 과언이 아니기 때문이다. 이는 일본
인뿐만 아니라 아시아는 물론 서양인들도 마찬가지로 인정한다. 메이지
유신을 통해 일본은 서양 문명화, 공업화에 성공하였고 그것을 기초로 한
무역을 통해서 경제 대국이 되었다. 그리고 정치적 근대화, 민주화를 이루
고 선진국 대열에 들어섰다. 그 기반을 만든 사람들이 바로 무사들이었다.
쵸슈(長州)와 사츠마(薩摩)의 하급무사들이 중심이 되어 서양문명을 받
아들이고 개혁에 성공한 것이다.

　메이지유신을 이룬 무사들은 우리에게는 원흉이나 일본에서는 영웅
이다. 우리는 일본이 밉다. 과거에 나쁜 짓을 많이 하고도 사과하지 않기
때문이다. 또한 노골적으로 경제나 문화적인 침략을 감행하고 있기 때문
이다. 이제 우리는 일본의 사과를 바랄 것이 아니라 안 하는 이유를 분석
해야 한다. 그리고 그들이 거만하게 된 원인을 밝혀내야 한다.

　이 글을 쓰면서 일본 사람들의 단결력에 탄복한 일이 있다. 일본 사람
들은 정부의 의견에 반대를 하다가도 이미 결정이 나면 야당도 협조하여
단결한다. 두 가지 예만 들면 니토베 이나조(新渡戸稲造)와 이노우에 가

오루(井上馨)가 있다. 니토베는 태평양전쟁을 반대하다 군부와 충돌이 있었다. 그래도 자국이 궁지에 몰리자 미국과 캐나다에 가서 일본의 변명 활동을 했다. 그러다 귀로에 고국 땅을 밟지도 못하고 객사했다. 또 이노우에는 러·일전쟁을 반대했다. 그러나 막상 전쟁이 발발하자 자신의 수완을 발휘해 외채를 빌려 전비조달을 했다.

나는 일본에 유학하면서 일본의 성공의 원인은 무사도정신과 신분제도의 타파에 있다고 보았다. 일본은 오래전부터 능력 있는 자는 천민이라도 제일 상층인 무사가 될 수 있었다. 학연이나 지연도 필요 없었다. 오로지 실력이었다. 똑똑한 사람이 무사가 되어 일본의 성공을 가져다 준 것이다.

그래서 나는 일본을 알려면 일본 무사를 연구해야 한다고 생각했다. 일본의 정신과 사상이 그 속에 있기 때문이다. 이제 임진왜란 때 무사들처럼 화살이나 창, 칼로 싸울 수는 없다. 현대는 경제와 두뇌의 전쟁이다. 이제는 무사의 의미도 바뀌었다. 현대의 우리 무사들이 강해지면 일본에게 진정한 사과를 받을 수 있다고 확신한다.

# 참고문헌

【한국】

강원식·이경명 공저 (2002) 『우리 태권도의 역사』 도서출판 상아기획

김용운 (2006) 『일본어는 한국어다』 가나북스

김의수 (2000) 『합기탐구』 홍경

박종관 (1999) 『전통무술 택견』 서림문화사

송찬섭·홍순권 공저 (1998) 『한국사의 이해』 한국방송대학출판부

육태안 (1990) 『다시찾은 수벽치기(우리 무예 이야기)』 학민사

이용복 (1990) 『한국무예 택견』 학민사

이준구 (2005) 『Jhoon Rhee 자서전』 매일경제신문사

이창후 (2003) 『태권도 현대사와 새로운 논쟁들』 도서출판 상아기획

조민욱 (2002) 『달마여 장풍 받아라』 조선일보사

조일환 (2001) 『한국 전통무술과 정착무술의 실제』 문예마당

최홍희 (2003) 『태권도와 나 3: 끝내 못이룬 통합과 방한』 다움

최홍희 (1998) 『태권도와 나 2』 다움

최홍희 (1997) 『태권도와 나 1』 사람다움

【일본】

合気ニュース編集部(1992)『武田惣角と大東流合気柔術』合気ニュース

石井寛治(1989)『体系日本の歴史12開国と維新』小学館

岡村正史(2008)『力道山』ミネルヴァ書房

儀間真謹・藤原綾三(1886)『近代空手道の歴史を語る』ベースボール　マガジン社

小島一志 塚本佳子(2012)『大山倍達の遺言』新潮社

オリゲン・ヘリゲル述、柴田治三朗訳(1982)『日本の弓術』岩波文庫

酒井慶喜(2010)『日本剣道の歴史』スキージャーナル(株)

寒川恒夫(2015)『日本の伝競技』PHP(株)

宗道臣(1976)『少林寺拳法教範』日本少林寺拳法連盟

田澤拓也(2014)『大江戸剣豪列伝』小学館

堂本明彦(2007)『高野佐三郎剣道遺稿集』スキージャーナル(株)

内藤武宣(1992)『空手道独習教本』東京書店

増田俊也(2011)『木村正彦はなぜ力道山を殺さなかったのか』新潮社

道原伸司(2002)『空手道』成美堂

新渡戸稲造・ハイブロー武蔵訳(2006)『新訳武士道』総合法令出版(株)

新渡戸稲造、別冊宝島編(2002)『武士道を原文で読む』宝島社

永濱眞理子(2007)『もう一度学びたい幕末・明治維新』西東社

山北篤(2015)『図解忍者』新紀元社

茂木健一郎(2010)『竜馬脳のススメ』主婦と生活社

森俊男 他(2010)『弓具の雑学事典』スキージャーナル(株)

渡辺誠(2013)『日本劍豪秘史』洋泉社


(인터넷)

https://ja.wikipedia.org/

https://www.yahoo.co.jp/

https://search.naver.com/

https://www.youtube.com/

# 일본 무사 이야기

**초판 1쇄 발행일** 2016년 10월 12일

**지은이** 유정래
**펴낸이** 박영희
**책임편집** 김영림
**디자인** 박희경
**마케팅** 임자연
**인쇄·제본** 태광 인쇄
**펴낸곳** 도서출판 어문학사
　　　서울특별시 도봉구 쌍문동 523−21 나너울 카운티 1층
　　　대표전화: 02-998-0094 / 편집부1: 02-998-2267, 편집부2: 02-998-2269
　　　홈페이지: www.amhbook.com
　　　트위터: @with_amhbook
　　　페이스북: https://www.facebook.com/amhbook
　　　블로그: 네이버 http://blog.naver.com/amhbook
　　　다음 http://blog.daum.net/amhbook
　　　e−mail: am@amhbook.com
　　　등록: 2004년 4월 6일 제7−276호

ISBN 978-89-6184-419-2  03910
**정가** 16,000원

이 도서의 국립중앙도서관 출판예정도서목록(CIP)은 e-CIP 홈페이지(http://www.nl.go.kr/ecip)와
국가자료공동목록시스템(http://www.nl.go.kr/kolisnet)에서 이용하실 수 있습니다.
(CIP제어번호: CIP 2016023282)